홍익인간이 본

자연과 어우러진
삶터

조
한
석

저

도서출판
청어

홍익인간이 본
자연과 어우러진 삶터

조한석 저

책을 내면서

■ 천부경은 이렇게 전해졌다.

천부경은 환국 시대에서는 말씀으로 전해졌고, 배달국 시대에서는 신지(神誌: 직책명) 혁덕(赫德)이 녹도문(鹿圖文)으로 기록했으며, 고조선 시대에서는 신지(神誌)가 태백산(太白山)에 있는 돌[전고비(篆古碑)]에 새겼다.

오랜 세월이 흘러 신라 시대 때 최치원(崔致遠)이 전고비(篆古碑)에 새겨진 천부경을 보고, 81자 갑골문으로 완성한 후 그 내용을 묘향산 석벽에 새겨두었다. 이후 독립운동가 계연수(桂延壽)는 1911년 『환단고기』를 30부 출판한 후, 1916년 묘향산 석벽에 새겨진 천부경을 탁본하여, 1917년 서울 소재 단군교에 전달했다.

단군교에서는 윤효정(尹孝定)을 통해 북경에서 거주하고 있는 전병훈 (全秉薰)에게 석벽 본 천부경을 전달했다. 전병훈은 윤효정과 함께 천부경을 해석한 후 자신의 사상을 집대성한 『정신철학통편』에 담아, 1920년에 출판하여 세상에 알렸다.

▣ 천부경에 관심 두게 된 경위는 이러하다.

항상 어깨가 무겁고 등이 구부정해지고 퇴행성관절염으로 날이 갈수록 통증이 심해져 갔다. 1996년 여름 길을 걷다가 의식을 잃고 쓰러져서 병원으로 실려 간 적이 있다. 좋다는 약도 먹어보고 했지만, 기대치만큼 효과를 얻지 못했다.

그러다가 우연히 시작한 것이 단전호흡 수련이었다. 차츰 몸이 유연해지고 무릎 통증도 사라지는 경험하게 되었다. 수련 과정에서 우연히 천부경을 써 보라는 권유를 받고 2000년 1월 사경을 시작하게 되었다.

천부경을 24,000번 사경(寫經)을 마친 후, 천부경을 알려야겠다는 생각에 詩 창작과정 공부를 시작하여 2007년 시인으로 등단한 후, 2009년에는 시집 『순간이 행복으로』를, 2010년에는 천부경 해설 시집 『강물에 흐르는 그믐달』을, 2016년에는 천부경 해설집 『천부경, 천상의 소리』를 발간하였다.

필자는 천부경을 학술적으로 연구해야겠다는 마음으로, 학점 인정제 과정을 통해 2018년 8월 30일 행정학사 학위를 수여 받고서, 2019년 동방문화대학원대학교에 입학하여 2023년 졸업하면서, 박사학위 논문 "천부경 사상의 특성과 활용에 관한 연구"로 철학박사 학위를 취득하였다.

▣ 필자의 삶을 되짚어 본다.

통영에서 1968년 중학교를 졸업하고 사진관에서 기술을 배우며 일을 했다. 기관 관련 기술을 배우기 위해 1973년 1월 해군 부사관으로 지원 입대했다. 당시 해군본부 정보참모부에서 사진 기술자를 선발하기 위해 훈련소에 온 간부에 의해 훈련이 끝나자 바로 해군본부로 인사명령이 났다.

1973년 3월부터 정보참모부에서 근무할 때 인사 담당 이종문 준위는 공부를 할 수 있도록 배려해 주었다. 1974년 보안부대로 발령되었고, 1975년 8월 '고졸 검정고시'를 합격하였다. 1977년 3군 보안부대를 통합하여 보안사령부가 출범하자, 이때 사령부로 발령되어 근무하게 되었다.

필자가 보좌관이 되어 모셨던 조창현 장군은 업무에 불편함이 있었음에도 개의치 않고, 1993년~1995년 동안 명지전문대학 야간부 행정학 과정을 졸업할 수 있도록 배려해 주셨다. 이런 배려 때문에 늦은 나이에 공부할 수 있는 계기가 마련되었다.

2009년 5월 31일 전역 후 전직 친목 단체에서 일하게 되었다. 이때 이덕기 연구소장의 도움으로 글쓰기에 재미를 붙이게 되었다. 그래서 심명철학(心命哲學) 원리 공부와 수필 공부를 하면서 동양철학 관련 자료들을 수집하였다. 그리고 이 자료들을 활용하여 글을 쓰기 시작했다. 이 과정의 끝이 지금의 내 모습이다.

▣ 당신이 옆에 있어 행복했습니다.

　전영순(全英順), 당신이 없었더라면 지금의 내 모습이 아닐 겁니다. 내가 어려웠던 시절 늘 옆에서 지켜봐 준 당신은 즐거운 마음으로 힘든 일들을 찾아다니며 도맡아서 해냈습니다. 이런 어려운 과정을 거치며 지금도 뷰티화장품 관리본부장으로 일하고 있는 당신의 모습을 지켜보며 가슴 한편으로는 미안한 마음뿐입니다.

2025년 3월 2일

필자 松岩 趙 漢 奭

일상에서 찾는다

올바른 도움 주는 것을
홍익인간이라
선조께서 말씀하셨지.

어느 한쪽으로 기울지 않고
흘러넘치지도 않으며
모자람도 없게 하려는 마음

펼치려고 한다면
몸과 마음이 아우러져
균형과 조화 이루어 내야지.

한 순간순간
놓치지 않고
가야지 찾아야지

차례

I
천부경의 형성과 전개 과정

II
천부경에 나타난 사상적 특징

III
천부경의 한글화와 활용방안

IV
맺음말

연대 / 국가	8000	7000	6000	5000	4000	3000	2500	2000	1500	1000	500	300	100 BC	AD

대한민국

7197 환국 桓國 7대 환인 3301년	3897 배달 倍達 18대 환웅 1565년	2333 제1왕조 (1048년) 삼한 三韓 송화강 아사달 · 1285 제2왕조 (860년) 삼한 三朝鮮 백악산 아사달 · 425 제3왕조 (188년) 대부여 大夫餘 장당경 아사달
인류시원문명		고조선 古朝鮮 47대 단군 2096년

239 부여 北夫餘 · 진조선망 238 · 번조선망 194 · 위만 108
108 동명 · 86 동부여 (가섭원) · 졸본부여 58 · 22
18 남삼한 南三韓 마한 57 진한 42 변한

중국

3897 2357 반고 髦古 삼황오제 三皇五帝 황하문명	딩오우순	2205 하 夏 1766	상(은) 商 1122	주 周	256 770 춘추 春秋 시대	484 전국 戰國 시대 221	206 진 秦 · 전한 前漢	8 23 신 新

일본

667 고조선의 혐야후 배반명 일본황정

조몬 繩文 문화 (신석기)　　야요이 彌生 문화 (청동기)

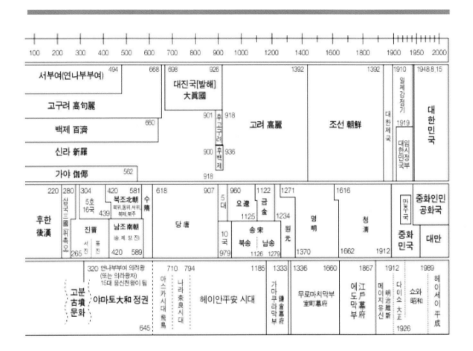

| 100 | 200 | 300 | 400 | 500 | 600 | 700 | 800 | 900 | 1000 | 1200 | 1400 | 1600 | 1800 | 1900 | 1950 | 2000 |

서부여(언나부부여) 494

고구려 高句麗 668

백제 百濟 660

신라 新羅

가야 伽倻 562

698 **대진국[발해] 大眞國** 926

901 후고구려 918

900 후백제 936

918

1392 **고려 高麗**

1392 **조선 朝鮮**

1910 일제강점기

대한제국

1919 대한민국임시정부

1948.8.15 **대한민국**

---

220 280 **삼국三國 (위촉오)**

후한 後漢

304 5호16국 439 **북조北朝 (북위,동위,서위 북제,북주)** 581

265 서진 진晋 420 동진

남조 南朝 (송·제·양·진) 589

618 **수隋**

당唐 907

5대 979 **10국**

960 **송宋** 북송 1126 **요遼** 1122 **금金** 1125 남송 1279

1271 **원元** 1234 1370

1616 **명明**

청淸 1662 1912

만주국 **중화인민공화국**

중화민국 **대만**

---

320 연나부부여 의려왕 (또는 의라왕자) 15대 응신천왕이 됨

고분 古墳 문화

야마토 大和 정권 645

710 794 아스카 시대 飛鳥 나라 奈良 시대

헤이안平安 시대 1185

1333 가마쿠라막부 鎌倉幕府

1336 무로마치막부 室町幕府 1660

1867 에도막부 江戸幕府

1912 메이지유신 明治維新

다이쇼 大正 1926

쇼와 昭和

1989 헤이세이 平成

I

천부경의
형성과 전개 과정

현재 우리가 알고 있는 천부경은 신라 시대 최치원(崔致遠)이 옛 비석에 새겨진 천부경을 보고 81자 갑골문(甲骨文)으로 완성한 후 묘향산 석벽에 천부경을 새겨둔 것이다.

오랜 세월이 흘러 이 묘향산 석벽 본 천부경을 독립운동가 계연수(桂延壽)가 탁본하여 서울 소재 단군교에 전달하였다. 이것이 계기가 되어 사람들에게 한자(漢字)로 구성된 천부경이 아래와 같이 알려지게 되었다.

81자(字) 천부경　　　　　　　　　※ 좌측에서 우측으로 읽어 내려감.

一	始	無	始	一	析	三	極	無
盡	本	天	一	一	地	一	二	人
一	三	一	積	十	鉅	無	匱	化
三	天	二	三	地	二	三	人	二
三	大	三	合	六	生	七	八	九
運	三	四	成	環	五	十	一	妙
衍	萬	往	萬	來	用	變	不	動
本	本	心	本	太	陽	昂	明	人
中	天	地	一	一	終	無	終	一

천부경의 형성 과정을 살펴보면, 선조들은 깊은 통찰 끝에 스스로 존재하거나 저절로 이루어지는 존재, 이 현상을 자연이라고 했다. 자연 안에서 존재하는 세상 만물이 '생성·성장·완성·소멸'하는 과정을 인간중심으로 설명한 내용이 천부경에 수록되어 있다.

① 천부경은 일시무시일(一始無始一)로 시작하여 … 일종무종일(一終無終一)로 마친다. 태어나고 죽음도 그 본체는 '하나'일 뿐이다. 있음과 없음을 포용하는 근원적 본체가 '나[我]라는 생명체'인 것이다. 생명체가 우주의 변화 원리를 깨우치고 삶을 살아가는 여정이 담겨있다. 여기에서 생명체의 존재적 자아(自我)는 '우주'에서 왔으므로 '우주와 나'라는 관계, 즉 우아일체(宇我一體)의 원리를 깨우치게 된다.

국어사전에 천부경은 '대종교의 기본 경전. 환웅이 사람을 널리 이롭게 하려고 천부인(天符印)을 가지고 와서 교화할 때, 우주 창조의 이치를 풀이한 81자로 된 참결(參訣)이다.'라고 기록되어 있다.

그리고 '천부(天符)'라는 단어는 따로 나오지 않는다. 천부경은 오랜 세월을 거치며 '천경(天經)·천부(天符)·천부진경(天符眞經)·천부보전(天符寶典)' 등으로 불리며 전해져 내려온 한민족의 경서(經書)이다.

천부경 전래과정을 살펴보면, 천부경 전문이 환단고기 소도경전본훈(蘇塗經典本訓) 편에 수록되어 있다. 환단고기는 조선 시대 말 이기(李沂)가 계연수(桂延壽)와 함께 삼성기(三聖紀) 상, 하편·단군세기(檀君世紀)·북부여기(北扶餘紀)·태백일사(太白逸史)를 합편(合編)하던 중 1909년 이기가 순직하자, 계연수는 편집을 마치고 스승 이기가 감수(監修)한 것으로 한 후 출판을 하였다.

① '삼성기 상편'은 신라 때 승려 안함로(安含老)가 쓴 책으로 계연수 가문에서, '삼성기 하편'은 고려 말 원동중(元董仲)이 쓴 책으로 백관묵(白寬黙)이 소장했던 책이다. '단군세기'는 고려 때 이암(李嵒)이 쓴 책으로 백관묵(白寬黙)이, 고려 말 '북부여기'는 범장(范障)이 쓴 책을 이형식(李亨植)이, '태백일사'는 조선 초기 이맥(李陌)이 쓴 책을 이기(李沂)가 소장했던 책이다.

계연수는 1911년 자신의 벗이자 독립운동 동지였던 홍범도(洪範圖)와 오동진(吳東振)으로부터 자금을 지원받아, 만주에서 판(板)에 새겨 『환단고기』 30부를 출판했다.

① 현재 우리에게 알려진 환단고기(桓檀古記) 종류

- 계연수(桂延壽)가 1911년에 간행한 초간본.
- 오형기(吳炯基)가 1949년에 필사한 필사본.
- 오형기 필사본을 조병윤(趙炳允)이 1979년 발간한 간행본.
- 오형기의 필사본을 이유립(李裕岦)이 교정 후 1983년에 발간한 간행본.

이 가운데 계연수가 1911년 간행한 초간본은 이유립이 1976년 분실했다. 다행히 오형기 필사본이 있었기에 환단고기가 이어질 수 있었다.

지금 세상에 알려진 환단고기는 조병윤의 간행본과 1983년 간행본이다. 이유립의 간행본 목차에 가섭원부여기(迦葉原夫餘紀)가 표기되어 있어서, 조병윤의 간행본과 쉽게 구별이 된다.

이유립의 젊은 문하생 조병윤(趙炳允)은 이유립의 허락도 없이 1979년 광오이해사에서 오형기 필사본을 영인하여 100부를 출판하였다. 이유립은 사태 수습 차원에서 발문을 삭제하고 오자를 바로잡은 새로운 필사본을 만들었다. 출판비가 없어 1983년에 배달의숙을 발행인으로 하여 100부를 발간한 것이다.

천부경에는 우주의 조화원리를 인간 중심으로 밝히고 있다. 천부경의 참뜻을 제대로 이해하기 위해서는 한민족 정신문화의 뿌리를 알아야 하며, 한민족의 삶과 정치 세계를 함께 알아야만 한다. 이러한 내용을 이해하기 위해 천부경의 형성 과정을 살펴보고, 어떻게 전래 되었는지 알아보고자 한다.

1. 천부경의 형성 과정

천부경은 자연의 섭리와 이치가 담겨있는 시기적으로 가장 오래된 경서(經書)라고 할 수 있다. 문자가 없던 환국 시대에는 삶의 지혜가 담긴 천부경을 전파할 때 사람들과 마주 보며 전달해야만 했을 것이다.

배달국 시대 때는 필요에 따라 문자가 만들어지자 한민족의 정신문화 사상이 기록으로 남게 되었다. 고조선 시대 때는 자아 인식의 중요성을 강조하면서 효충도 사상을 바탕으로 국통(國統)을 바로 세워야 한다고 강조하였다.

1) 환국 시대: 천부(天符)의 뜻, 언설화(言說化)

최초 인간들은 한 식구끼리 생활하게 된다. 그런 식구 단위가 차츰차츰 모여 이웃이 형성되면서 소규모 부족으로 발전하게 된다. 이 부족들은 모든 일을 함께하며 살았다. 부족들이 예측할 수 없는 일이 닥칠 때 이 상황을 해결해 줄 수 있는 사람을 찾아 부족장으로 추대하게 된다.

① 원동중(元董仲)의 저서 '삼성기전 하편'

최초 인류의 남성을 '나반(那般)'이라 했고, 여성을 '아만(阿曼)'이라 불렀다. 나반과 아만이 처음 만나신 곳은 아이사비(阿耳斯庀: 바이칼호)이다. 두 분이 꿈에 천신(天神)의 가르침을 받고 스스로 혼례를 올리니, 그 후손들을 환족(桓族)이라 불렀다.

박제상(朴堤上)의 저서 부도지 원본을 번역한 김은수(金殷洙)는 천부삼인(天符三印)을 이어받으니 이것이 곧 천지본음(天地本音)의 형체로, 근본이 하나임을 알게 하는 것이었다.라는 내용을 '천부란 자연의 이치, 즉 하늘이 정한 운명에 부합(符合)한다는 뜻이며, 하늘의 인장(印章) 즉 신표라는 뜻도 있다.'라고 밝혔다.

① 박제상(朴堤上)의 저서 '부도지(符都誌) 10장(章)'

유인씨(有因氏)가 천부삼인(天符三印)을 이어받자 이는 곧 천지본음(天地本音)의 상(象)으로, 근본이 하나임을 알게 하였다. 사람들이 추위에 떨고 밤에는 어둠에 시달리는 것을 유인씨가 불쌍하게 여겨, 나무와 나무를 마찰시켜 불을 일으켜서 밝게 비춰주고, 몸을 따뜻하게 하고, 또 음식물을 익혀서 먹는 법을 가르치니, 모든 사람이 대단히 기뻐하였다.

부족장은 깨달음을 통해 우주의 순환 운동이 무한히 변화하는 것이 아니라, 일정한 변화가 반복되는 원리에 따라 순환되고 있는 것을 알고, 부족들에게 농사짓는 방법을 알려준 것이다. 천부삼인(天符三印)을 이어받았다는 의미는 환인이 자연의 섭리와 이치를 통달했음을 인정한 것이라고 보인다.

① 고대 중국 및 국외의 지리를 다룬 지리서 '산해경(山海經)'

해외북경(海外北經)에 동해의 안쪽, 북해의 주변에 나라가 있으니 조선이라 한다. 조선인들은 물가에 살고 사람을 존중하고 사랑한다. 북해는 바다처럼 거대한 호수였다.

이처럼 환국 시대 이전에도 선조들이 있었음을 기록하고 있다. 그리고 '깨달음을 얻은 환인이 백성들의 생활을 돕기 위해 생활 방법을 알려주었다.'라는 내용과 함께 삼국유사 정덕본(正德本)에 '석유환국(昔有桓國)'으로 기록되어 있어, 환국이 역사상 실존한 국가임을 알려주고 있다.

환국(桓國) 1세 환인을 안파견(安巴堅)·거발환(居發桓)이라고도 불렀다. 안파견이란, 곧 '하늘을 받들어 아버지의 도(道)를 확립시킨다'라는 뜻의 이름이다. 거발환이란, '천지인을 일체(一體)로 정한다.'라는 뜻이 담긴 호칭이다.

① 안함로(安含老)의 저서 '삼성기 상편'

어느 날 동녀 동남 800명을 흑수(黑水: 흑룡강)와 백산(白山: 백두산)의 땅에 내려보내시니, 이에 환인(桓因)께서 만백성의 우두머리가 되어 천계에 거주하시며, 돌을 부딪쳐서 불을 피워 음식을 익혀 먹는 법을 처음으로 가르치시니, 이 나라를 환국(桓國)이라고 했다. 이 환국을 다스리신 분은 일곱 분으로 전해지고 있으나, 그 연대는 자세히 살필 수 없다.

② 환국의 환인 연대기(年代記)

1세 안파견(安巴堅)	2세 혁서(赫胥)	3세 고시리(古是利)
4세 주우양(朱于襄)	5세 석제임(釋提壬)	6세 구을리(邱乙利)
7세 지위리(智爲利)		

　환국 시대 때 천부경 유래 과정의 설명에서는 구전된 시간과 장소
는 구체적으로 적시되었지만, 막연히 '천제(天帝)'라고 밝히고 있어 주체
가 정확하지 않다. 기록에서 '천제'라고 밝혔기 때문에 '환인'이라고 본
것이다.

　① 이맥(李陌)의 저서 태백일사

　천부경(天符經)은 천제(天帝) 환국(桓國) 구전지서야(口傳之書也).

　구전(口傳)의 사전적 의미는 '말로 전함 또는 말로 전하여 내려옴'이라
고 기록되어 있다. 여기에서 구전은 두 가지 경우로 해석할 수 있다. 하
나는 문자가 없을 때의 전승 방법으로서 구전이 있고, 그리고 '도(道)의
깨달음'은 문자나 말로써 전하는 것이 아니라 마음에서 마음으로 전한다
는 방법으로서 구전이 있다.

　한민족으로부터 시작되어 전승된 인간완성의 결과를 '득도(得道)'라고
한다. '득도'란 사람의 본성을 성장시키고 천지본성(天地本性)을 깨달을
수 있게 신인합일(神人合一)에 이르게 하는 것을 말한다. 선조(先祖)들은

이 수행 방법을 통해 개인 완성을 이루고 나서 전체의 완성으로 나아가는 데 깊은 의미를 두고 있다.

최초 환인(桓仁)은 태어나면서 스스로 깨달은 분이다. 모든 환인은 백성들을 위해 오물(五物)을 기르고, 오훈(五訓)을 널리 펴며 다스렸다. 그러자 오가(五加)와 무리가 모두 부지런히 일하였다. 그리고 환국 7세 환인 지위리(智爲利) 때 오훈(五訓)을 널리 펴고 다스렸다.

① 환국 시대의 오훈

- 성신불위(誠信不僞): 성실과 믿음으로 거짓이 없을 것.
- 경근불태(敬勤不怠): 공경과 근면으로 게으르지 않을 것.
- 효순불위(孝順不違): 효도하고 순종하여 거스르지 않을 것.
- 염의불음(廉義不淫): 염치와 의리가 있어 음란치 않을 것.
- 겸화불투(謙和不鬪): 겸손하고 화목하여 다투지 않을 것.

이 오훈은 오가(五加) 무리에게 부지런히 수행하도록 하여 지극한 선(善)에 이르게 하고, 광명으로 지혜를 열게 하며, 하는 일마다 상서롭게 하고, 세상에서 유쾌하고 즐거이 살게 하였다.

이 오훈보다 더 근본적인 가르침이 있었으니 그것은 우리의 참 본성[자성(自性)·일심(一心)·순수 의식]을 찾는 것이다. 참 본성을 알기 위해서는 '하나'의 의미를 살펴보아야 할 것이다.

근원적인 일자(一者)에 이름을 붙이지 않고, 그냥 하나[일(一)]라고 한 것은 무수한 진리의 가지들을 하나의 진리로 되돌리기 위한 우리 선조의 매우 깊은 뜻이 담겨있다.

온갖 사물의 생명이 하나인 우주에서 나와 다시 그 하나인 우주로 돌아가는 이치를 통해, 우리 인간 또한 우주에 뿌리를 둔 한 생명임을 적시하게 하고, 이화세계·홍익인간의 이상을 실천적 삶으로 제시하였다는 점이다.

환국(桓國)의 마지막 환인(桓因) 지위리(智爲利)가 금악산(金岳山)과 삼위산(三危山)과 태백산(太白山)을 두루 살펴보시고, '태백산은 가히 널리 인간을 이롭게 할 수 있는 곳'이라며, 환인 지위리는 오가의 부족장들과 다음과 같이 대화했다.

지위리(智爲利): 과연 누구를 보내는 것이 좋은가?

부족장(部族長): 모두 대답하기를 서자부(庶子部)에 환웅(桓雄)이란 인물이 있는데, 용기와 어짊과 지혜를 겸비하고 있으니 그를 태백산으로 보내 다스리게 하십시오.

지위리(智爲利): 환인 지위리께서 환웅에게 천부(天符)와 인(印)을 세개 주시며, 이제 인간과 만물이 이미 제자리를 잡아다 만들어졌으니, 그대는 노고를 아끼지 말고 무리 3천 명을 이끌고 가서 새 시대를 열어 가르침을 세우고, 세상을 진리로 다스리고 깨우쳐서 이를 자손의 큰 규범으로 삼으라고 명하였다.

환인(桓因) 지위리(智爲利)는 오가(五加) 무리에게 부지런히 수행하도록 하여 지극한 선(善)에 이르게 하고, 광명으로 지혜를 열게 하며, 하는 일마다 상서롭게 하고, 세상에서 유쾌하고 즐거이 살게 하였다.

환인은 사람의 나타남과 사라짐이 심기혈정(心氣血精)의 원리에 따라 이루어졌다며, 이 원리를 바탕으로 치세하여 모두가 경지에 이룰 수 있도록 일깨워준 것이다.

2) 배달 시대: 천부(天符)의 뜻, 문자화(文字化)

일정한 영토 안에서 그곳에 모여 사는 사람들끼리 최초로 공동체 생활을 시작한 곳은 마고(麻姑)가 파미르고원(帕米爾高原), 황궁씨(黃穹氏)가 천산(天山), 환인씨(桓因氏)가 적석산(積石山), 환웅씨(桓雄氏)가 태백산(太白山)에 머물렀다. 환웅(桓雄)이 태백산으로 이주한 이 시기는 BC 3898년 10월 3일이다.

① 파미르고원(帕米爾高原)

마고성이 천산주 남쪽에 있다고 기록한 점으로 미루어 중앙아시아 남동쪽의 파미르고원(帕米爾高原)으로 추정되며, 파미르고원은 알라이 산맥, 트랜스알라이 산맥, 사리콜 산맥, 카슈카르 산맥으로 둘려 쌓여있다.

② 천산(天山)

황궁씨는 천산(天山)으로 분거(分居)하였다. 천산은 우즈베키스탄, 카자흐스탄, 키르기스스탄, 중국 4개국에 걸쳐 있는 거대한 산맥으로 아시아의 '알프스'라고도 불린다. 일 년 내내 녹지 않는 만년설로 덮여 있다.

③ 적석산(積石山)

환인씨가 적석산에서 활동했으니, 적석산(積石山)은 감숙성(甘肅省) 장액 단하(张掖 丹霞)에 위치했다. 청해(青海)를 지난 황하(黃河)는 동쪽으로 흘러 적석(積石)에서 북쪽으로 흐르던 금성하(金城河)로 합류하게 된다.

④ 태백산(太白山)

환웅씨가 태백산에서 활동했으니, 태백산(太白山)은 중국 섬서성(陝西省) 보계시(宝鸡市) 지역에 있다. 태백산은 양자강(揚子江)과 황하의 분수령인 진령산맥(秦岭山脉)의 주봉이다.

환웅(桓雄) 거발환(居發桓)이 BC 3898년 10월 3일 태백산에서 개천 이후, BC 2333년 단군왕검이 조선국을 개국할 때까지 1,565년간을 말한다. 18세 환인이 1,565년간을 이끈 것으로 보면, 배달국 환웅이 무병장수의 전통을 계승하였음을 알 수 있다.

① 배달국 환웅의 연대기.

1세 거발환(居發桓)	2세 거불리(居佛理)	3세 우야고(右耶古)
4세 모사라(慕士羅)	5세 태우의(太虞儀)	6세 다의발(多儀發)
7세 거련(居連)	8세 안부련(安夫連)	9세 양운(養雲)
10세 갈고(葛古)	11세 거야발(居耶發)	12세 주무신(州武愼)
13세 사와라(斯瓦羅)	14세 자오지(慈烏支)	15세 치액특(蚩額特)
16세 축다리(祝多利)	17세 혁다세(赫多世)	18세 거불단(居弗檀)

초대 환웅(桓雄) 거발환(居發桓)은 무리 3천 명을 거느리고 처음으로 태백산 신단수 아래에 내려오시니, 이곳을 신시(神市)라 한다. 또한 풍백(風伯)·우사(雨師)·운사(雲師)를 거느리시고, 오사(五事)를 주관하게 하시며, 인간 세상 360 여사(餘事)를 펴시며 신교의 진리로써 정치와 교화를 베풀어 인간을 널리 이롭게 하였다.

① 배달국의 오사(五事)

- 주곡(主穀): 우가(牛加)는 곡식을 주관하고,
- 주명(主命): 마가(馬加)는 왕명을 주관하고,
- 주형(主刑): 구가(狗加)는 형벌을 주관하고,
- 주병(主病): 저가(猪加)는 질병을 주관하고,
- 주선악(主善惡): 양가(羊加)는 선악을 주관하였다.

환웅 천황께서 처음으로 동방 배달민족의 새 역사 시대를 열고, 백성에게 교화를 베풀 때, 천부경을 풀어 설명하시고, 삼일신고를 강론하여 뭇 백성에게 큰 가르침을 베푸셨다.

① 원동중(元董仲)의 저서 삼성기 하편

환웅천왕(桓雄天王)이 조자개천(肇自開天)으로 생민시화(生民施化)하실새 연 천경(演 天經)하시고 강 신고(講 神誥)하사 대훈우중(大訓于衆)하니라.

'천경(天經)'이란 단어가 '천부경'을 의미하는 약자(略字)인지 단정하기 어렵지만, 대종교에서 1918년 간행한 신사기(神事紀) 제2장 교화기(教化紀)에 '연 천경(演 天經)하시고 연(演) 신고(神誥)하사 대훈우중(大訓于衆) 하니라.'라는 문구가 있는데, 주해 내용을 보면 '신고는 삼일신고니라.'고 했으니, 신고를 삼일신고로 푼다면, 천경 역시 천부경으로 볼 수가 있다.

환웅 거발환(居發桓)은 신지(神誌: 직책명) 혁덕(赫德)을 시켜 문자를 만들게 하셨다. 신지는 대대로 주명(主命) 직책을 관장하여 왕명을 출납하고 천황을 보좌하는 일을 전담하였으나, 다만 말에만 의지할 뿐 문자로 기록하여 보존하는 방법이 없었다.라고 한 것처럼 당시에 문자가 없어 불편한 점이 많았을 것이다.

① 태고 문자 창시(創始) 과정

신지 혁덕이 어느 날 무리에서 떨어져 혼자 사냥하던 중이었다. 별안간 놀라서 달아나는 암사슴 한 마리를 보게 되었다. 신지 혁덕이

활을 당겨 맞추려다가 그만 암사슴의 자취를 잃어버리고 말았다.

곧 사방을 수색하며 여기저기 산야를 다니다가, 평평하게 모래가 펼쳐져 있는 곳에 이르러 발자국이 흩어져 있는 것을 보고, 간 곳을 분명히 알 수 있었다. 이에 고개를 숙이고 골똘히 생각하다가 문득 깨닫고, 기록하여 보존하는 방법은 오직 이와 같을 뿐이라고 마음을 다졌다.

사냥을 마치고 돌아와 골똘히 생각하며 온갖 사물의 형상을 널리 관찰하였다. 며칠이 지나지 않아 깨달음을 얻어 문자를 창제하니, 이것이 태고 문자의 시작이다. 그런데 문자는 어떤 사물을 표현해 내기 위해서 그 모양을 본떠서 만들어야 했다.

표현하려는 사물 그 하나하나를 모두 표현해야 하므로 그 모양이 다양해질 수밖에 없다. 더 어려운 점은 추상적인 생각을 표현하려고 하면 매우 어려워진다. 그러다 보니 문자의 수가 많아질 수밖에 없고 그 개념을 정확하게 표현해내려면 아주 힘든 수련 과정을 거쳐야만 했기에 의사 전달이 어려웠다.

배달국 5세 환웅 태우의(太虞儀) 때 선인(仙人) 발귀리(發貴理)가 있었다. 발귀리는 태호복희(太昊伏羲)와 동문수학하였는데, 도(道)를 통한 후에 허베이성(河北省)의 방저(方渚)와 랴오닝성(遼寧省)의 대릉하(大淩河) 상류에 있는 풍산(風山) 사이를 유람하며 명성을 떨쳤다. 아사달(阿斯達)에 와서 제천행사를 보고 예식이 끝난 후에 찬송하던 송가(頌歌)는 아래와 같다.

① 송가(頌歌)

만물의 큰 시원[大一]이 되는 지극한 생명이여!
이를 양기(良氣)라 부르나니
무와 유가 혼연일체로 존재하고
텅 빔과 꽉 참이 오묘하구나.
삼신(三神)은 일신(一神)을 본체로 삼고
일신(一神)은 삼신(三神)을 작용으로 삼으니
무와 유·텅 빔과 꽉 참이 오묘하게 하나로 순환하니
삼신의 본체와 작용은 둘이 아니로다.
우주의 큰 빔 속에 밝음이 있으니, 이것이 신의 모습이로다.
천지의 대기(大氣)는 영원하니
이것이 신의 조화로다.
참 생명이 흘러나오는 원천이고, 만법이 이곳에서 생겨나니
일월의 씨앗이며, 천신의 참 마음이로다!
만물에 광명 비추고, 생명선을 던져 주니
이 천지조화 대각하면 큰 능력 얻을 것이요
성신이 세상에 크게 내려 만백성 번영하도다.
그러므로 원(圓; ○)은 일(一)이니
하늘의 '무극(無極) 정신'을 뜻하고,
방(方; □)은 이(二)이니
하늘과 대비가 되는 땅의 정신을 말하고,
각(角; △)은 삼(三)이니
천지의 주인인 인간의 '태극(太極) 정신'이로다.

선인(仙人) 발귀리(發貴理)는 '하나는 셋을 그 쓰임으로 하고, 셋은 하나를 그 체로 한다.'라고 주장했고, 고려 말 충신 이암(李嵒)은 단군세기 서문(序文)에서 '하나를 잡으면 셋을 포함하고, 셋이 모여 하나로 돌아간다.'라고 하며, 체와 용이 분리될 수 없다고 밝혔다.

발귀리가 주장한 '일삼기용(一三其用)'과 이암이 주장한 '집일함삼(執一含三)'은 '하나라는 본체' 안에서 '세 가지로 작용'이 있음으로써, 우주 안에서 다양한 창조변화가 일어나게 됨을 밝히는 논리다. 이런 논리는 최치원이 기록한 천부경 내용과 유사하다는 것을 확인할 수 있었다.

① 발귀리(發貴理)의 후손 '자부(紫府) 선사(先師)'

자부 선사는 태어나면서 신명(神明)하여 득도 후 신선이 되어 승천하였다. 일찍이 일월의 운행 경로와 그 운행 도수(度數)를 측정하고, 오행의 수리(數理)를 추정하여 칠정운천도(七政運天圖)를 지으니 이것이 칠성력(七星曆) 기원이다.

② 자부(紫府) 선사의 후손 '창기소(蒼其蘇)'

창기소가 다시 그 법을 부연하여 '오행치수법(五行治水法)'으로 밝혔다. 우(虞)나라 순임금이 보낸 사공(司空) 우(禹)가 회계산(會稽山)에 가서 조선의 가르침을 받을 때, 자허(紫虛) 선인을 통해 창수(蒼水) 사자인 부루(夫婁) 태자를 찾아가 황제중경(黃帝中徑)을 배웠으니, 이것이 바로 배달의 황부중경(黃部中徑)이었다. 우(禹)가 이것을 가지고 가서 치수(治水)할 때 활용하여 공덕을 세운 것이다.

우(禹)가 이것을 가지고 가서 치수(治水)하는 데 활용하여 공덕을 세웠다는 내용을 뒷받침하는 기록이 있다. 사마천(司馬遷)의 사기(史記)를 비롯한 수많은 고대 사서에는 한결같이 4,300년 전 단군왕검 그리고 동시대 인물인 요임금[순임금] 때 '9년 동안 대홍수가 일어났다.'라고 기록이 있다.

우주 생명의 바탕 자리는 근원적인 하나의 창조 정신으로 이루어져 있다. 우주가 상대적인 창조와 변화 운동을 시작하면, 근원적인 하나는 세 가지 작용의 신묘한 원리로 드러난다. 우주는 천지인 삼재이며, 이것은 탄생·성장·완성이라는 3수 법칙으로 발전해 갔다. 인간은 삼신의 도(道)를 닦아 영원한 생명을 성취해야만 한다고 아래와 같이 밝힌 것이다.

① 천체 운동과 심신 수련의 조화

하늘은 본래 근원적인 실체를 갖고 있지 않으나 천지 변화의 운동에는 이십팔수 별자리가 가상의 실체 노릇을 하고 있다. 대개 천하의 만물 중에 이름이 있는 것에는 모두 수(數)가 붙어 있고, 이 수가 붙어 있는 것에는 모두 힘이 깃들어 있다.

이미 수가 있다고 말한 것은 곧 유한과 무한의 구분이 있고, 생명력이 있다고 말한 것은 곧 유형과 무형의 구별이 있나니 그 있음을 말하면 만물은 모두 있는 것이요, 그 없음을 말하면 만물은 그 형체가 모두 없어지게 되는 것이다.

유한과 무한의 구분이 있고 생명력이 있다고 설명한 것은 보이는 현상으로 볼 때, 만물은 생성순환이 계속되어 영원히 살아 있는 것으로 보이나, 생성순환 과정에서 만물은 태어나고 소멸하는 과정이 이어진다. 그러므로 인간은 심신 수련을 통해 영원한 생명을 성취해야만 한다는 뜻을 담고 있다.

마침 이때 자부(紫府) 선사(仙師)가 칠회제신력(七回祭神曆)을 만들고, 삼황내문(三皇內文)을 천황께 바쳤다. 자부 선사가 윷놀이를 만들어 환역(桓易)을 자세히 설명한 취지(趣旨)는 초대 환웅 때 신지(神誌)라는 직책을 가진 혁덕(赫德)이 기록해 둔 천부경을 전하기 위한 것이었다고 한다. 천황께서 기뻐하시고 자부 선사를 삼청궁(三淸宮)을 지어 기거하게 하셨다.

① 칠회제신력 내용

칠회제신력은 신(神)에게 일곱 번 제사를 지내는 책력이다. 첫째 날에 천신(天神)께, 둘째 날은 월신(月神)께, 셋째 날은 수신(水神)께, 넷째 날은 화신(火神)께, 다섯째 날은 목신(木神)께, 여섯째 날은 금신(金神)께, 일곱째 날은 토신(土神)에게 제사를 지냈다.

칠회제신력에는 "일 년 동안의 월일·해와 달의 운행·월식과 일식·절기·특별한 기상 변동 따위"를 날의 순서에 따라 정하는 방법이 나왔다고 한다. 단군 시대에 가서는 세 마을마다 경당을 설립하고 '칠회제신' 의례를 치를 때 삼륜구서(三倫九誓) 가르침을 강론했다고 전해지고 있다.

배달국에서는 환국의 국맥(國脈)을 이어받아, 삼신(三神)의 도(道)로써 가르침을 세우고, 그 품고 계신 뜻[일신강충(一神降衷)·성통광명(性通光明)·재세이화(在世理化)·홍익인간(弘益人間)]의 길을 가라고 가르쳤다.

이때부터 여러 곳에서 소도가 건립되었다. 사방에서 모여든 백성이 둥글게 마을을 이루고 네 집이 정전(井田)의 단위를 이루어 농사를 짓고, 조세 20분의 1을 바쳤다. 사시(四始)가 고르고 풍년이 들어 집 밖에 곡식을 산더미처럼 쌓아 놓으니 온 백성이 기뻐하여 태백환무(太白環舞)라는 노래를 지어 후세에 전해졌다.

3) 고조선 시대: 백성들의 삶, 지혜화(智慧化)

고조선의 개국시조(開國始祖)는 단군왕검(檀君王儉)이다. 단군왕검의 아버지는 단웅(檀雄)이요, 어머니는 웅씨왕(雄氏王)의 따님이다. 왕검은 신묘년(辛卯年: BC 2370) 5월 2일 인시(寅時)에 박달나무가 우거진 숲에서 태어났다. 왕검이 14세 되던 갑진년(甲辰年: BC 2357)에 단웅(檀雄)이 비왕(裨王)으로 천거하여 대읍국(大邑國)을 맡아 다스리게 하였다.

배달국 때부터 수많은 왕검(王儉)이 있었다. 왕검은 부족을 다스리는 군장(君長)을 말한다. 왕검을 세속 말로 대감(大監)이라는 뜻이다. 왕검은 영토를 관장하고 지키며, 포악한 것을 물리치고 백성을 보살폈다.

인류 4대 문명도 '강(江;황하·인더스·나일·티그리스·유프라테스)'을 끼고 태동하고 성장했다. 고조선(古朝鮮)도 "송화강 아사달[현 흑룡강성 하얼빈]·백악산 아사달[현 길림성 장춘]·장당경 아사달[현 요령성 개원]"에서 어떠한 문명을 열어갔을까?

① 제 1왕조 송화강 아사달 시대[약 1,048년]

1세 왕검(왕검)	2세 부루(扶婁)	3세 가륵(嘉勒)	4세 오사구(烏斯丘)
5세 구을(丘乙)	6세 달문(達門)	7세 한율(翰栗)	8세 우서한(于西翰)
9세 아술(阿述)	10세 노을(魯乙)	11세 도해(道奚)	12세 아한(阿漢)
13세 흘달(屹達)	14세 고불(古弗)	15세 대음(代音)	16세 위나(尉那)
17세 여을(余乙)	18세 동엄(冬奄)	19세 구모소(緱牟蘇)	20세 고홀(固忽)
21세 소태(蘇台)			

② 제 2왕조 백악산 아사달 시대[약 860년]

22세 색불루(색불루)	23세 아홀(阿忽)	24세 연나(延那)	25세 솔나(率那)
26세 추로(鄒魯)	27세 두밀(豆密)	28세 해모(奚牟)	29세 마휴(摩休)
30세 내휴(奈休)	31세 등올(登屼)	32세 추밀(鄒密)	33세 감물(甘勿)
34세 오루문(奧婁門)	35세 사벌(沙伐)	36세 매륵(買勒)	37세 마물(麻勿)
38세 다물(多勿)	39세 두홀(豆忽)	40세 달음(達音)	41세 음차(音次)
42세 을우지(乙于支)	43세 물리(勿理)		

③ 제 3왕조 장당경 아사달 시대[약 188년]

44세 구물(丘勿)	45세 여루(余婁)	46세 보을(普乙)	47세 고열가(高列加)

고조선은 높은 수준의 거석 유적에 속하는 고인돌의 모양은 음양론에 바탕을 두고 있다. 뚜껑 돌은 양(陽)으로 하늘을 상징하여 천일(天一)이고, 받침돌은 음(陰)으로 땅을 상징하여 지이(地二)로 이루어졌다. 뚜껑 돌·받침돌·피장자(被葬者)는 각각 천지인을 상징하여 삼재 사상을 담고 있다.

그리고 제사 의례에 사용한 전통적인 악기인 석경(石磬)과 편종(編鐘)이 고조선의 강역이었던 중국 요령성(辽宁省) 남산 유적에서 출토되었다. 그리고 농기구·무기 등 청동기 문화와 직물 생산도구와 한민족의 고유한 난방시설인 구들 형태가 확인되는 등 고고학 발굴로 입증되었다.

① 중국 최초 지리서(地理書) '해경(海經)'

조선은 열양(列陽)의 동쪽으로 바다의 북쪽, 산의 남쪽에 있다. 열양은 연나라에 속한다.'라고 기록되어 있다. 이 구절을 진(晉)나라 때 학자 곽박(郭璞)이 '조선은 지금의 낙랑현(樂浪縣)으로 기자를 봉한 땅이다. 열(列)은 '물' 이름이다. 지금 대방군(帶方郡)에는 열구현(列口縣)이 있다.

② 송나라 시대의 국방 총서인 '무경총요(武經總要)'

조선이라는 이름의 강물이 실제로 있었는지 살펴보면, 송나라 시대 국방 총서인 무경총요(武經總要)에 조선하(朝鮮河)라는 강물이 나온다. 현재 중국 하북성(河北省) 북경 유역으로 흐르는 조하(潮河)다. '조하'는 '조선하'의 약칭이다.

풍수지리 시조 곽박(郭璞)은 '조선은 지금의 낙랑현 즉 조선현(朝鮮縣)이라고 했다. 여기서 조선의 왕검성이 위치한 곳은 낙랑현 즉 조선현이다. 이 조선현이 '바다의 북쪽, 산의 남쪽에 있다.'라고 했다. 여기서 산(山)은 갈석산(碣石山)을 가리키며, 바다는 황하 하류를 말한다.

단군왕검은 단군조선을 세우시고 즉위하여 통치구역을 진한(辰韓)·번한(番韓)·마한(馬韓)으로 나누어 경계를 관리 통치하였다. 이 중에 진한은 왕검이 직접 다스렸고, 번한은 치두남(蚩頭男)이, 마한은 웅백다(熊伯多)가 맡아 다스리도록 했다.

단군왕검은 '나라를 다스리는 근본 방법·역사학의 정의와 중요성·자아인식의 중요성·우주의 삼신과 인간의 생성원리·사람의 본성과 목숨의 존재 원리·신교의 수행 원리·우주와 하나 되는 길·구국의 길·국통(國統)을 바로 세움'을 강조하며 재위 원년에 여덟 가지 율법을 제정하여 백성들에게 알렸다.

① 단군왕검의 조칙

제1조, 하늘의 법도는 오직 하나요, 그 문은 둘이 아니니라. 너희들이 오직 순수한 정성으로 다져진 참마음을 가져야 하느님을 뵐 수 있다.

제2조, 하늘 법도는 항상 하나이며, 사람 마음은 똑같으니라. 자기의 마음을 미루어 다른 사람의 마음을 깊이 생각하라. 사람들의 마음과 잘 융화하면, 이는 하늘의 법도에 일치하는 것이니 이로써 만방을 다스릴 수 있게 된다.

제3조, 너를 낳으신 분은 부모요, 부모는 하늘로부터 내려오셨으니, 오직 너희 부모를 잘 공경하여야 능히 하느님을 경배할 수 있느니라. 이러한 정신이 온 나라에 번져 나가면 충효가

되나니, 너희가 이러한 도를 몸으로 잘 익히면 하늘이 무너져도 반드시 먼저 벗어나 살 수 있다.

제4조, 짐승도 짝이 있고 헌 신도 짝이 있는 법이니라. 너희 남녀는 잘 조화하여 원망하지 말고 질투하지 말며, 음행하지 말라.

제5조, 너희는 열 손가락을 깨물어 보라. 그 아픔에 차이가 없다. 그러므로 서로 사랑하여 헐뜯지 말며, 서로 돕고 해치지 말아야 집안과 나라가 번영하라.

제6조, 너희는 소와 말을 보라. 오히려 먹이를 나누어 먹나니, 너희는 서로 양보하여 빼앗지 말며, 함께 일하고 도적질하지 않아야 나라와 집안이 번영하라.

제7조, 너희는 저 호랑이를 보아라. 강포하고 신령하지 못하여 재앙을 일으킨다. 너희는 사납고 성급히 행하여 성품을 해하지 말고 남을 해치지 말며, 하늘의 법을 항상 잘 준수하여 능히 만물을 사랑하라. 너희는 위태로운 사람을 붙잡아 주고 약한 사람을 능멸하지 말 것이며, 불쌍한 사람을 도와주고 비천한 사람을 업신여기지 말라. 너희가 이러한 원칙을 어기면 영원히 신의 도움을 얻지 못한다.

제8조, 너희가 만일 서로 충돌하여 논밭에 불을 내면 곡식이 다 타서 없어져 신과 사람이 노하게 되니, 너희가 아무리 두텁게

싸고 덮는다고 해도 그 향기는 반드시 새어 나오게 된다. 너희는 타고난 본성을 잘 간직하여 사특한 생각을 품지 말고, 악을 숨기지 말며, 남을 해지려는 마음을 지니지 말라. 하늘을 공경하고 백성을 사랑하여야 너희들의 복록이 무궁하니. 너희 오가와 백성들아! 나의 말을 잘 받들라.

단군왕검(檀君王儉)이 후손들에게 '나를 낳아주시고 길러주신 어버이에게 효(孝)를 다하여야 하고, 대대로 태어났다가 생을 마칠 때 육신과 혼을 묻어온 내 나라와 내 민족을 위해 할 수 있는 것은 충성(忠誠)'이라고 가르쳐주었다. 인간으로 태어나 이 법을 지켜 천지와 온전히 하나가 되어 참된 인간이 되게 하는 율법을 알려준 것이다.

단군왕검은 종(倧)과 전(佺)의 도(道)로서 왕을 세워 사람들에게 책화(責禍)를 가르쳤다. 종(倧)이란 사람이 우주 안에서 스스로 으뜸 되는 바에 따라 정기를 잘 보존하여 아름다움을 실현하는 것이다. 그러므로 전(佺)은 텅 빈 자리로 천도(天道)에 근본을 두고, 선(仙)은 광명 자리로 지도(地道)에 근본을 두고, 종(倧)은 천지 도덕의 삶을 실현하는 강건한 자리로 인도(人道)에 근본을 둔다고 밝혔다.

개천(開天): 성인을 보내어 세상을 다스리는 것을 말한다. 하늘을 열었기 때문에 만물을 창조할 수 있다. 이것이 곧 이 세상이 하늘의 이치와 부합되어 하나로 조화되는 것이다.

개지(開地): 산을 다스려 길을 내는 것을 뜻한다. 땅을 개척하기 때문에, 때에 알맞은 농사를 잘 지어서 세상일이 변화할 수 있게 한다. 이러한 개척의 삶을 통해 지혜를 함께 닦아야 한다.

개인(開人): 인간의 본성[인간 속에 있는 삼신의 마음]을 여는 것을 말한다. 사람들의 마음자리를 열어 주기 때문에 세상일이 잘 순환하게 된다. 이로써 형체와 함께 영혼이 성숙해 가는 것이다.

성인(聖人)이 세상을 열어 만물이 창조될 수 있게 한 것은 개천(開天)이라 하고, 땅을 개척하여 때에 알맞은 일을 만들어 변화할 수 있게 하는 것은 개지(開地)라고 하고, 인간의 마음자리를 열어 세상일이 잘 순환하게 하는 것은 개인(開人)이라고 한 것이다.

고조선 2세 단군 부루(扶婁)는 신시 개천(神市 開天) 이래 매년 하늘에 제사를 지낼 때 나라에서 큰 축제를 열어 선조의 덕을 찬양하는 노래를 부르며 화합하였다. 어아(於阿)를 음악으로 삼고 감사함을 근본으로 하여 하늘의 신명과 인간을 조화시켜 참된 인간이 되라고 하자, 사방에서 모두 이를 본받았다.

백성들은 병 없이 저절로 장수를 누리고 흉년이 없어 저절로 넉넉하여, 산에 올라 달맞이를 하면서 노래 부르고 춤을 추었다. 아무리 먼 곳이라도 그 덕행이 미치지 않은 데가 없고 어떤 곳이든 흥겹지 않은 곳이 없었다.

- 배달국 때 불렸던 음악: 공수(貢壽)·두열(頭列)

- 고조선 때 불렸던 음악: 어아가(於阿歌)

고조선에서는 '공후(箜篌)·비파(琵琶)' 같은 현악기와 '석경(石磬)·편종(編鐘)' 같은 타악기와 피리 같은 관악기를 고루 갖추어 의례용 예악(禮樂)과 가요로 추정되는 공후인(箜篌引)·공무도하가(公無渡河歌)에 관한 기록이 있는 것으로 보아, 일반 백성들도 음악을 즐기고 악기를 잘 다루었다고 볼 수 있다.

고조선 3세 단군 가륵(嘉勒)은 참된 인간이 되라는 단군왕검의 조칙을 지킬 수 있도록 을사년(乙巳年) 9월에 좀 더 구체적으로 명시된 중도일심(中道一心) 정신의 성훈(聖訓)을 내렸다.

① 중도일심 정신에 대한 조칙

천하의 대본(大本)은 내 마음의 '중도일심(中道一心) 자리'에 있다. 사람이 일심의 중 자리를 잃으면 어떤 일도 성취할 수 없고, 만물이 중도일심을 잃으면 그 몸이 넘어지고 엎어지게 되어있다.

임금의 마음은 위태롭고 백성의 마음은 은미(隱微)하니, 모든 사람이 균일하게 갖고 나온 천부 성품을 잘 닦고 간직하여 그 조화의 중심자리를 확립해서 잃지 않은 연후에야 일심 자리에 확고히 안주할 수 있다.

중도일심(中道一心)의 도(道)는 '아비는 마땅히 자애롭고, 자식은 마땅히 효도하며, 임금은 마땅히 의롭고, 신하는 마땅히 충성하며, 부부는 마땅히 서로 공경하고, 형제는 마땅히 서로 우애하고, 노인과 젊은이가 마땅히 차례를 잘 지키고, 친구끼리 마땅히 서로 믿음을 가지는 것이다.'

몸을 삼가 공손하고 검소하며, 학문을 잘 닦고 맡은 소임을 연마하여 지혜와 능력을 계발하고, 널리 이롭도록 서로 권면하고, 자신을 완성하여 자유자재하며, 만물의 뜻을 열어 고르고 한결같게 하라.

그리하여 천하의 일을 자임하고, 국통(國統)을 존중하고, 국법을 확실히 지켜 각자 자기 직분을 다하고, 부지런함을 권면하여 생산을 보존하라. 국가에 일이 있을 때 몸을 던져 의(義)를 실천하고, 위험을 무릅쓰고 용맹하게 전진하여 오랜 세월 무궁한 복을 받는다.

이는 짐이 너희 백성과 함께 간절하게 마음에 새겨 소홀히 하지 않는 것이니라. 너희가 한 몸이 되어 완전하게 실천하기를 지극한 마음으로 바라니, 이를 잘 공경하여 받들어라.

중도일심 정신의 내용은 '마음을 올바르게 세우는 데 있다'라는 것을 강조한 교훈이라고 할 수 있다. 배달국의 가르침인 신왕종전지도(神王倧佺之道)가 있다. 그 내용은 아비가 되고자 하는 사람은 아비다워야 하고, 임금이 되고자 하는 사람은 임금다워야 하며, 스승이 되고자 하는 사람은 스승다워야 한다. 이를 따르기 위해서는 마음의 중추(中樞)를 바로잡아야 한다는 가르침이었다.

특히 단군(檀君) 가륵(嘉勒)은 삼륜구서(三倫九誓)로 백성을 교화했고, 44세 단군 구물(丘勿)은 구서지회(九誓之會)를 열어 크게 발전시켰는데, 이것이 부여구서(夫餘九誓)이다. 삼륜구서의 가르침 내용은 다음과 같다.

삼륜(三倫): 부자애지망(父子愛之網), 군민예지망(君民禮之網), 사도도지망(師徒道之網).

구서(九誓): 효자순예(孝慈順禮), 우목인서(友睦仁恕), 신실성근(信實誠勤), 충의기절(忠義氣節), 손양공근(遜讓恭謹), 명지달견(明知達見), 용담무협(勇膽武俠), 염직결청(廉直潔淸), 정의공리(正義公理).

선조들은 유불선 삼교(三敎)가 들어오기 전에 환국 시대에 오훈(桓國 五訓)이 있었고, 배달 시대에 오가(五加), 고조선 시대에 삼한관경(三韓管境) 제도, 부여에 구서(九誓)가 있었다. 또한 삼한(三韓)의 공통된 풍속에 다물 오계(多勿 五戒)가 있었다. 이것으로 백성들을 교화하는 근본정신으로 삼았다.

환국 오훈(五訓): 성신불위(誠信不僞), 경근불태(敬勤不怠), 효순불위(孝順不違). 겸의불음(廉義不淫), 겸화불투(謙和不鬪).

배달 오가(五加): 우가(牛加)는 곡식을 주관[주곡(主穀)], 마가(馬加)는 왕명을 주관[주명(主命)], 구가(狗加)는 형벌을 주관[주형(主刑)], 저가(猪加)는 질병을 주관[주병(主病)], 계가(鷄加)는 선악을 주관[주선악(主善惡)].

고조선 삼한관경(三韓管境): 진한(辰韓)·번한(番韓)·마한(馬韓).

부여 구서(九誓): 효(孝), 우(友), 신(信), 충(忠), 손(遜), 지(知), 용(勇), 염(廉), 의(義).

고구려 다물오계(多勿五戒): 사친이효(事親以孝) 사군이충(事君以忠) 교우이신(交友以信) 임전무퇴(臨戰無退) 살생유택(殺生有擇).

신라 26대 진평왕(眞平王) 때 화랑의 실천 계율인 세속오계(世俗五戒)를 창안한 원광법사(圓光法師)가 '지금은 세속오계가 있다.'라고 말한 것은, 세속오계를 원광법사가 창안한 것이 아니라, 고조선 이전에 이미 윤리 덕목이 있었음을 시사한 것으로 봐야 할 것이다.

고조선 10세 단군 노을(魯乙) 재위 35년[단기 418, BC 1916]에 처음으로 별을 관측하는 감성(監星)을 설치했다는 기록이 있다. 앞에서 밝힌 감성(監星)을 이용해 선조들은 태풍·가뭄·홍수·지진 등 자연재해를 대비하였다. 또 '일식·오행성 결집·강한 썰물' 등 특이한 천문현상을 관측하여 기록으로 남겼다.

고조선 때 천문현상을 관찰하는 감성(監星)이라는 조직이 있고, 고구려·신라 시대 때는 첨성대가 있고, 고려 시대의 천문지(天文志)·조선 시대의 천문유초(天文類抄) 등 천문 관련한 유적들을 고려해 볼 때,

고조선 시대에 국가 조직이 존재했다는 사실이 증명된 것이라고 볼 수 있다.

고대국가에서는 농업이 백성들의 운명을 좌지우지할 수 있는 중요한 생산기반이기에, 국가에서는 백성들에게 도움을 주어야 하는 중요한 업무다. 그래서 천문대 업무는 국가 기관에서 담당할 수밖에 없는 것이다.

고조선 11세 단군(檀君) 도해(道奚)는 명산 중 한 곳에 환웅 상(桓雄 像)을 모시고 제사를 지냈다. 이때 사흘 동안 재계하고 이레 동안 강론하시니 그 덕화(德化)의 바람이 사해(四海)를 움직였다고 한다. 이런 정신을 실천할 수 있도록 염표지문(念標之文)에 담아 완성하였다.

① 염표지문(念標之文)

하늘은 아득하고 고요함으로 광대하니
하늘의 도는 두루 미치어 원만하고
그 하는 일은 참됨으로 만물을 하나 되게 함이니라.
땅은 하늘의 기운을 모아서 성대하니
땅의 도는 하늘의 도를 본받아 원만하고
그 하는 일은 쉼 없이 길러 만물을 하나 되게 함이니라.
사람은 지혜와 능력이 있어 위대하니
사람의 도는 천지의 도를 선택하여 원만하고
그 하는 일은 서로 협력하여
태일(太一)의 세계를 만드는 데 있느니라.

그러므로

삼신(三神)께서 참마음을 내려주셔서[일신강충(一神降衷)]

사람의 성품은 삼신의 큰 광명에 통해 있으니[성통광명(性通光明)]

삼신의 가르침으로 세상을 다스리고 깨우쳐[재세이화(在世理化)]

인간을 널리 이롭게 하라[홍익인간(弘益人間)].

고조선 13세 흘달(屹達) 재위 50년[BC 1733]에 오성(五星)이 루성(婁星)에 모이고, 황학(黃鶴)이 날아와 금원(禁苑)의 소나무에 깃들었다는 이 기록을 천문학적으로 검증해 본 사람은 라대일 박사와 박창범 박사다. 이들이 연구한 결과는 다음과 같다.

① 천문학자들의 연구 결과

연구팀이 국산 천문 소프트웨어를 이용하여 확인한 결과, BC 1734년 7월 12일 저녁 서쪽 하늘에는 화성·수성·달·토성·목성·성의 순서로 황도를 따라 배열되었다. 7월 11일~13일을 벗어나면 달은 오성취루(五星聚婁)에 참여하지 않는다.

이 현상은 보름 이상 계속되기 때문에 장마철이더라도 오성취루 현상을 놓쳤을 리 없다고 한다. 그리고 지금은 빠른 컴퓨터와 성능이 좋은 천문 소프트웨어 때문에 과거의 오성결집은 아마추어 천문학자들도 얼마든지 연구가 가능한 분야가 되었다.

이 소프트웨어는 AD에서 BC로 넘어갈 때 서기 0년이 있었기 때문에, 1년의 오차가 발생했다며, 그 오성결집 같은 천문현상을 임의로 맞추거나 컴퓨터 없이 손으로 계산하는 일은 불가능하다.

선조들이 BC 1734년 천문현상을 기록으로 남길 수 있었던 것은, 천문 관련 조직이 있었기 때문이며, 당시 천문 관련 조직과 문화를 갖추고 있었다는 것은, 즉 천문대를 갖춘 나라가 있었다는 사실이 증명된 것이다.

고조선 22세 단군 색불루(索弗婁)는 녹산(鹿山: 백악산 아사달)의 성(城)을 개축하고 관제(冠制)를 개혁했다. 재직 4년 기해년(己亥年: 단기 1052)에 다음과 같이 칙문(勅問)에서 말하기를, '너희 삼한은 위로 천신을 받들고, 아래로 뭇 백성을 맞아 잘 교화하라'라고 하였다. 이로부터 백성에게 예절과 의리, 농사, 누에치기, 길쌈, 활쏘기, 글자를 가르쳤다. 또 백성을 위하여 금팔조(禁八條)를 내렸다.

① 금팔조(禁八條)

제1조: 살인한 자는 즉시 사형에 처한다.
제2조: 상해를 입힌 자는 곡식으로 보상한다.
제3조: 도둑질 한 자 중에서 남자는 거두어들여 그 집의 노(奴)로 삼고 여자는 비(婢)로 삼는다.
제4조: 소도를 훼손한 자는 금고(禁錮)형에 처한다.
제5조: 예의를 잃은 자는 군에 복역시킨다.
제6조: 게으른 자는 부역에 동원한다.

제7조: 음란한 자는 태형(笞刑)으로 다스린다.

제8조: 남을 속인 자는 잘 타일러 방면한다.

단군 색불루는 재위 원년(BC 1285)에 제도를 크게 개혁하여 삼한(三韓)을 삼조선(三朝鮮)이라 고치고, 진조선(眞朝鮮)은 직접 통치하면서 삼조선을 모두 관리하였다. 그리고 막조선(莫朝鮮)은 여원흥(黎元興)·번조선(番朝鮮)은 서우여(徐于餘)에게 맡겨 다스리도록 했다.

단군 색불루는 선조들께서 새로운 국가를 세우실 때마다 시대와 환경에 맞는 필요한 율법을 추가하여 제정하였으며, '금팔조'를 강조하면서 '홍익인간(弘益人間)' 이념을 펼쳤다.

고조선 33세 단군 감물(甘勿)은 재위 7년 무자년(戊子年: BC 818)에 영고탑(寧古塔) 서문 밖 감물산(甘勿山) 아래에 삼성사(三聖祠)를 세우고 친히 제사를 올렸는데, 그 서고문(誓告文)에서 아래와 같이 말씀하셨다.

① 서고문(誓告文) 내용

세 분 성조[환인·환웅·단군]의 지존하심은 삼신과 더불어 공덕이 같고, 삼신의 덕은 세 분 성조로 인해 더욱 위대해졌도다. 정신과 물질은 일체이며, 사와 세계는 하나다, 지혜와 삶을 함께 닦고, 참된 가르침이 이에 세워지니, 믿음이 오래되면 진리의 뿌리가 저절로 밝혀지리라.

오름세를 타면 존귀해지나니, 빛을 돌려 내 몸을 살필지어다. 높고 가파른 저 백악산이여! 만고에 변함없이 푸르구나. 역대 성조들 대를 이어 찬란히 예악을 부흥시키셨도다. 그 규모 이토록 위대하니, 신교의 도술 깊고도 광대하다. 우주 근원의 조화세계에는 삼신(三神)이 담겨있고, 이 삼신 원리를 일체로 보면 본래의 한 조화신으로 돌아가는 도다. 하늘의 계율을 널리 펴서 영원토록 법으로 삼으리라.

서고문(誓告文) 내용 중 '우주 근원 조화세계에는 삼신(三神)이 담겨있고'의 문장은 천부경의 문장 중에서 천지인(天地人)을 설명하고 있는 것으로 보인다. 과학적인 측면에서 우주를 '공간과 물질과 시간'으로 구분해 볼 때, '공간과 물질과 시간'이라고 구분했으나 뿌리는 하나이고, 하나의 통일체로서 총체적인 개념이 우주다.

자연은 공간과 물질의 상대적 결합에 의한 존재하는 현상을 말하며 시간은 자연의 결과이지 자연 그 자체는 아니다. 공간과 물질은 시간의 원인이며, 시간은 공간과 물질의 결과이면서, 공간과 물질의 관계에서 시간이 발생하지만, 본질적인 시간은 공간과 물질을 움직이는 원동력이다. 그러므로 시간은 형식 면에서는 결과이며 내용 면에서는 원인이라는 이중적인 존재 구조를 지녔다.

이 삼자가 삼위일체라 하는 것은 이 모두가 제각기 분리되어 존재할 수 없으며 그 원인과 뿌리는 하나이기 때문이다. 우주와 자연을 엄밀히 구분하자면 우주는 유형의 세계와 무형의 세계, 즉 본질과 현상을 동시에 보는 관념이고, 자연은 유형적인 현상만을 보는 관념이다.

2. 천부경의 전개 과정

진서(晉書) 제67 사이전(四夷傳)에 부여국(夫餘國) 이야기 중 '그 나라가 부유하면 옛 조상 때부터 침략을 받거나 파괴된 적이 없다.'라고 한 것처럼, 배달 1세 환웅 거발환(居發桓) 이래 후손들이 나라를 잘 지키고 태평성대와 부유함을 유지했기 때문에, 역사적 가치가 있는 문헌이나 유물이 많이 전해져 내려왔다.

반면 시원 역사서(歷史書)의 수난 시기도 있었다. 고조선 시대 이후 수천 년 동안 무수한 전란 속에서 역사서가 ① 고구려 동천왕 18년. ② 백제 의자왕 20년. ③ 고구려 보장왕 27년. ④ 신라 경순왕 원년. ⑤ 고려 인종 4년. ⑥ 고려 고종 20년. ⑦ 임진왜란과 병자호란. ⑧ 일제강점기 이후 사서들이 소실되거나 탈취당했다.

이런 와중에 우리 역사서를 우리 스스로가 소각하거나 수거하는 일도 자행되었다. 특히 조선 시대 때 ① 태종은 1406년부터 향교 진흥책을 추진하면서, 1411년 유교를 장려하면서 유교 서적이 아닌 것은 일체 소각했다. ② 세조는 1457년 팔도 관찰사에게 '고조선 비사' 등의 문서를 사처에서 간직하지 말라고 명했다. ③ 예종은 1467년 예조에 명하여 모든 천문·지리·음양에 관계되는 서적들을 수거하게 했다. ④ 성종은 1470년에는 도의 관찰사에게 천문·음양·지리에 관한 책을 수납하도록 명했다.

이때 가장 많이 사라진 자료는 고조선(古朝鮮) 관련 역사서와 신선도(神仙道)에 관한 기록들이었으며, 남아있는 자료들은 유교·불교와 관련된 서적들뿐이다.

1) 신라 시대: 최치원의 석벽 본(本) 천부경

신라 때 최치원(崔致遠)은 옛 비석에 새겨진 천부경을 보고, 갑골문으로 완성할 때 마침표 없이 한 문장으로 구성했다. 그리고 묘향산 석벽에 천부경을 새겼다. 그러나 천부경을 해설한 내용은 전해지지 않고 있다.

최치원이 옛 비석만 보고 천부경을 완성한 것이 아니라, 그의 다문박식(多聞博識)한 재능이 있었기에 천부경을 완성 시킨 것이라고 보았다. 그 이유는 최치원의 성장 과정을 살펴보면 알 수 있었다.

① 최치원의 성장 과정

최치원은 12살[868] 때 이복형 현준(賢俊) 스님[당나라 종리권(鐘離權)의 제자]과 함께 당나라에 가서 종남산(終南山) 선인(仙人) 종리권의 추천을 받고, 당나라 국자감 책임자 배찬(裵瓚) 문하생으로 들어가 공부하여 874년 9월 빈공과(賓貢科)에 장원급제하고, 2년 후 선주(宣州) 율수현(溧水縣) 현위(縣尉)로 임명되었다.

최치원은 1년 후 다시 박학굉사과(博學宏詞科)에 응시하기 위해 관직을 사직한 후 종남산에서 공부하는 중에 내단비결(內丹祕訣)이라는 책을 보고 술법을 깨우쳤다. 이후 최치원은 고병(高騈)의 문객(門客)으로 지내게 되었다.

최치원은 879년 6월 황소(黃巢)가 군사를 일으키자, 제도행영병마도통(諸道行營兵馬都統)에 임명된 고병(高騈)이 최치원을 종사관(從事

官)으로 임명했고, 이때 황제에게 올리는 '사가태위표(謝加太尉表)'의 내용을 보고받고, 최치원의 식견과 문장력에 매료되어, 고병의 배려로 879년 도통순관(都統巡官)에 임명되었다.

최치원은 반란군 수괴 황소가 장안을 점령하자 880년 7월 8일 황소를 꾸짖는 격문, 이른바 토황소격문(討黃巢檄文)을 지었다. 이 격문을 본 황소가 놀라 피신 중 자결하자, 최치원은 882년 2월 26일 자금어대(紫金魚袋)를 받는다.

최치원이 885년 29세에 귀국하여 화랑도(花郎徒) 난랑(鸞郎)을 위해 지은 비문(碑文) 서두에 우리나라에 현묘지도(玄妙之道)가 있으니 그것을 풍류도(風流道)라고 했다. '현묘지도'의 경지에 이르게 하는 이치를 현빈일규(玄牝一竅)라 했다.

① 현빈일규 설명 내용

최치원은 천기(天氣)와 지기(地氣)가 대기 공간 중에서 합(合)을 이루면 '하나의 구멍'이 생기며, 그곳에서 기(氣)와 신(神)이 머무르고 교감이 그치지 않는 이 기운을 '천지기운(天地氣運)'이라고 한 것이다. 그런데 그 현묘하다는 도(道)의 내용은 지극히 평범하고 일상적인 것들이다.

집에 들어오면 효도하고 밖에 나가면 나라에 충성하라는 공자의 가르침과 말없이 행하라는 노자의 종지(宗旨)와 악한 일은 하지 말고 착한 일을 받들어 실행하라는 석가의 교화(敎化)가 그 내용이다.

최치원이 어린 나이에 겪은 긴급한 상황에서 대처하는 힘과 폭넓은 학식은 주변 사람들이 인정하도록 만들었다. 이럴 수 있었던 것은 선도의 원리와 기법 공부를 하여 깊은 경지에 이르게 되었기에 천부경을 완성할 수 있었다고 보아야 한다.

① 이중환의 저서 '택리지(擇里志)'

최치원이 1년 후 다시 박학굉사과(博學宏詞科)에 응시하기 위해 관직을 사직한 후 종남산에서 공부하는 중에 내단비결(內丹祕訣)이라는 책을 보고 술법을 깨우쳤다.라는 기록이 있다. 그리고 발해의 왕족 대야발(大野勃)의 저서 '상고 문화 단기고사'에 훗날 신라 효공왕(孝恭王) 1년[AD 897년]에 최치원이 묘향산 석벽에 81자 천부경을 새겼다.

고조선 시대를 지나 먼 훗날 신라 시대에 와서 최치원(崔致遠)에 의해 천부경이 81자(字)로 표기되었다.라는 기록이 '① 태백일사·② 한민족과 천부경·③ 택지리'에 있는데, 그 내용은 다음과 같다.

① 이맥의 저서 '태백일사'

천부경은 천제(天帝) 환인(桓因)의 환국(桓國) 때부터 구전되었다. 환웅(桓雄)은 하늘의 뜻을 받들어 내려오신 뒤에 신지(神智: 직책명) 혁덕

(赫德)을 시켜 이를 녹도문으로 기록하게 했는데, 고운 최치원이 일찍이 신지의 전고비(篆古碑)를 보고 다시 첩(帖)으로 만들어 세상에 전하였다.

② 최재충(崔載忠)의 저서 '한민족과 천부경'

단군이 신지(神誌)를 시켜 그가 만들어낸 문자를 가지고 이를 돌에 새겨 후세에 전하게 하였다. 이후 3천 년이 흐른 신라 때 와서 고운 최치원 선생이 비로소 그 글자를 풀어 묘향산의 석벽에 새겨놓았다. 오랜 세월이 지나 조선왕조에 이르러 계연수에 의하여 천부경 81자가 발견되었다.라고 밝혔다.

③ 이중환(李重煥)의 저서 '택리지(擇里志)'

임피(臨陂) 서편에 있는 옥구(沃溝)는 서해(西海)에 닿아 있다. 군산 옥서면 선연리 인근 작은 바위산 위에 2층 정자(亭子)인 자천대(自天臺)가 있었는데, 그 인근에 두 개의 석롱(石籠)이 있었다. 신라 때 최치원이 이 고을 수령이 되어 농(籠: 하나의 큰 돌) 속에 비서(祕書)를 감춰 두었는데, 산기슭에 버려져 있으나 사람이 감히 열어보지 못하였고, 혹 끌어당기면 바다에서 바람과 비가 몰아쳤다. … 100여 년 전에 정자를 허물고 석롱도 땅에 묻어 자취를 없애버려 지금은 찾아보는 사람이 없다.'라고 밝혔다.

묘향산 석벽에 새겨진 갑골문은 1899년 중국 왕의영(王懿榮) 등에 의해 하남성(河南省) 안양시(安陽市) 소둔촌(小屯村) 은허 지역에서 최초로 발굴된 바 있다. 국가형태를 갖추기 이전 은족(殷族) 활동 지역은 동이족(東夷族)과 매우 가까웠다.

북경 대학교 교수 부사년(傅斯年)의 저서 이하동서설(夷夏東西說)에 은(殷)나라 사람들이 주나라 사람들에게 '이[夷]'라고 불렸다는 기록을 확인할 수 있다. 은나라 사람이 동이족은 아니지만, 그 문화를 함께 누리고 생활했을 것으로 보인다.

이러한 문화의 영향을 받은 상형문자는 뜻글자이기에 많은 내용을 담을 수 있어 최치원이 '인간을 중심으로 한 자연의 섭리와 이치'를 표현하기 위해 한자(漢字)보다는 은문(殷文)으로 천부경을 완성한 것으로 볼 수 있다.

2) 고려 시대: 민안부(閔安富)의 소장본 천부경

신라에서 최치원의 사상에 크게 영향을 받은 최언위(崔彦撝)·최승로(崔承老)는 고려 왕조 체제 정비에 크게 공헌(貢獻)한다. 최치원은 이들과 자연스럽게 이어지면서 고려에서 유학 사상의 큰 인물로 모셔졌다.

고려 8대 왕 현종(顯宗) 때는 최치원이 내사령(內史令)으로 추증되었고, '문창후'라는 시호를 받으며, 설총(薛聰)과 함께 나란히 공자(孔子)를 모신 사당(祠堂)에 배향되기도 했다.

고려 때[1392년] 이성계가 새로운 왕조를 일으켜 스스로 왕이 되자, 충신 72명과 무인 48명이 '두 임금을 섬길 수 없다'라며 경기도 개풍군 광덕면 광덕산(廣德山) 서쪽의 골짜기로 들어가 나오지 않았다고 하여 두

문동(杜門洞)이라고 하였다. 두문동에 있던 농은(農隱) 민안부(閔安富)의 소장본 천부경이 그의 후손 민홍규(閔弘圭)에 의해 공개되면서 세상에 알려지게 되었다.

민안부의 20대 직계 후손 민홍규(閔弘圭)가 1966년 1월 10일 'LAP ART 1'에 '상형문자 천부경을 처음으로 소개'라는 제목으로 알린 이후, 2000년 초 민홍규는 송호수(宋鎬洙) 박사에게 '민안부 소장본 안에 천부경이 있음을 확인' 시켜주었다. 그리고 민홍규는 2002년 9월 29일 일요시사에 '특종 갑골문자 천부경 발견, 단군·환웅 실재성 높아' 제목으로 보도된 바 있다.

송호수는 2000년 10월 3일 자신의 저서 개정판 본 『한겨레의 뿌리 얼: 한민족의 뿌리 사상』 앞장 표지 뒤 간지에 갑골문 천부경 사진과 사진 밑에 문구를 덧붙여 발간했다.

민안부 소장본 천부경이 세상에 알려지게 된 경로를 확인한 결과, 학술적으로 분석된 논문이나 서적이 없다는 사실을 알게 되었다. 그래서 농은 소장본에 담긴 천부경과 관련해서 자문받기 위해 2022년 4월 14일 천부경 저자 이찬구(李讚九) 박사와 통화를 하였다.

이찬구 박사는 민홍규와 여러 번 접촉하였다면서, 천부경이 수록되어 있다고 알려진 민안부의 유집(遺集)은 '민안부가 직접 작성한 내용이 아니라, 소장하고 있던 서적 중 하나다'라는 것을 확인했다고 밝혔다.

그런데 신라 시대[BC 57~AD 935] 때 최치원의 갑골문 천부경이 어떻게 고려 시대 민안부에게 전달되었는지를 살펴보면, 민안부의 갑골문 천부경을 중국 청나라[1636~1912] 때 금석학자이자 국립대 총장인 왕의영(王懿榮)에 의해 처음으로 연구되었다고 한다.

그리고 고려[AD 918~1392] 말기 문신 민안부의 천부경 문자 중에서 중국 은허 지역에서 발견된 문자와 같은 글자들이 다수 발견되었다. 특이한 점은 후한(後漢: AD 25~220) 때 한자의 구조와 의미를 논술한 설문해자(說文解字)의 저자(著者)인 허신(許愼)도 갑골문자를 몰랐다는 사실을 고려할 때, 민안부가 중국 은허문자를 보고 갑골문 천부경을 기록할 수 없었을 것이다.

최치원의 묘향산 석벽 본 천부경과 민안부 천부경의 자형을 비교해 보면 천부경 81자(字) 중에 4자(字)가 다르다.

① 묘향산 석벽 본(石壁 本)과 농은 유집 본(遺集 本) 자형 비교

묘향산	석삼극 (析三極)	대삼합 (大三合)	무궤화삼 (無匱化三)	칠팔구운 (七八九運)
민안부	신삼극 (新三極)	대기합 (大气合)	무궤종삼 (無匱從三)	칠팔구충 (七八九夷)

최치원이 왕건(王建)의 고려 건국을 몰래 도와주었다는 기록으로 볼 때, 최치원의 사상이 당시 관료나 유학자들에게 전해졌다고 보인다. 이런 과정에서 두문동(杜門洞)에 머물던 많은 사람이 기록을 갖게 되었을 것이다.

현재 존재하는 삼일신고봉장기(三一神誥奉藏記)와 농은(農隱) 민안부(閔

安富)의 천부경 자료를 종합적으로 분석해 볼 때, 한자(漢字)는 은문(殷文)으로, 은문은 다시 단군의 전문(篆文)으로, 전문은 신시(神市)의 녹도문(鹿圖文)으로 거슬러 올라가게 된다. 아직 구체적인 유물이 발견되지 않았지만, 은문(殷文)보다 더 오래되었다고 판단되는 문자가 있었음을 유념해 볼 필요가 있다.

① 중국에서 발견된 동이족 유물

중국의 사학자 왕옥철(王玉哲)·장문(張文) 및 대만(臺灣)의 문자학자 이경재(李敬齋) 등은 지금까지 발견된 유물 등을 객관적으로 고증한 결과, 한자(漢字)는 동이족의 신석기 문화인 양사오문화(仰韶文化)·타이안 지역에 발견된 대문구문화(大汶口文化)·신석기 후대 시대 후기에 중국 황허강[黃河]의 중·하류 지역에서 번성한 용산문화(龍山文化)를 거쳐, 3400년 전의 은(殷)나라 갑골문으로 발전된 문자라고 밝히고 있다.

② 발해국 대흠무(大欽武) 저서 '삼일신고봉장기(三一神誥奉藏記)'

발해국 제3대 문왕(文王) 대흠무(大欽武)의 저서 '삼일신고봉장기(三一神誥奉藏記)'에 '영보각(靈寶閣)에 두었던 어찬진본(御贊眞本)을 받들어 태백산 보본단(報本壇) 석실 속에 옮겨 간직한다.'라고 한 데서 유래한다. 감추어진 민족 경전과 단군실사(檀君實史)는 조선 말기에 발견되었다.
그 경위는 김교헌(金敎獻)의 저서 '홍암신형조천기(弘巖神兄朝天記)

단군교포명서(檀君敎佈明書)에 잘 나타나 있다. 삼일신고 본문 앞에는 발해국 시조 대조영의 어제삼일신고 찬(御製三一神誥 贊)이 있고, 그 앞에는 대야발(大野勃)의 삼일신고 서(序)가 있으며, 본문 뒤에는 고구려 개국공신 마의극재사(麻衣克再思)의 삼일신고 독법(讀法)이 있고, 그 뒤에는 발해국 문왕의 삼일신고봉장기(三一神誥奉藏記)가 있다.

배달국·고조선의 선도 문화가 대부여를 통해 고구려·신라·백제를 이어 발해로 전해졌고, 이 문화가 고려로 전해졌다고 보인다. 최치원이 고려 건국에 영향을 미치면서 천부경도 함께 전해진 것으로 보인다.

천부경 81자(字) 중 4자(字)가 다른 이유는 전달과정에서 잘못 기록된 것으로 보인다. 당시 중국에서 갑골문자를 사용하지 않아 민안부가 중국 갑골문자를 보고 직접 기록할 수 있는 상황이 아니다.

3) 조선 시대: 고조선 역사서와 신선도 관련 기록 수거·소각

최치원은 유교를 통달하여 후일 고려의 통치이념 확립에 큰 영향을 끼쳤을 뿐 아니라 불교·도교까지 섭렵한 신라 대학자이다. 최치원이 81자 천부경을 갑골문으로 완성하고 묘향산에 암각 이후 500여 년이 지난, 조선 시대에 와서는 '왕권을 강화하기 위한 수단'으로 유교 사상을 내세우면서 한민족의 신교 낭가사상은 수난을 겪게 된다. 이 수난 과정은 아래와 같다.

① 조선 3대 왕 태종(太宗)은

이성계의 5남으로 출생하여 1392년 정몽주(鄭夢周)를 제거하면서
조선 건국에 가장 큰 공을 세웠다. 태종은 1398년 1차 왕자의 난,
1400년 2차 왕자의 난을 거치며 조선 3대 왕으로 즉위했다.

태종실록에 '박은(朴訔)·조말생(趙末生)에게 서운관에 앉아서 음양서
(陰陽書)를 모조리 찾아내어 불태우라고 명(命)하자, 박은(朴訔)·조말
생(趙末生)은 서운관(書雲觀)에 간직하고 있는 참서(讖書) 두 상자를
불살랐다.'라는 기록이 있다.

② 조선 제7대 왕 세조(世祖)는

형 문종(文宗)이 죽고 조카인 단종(端宗)이 보위에 오르자 계유정난
(癸酉靖難)을 일으켜 섭정을 맡던 김종서(金宗瑞)를 비롯하여 자신에
게 협력하지 않는 인물들을 죽이고 대권(大權)을 잡는다.

세조실록에 '팔도 관찰사에게 고조선비사(古朝鮮祕詞) 등의 서적을
사처(私處)에서 간직하지 말 것을 명하였다.'라는 기록이 있다.

③ 조선 8대 왕 예종(睿宗)은

재위하는 동안 1468년 9월 23일에서 1469년 1월 31일까지 사촌
형(兄)이자 손아랫동서인 영의정(領議政) 귀성군(龜城君) 이준(李浚)
이 1차 섭정하였으며, 1469년 1월 31일에서 2월 20일까지 영의정
한명회(韓明澮)가 2차 섭정하였고, 1469년 2월 20일에서 같은 해
1469년 12월 31일 승하할 때까지 친정(親庭)했다.

예조실록에 '모든 천문·지리·음양에 관계되는 서적들을 수거(收去)
하게 하였다.'라는 기록이 있다.

④ 조선 9대 왕 성종(成宗)은

즉위 후 태종과 세조에 의해 숙청된 사림파를 등용하면서, 성리학적 통치 규범을 지키고 왕도정치를 구현하려고 노력했다.

성종실록에는 '여러 도(道)의 관찰사에게 숨긴 자는 처형하라며, 천문·지리·음양에 관한 책을 수거(收去)하도록 하였다.'라는 기록이 있다.

위에서처럼 조선 시대 초기부터 역성혁명으로 정통성 시비에 시달려 온 조선의 왕조는 왕권을 유지하기 위해 반대 세력에 있는 유생들을 탄압하기 시작하면서, 고조선비사(古朝鮮祕史) 같은 천문지리와 관련된 서적들을 모두 수거했다.

그 후 단군세기의 저자인 이암(李嵒: 고성이씨 9세)의 현손(玄孫) 이맥(李陌: 고성이씨 13세)이 조선 11대 왕 중종(中宗) 때 실록찬수관(實錄撰修官)에 임명된다. 이맥은 탄압받던 시기에 수거된 문헌들을 정리하여 태백일사를 저술하였다.

그러나 세상에 알리지 못하고 집 안에 숨겨 두었다가, 이맥의 후손인 이기(李沂: 고성이씨 27세)로 전해졌고, 이기(李沂)는 제자 계연수와 함께 환단고기를 편찬하면서 고조선의 역사가 우리에게 전해지게 된 것이다.

조선 22대 왕 정조(正祖) 즉위 5년[1781년]에 삼성사(三聖祠)를 수리하도록 한 후 치제문(致祭文)을 내려보냈다. 이 치제문의 전문은 정조(正祖) 11년[1787년]에 만들어진 문첩(文牒) 문원보불(文苑黼黻)에 실려 있다. 문원보불은 역대왕조의 대외 정책을 알 수 있는 사료이다.

① 치제문(致祭文) 요약본

빛나는 단군께서 아동(我東)에 처음 나시니 덕(德)이 신명(神明)에 합하였다. 천지개벽을 누가 능히 열 수 있었으리. 오직 이성(二聖)이 있어 상스러움을 발하시어 크게 신명(神命)을 받으셨다. 천부보전(天符寶篆)이 사실적 물증이 없지만, 그 신성(神聖)들이 서로 전수한 것이 동사(東史)에서 일컬어지고 있음이 그 몇 해인가?'

정조(正祖) 12년경 유의양(柳義養)이 왕명을 받아 기록된 춘관통고(春官通考)에 조선 9대 왕 성종(成宗) 3년[1472년]에 '황해도 구월산(九月山) 삼성당(三聖堂)을 '삼성사(三聖祠)'라 고치고, 환인·환웅·단군의 위판을 모시고 제향을 올렸다.'라는 글을 남겼다.

삼성당(三聖堂)은 겨레의 시조(始祖)인 환인·환웅·단군에게 제천의식을 치르던 곳으로 황해도 소재 구월산에 있다. 삼성당이 구월산에 지어진 것은 고조선 마지막 47대 단군 고열가(高列加)가 구월산 산신이 되었다는 전설 때문이라고 하였다.

조선 시대까지 왕명으로 봄·가을로 향축(香祝)을 보내면서 조정(朝廷)에서 직접 제천의식(祭天儀式)에 관여했다고는 하지만, 본래의 사상은 묻혀버리고 형식적인 의례만 전해진 것이다.

조선시대(朝鮮時代) 중기 학자인 남사고(南師古)의 저서 격암유록(格菴遺錄) 송가전(松家田)에 '… 천부경에는 무궁한 조화가 나타나니 천정수의 이름은 생명수요, 천부경은 진경(眞經)이다. …'라는 기록이 있는 것처럼, 은밀한 가운데 백성들 저변(底邊)에 천부경 사상이 널리 알려져 있었던 것으로 보인다.

4) 조선 말기: 전병훈의 천부경 주해

묘향산 석벽에서 천부경을 탁본한 계연수(桂延壽)는 평안북도 선천 출신으로, 호(號)는 운초(雲樵)·세거선천(世居宣川)·일시당(一始堂)이라고 한다. 계연수는 해학(海鶴) 이기(李沂)의 문인(門人)으로 알려져 있다.

일제강점기 초기 한국사 말살 정책을 시행하자, 계연수는 스승 이기와 함께 한민족의 정신문화가 사라지는 것이 아쉬워서 한국 상고사가 담긴 환단고기를 집필하게 되었다.

환단고기에는 삼성기전 상편·하편, 단군세기, 북부여기, 태백일사로 구분하고, '태백일사 소도경전본훈'에는 '81자 천부경'만 수록되어 있고 해설 내용은 없다. 환단고기를 편집 중 1909년 스승 이기(李沂)가 별세하자, 계연수는 스승에게 감수(監修)받은 것으로 한 후, 1911년 환단고기를 편찬했다.

그리고 나서 계연수는 1916년 '최치원이 묘향산 석벽에서 새겨 둔 천부경'을 탁본한 후, 다음 해인 1917년 정월(正月) 단군교에 보냈고, 단군교에서는 윤효정(尹孝定)을 통해 북경에서 거주하고 있던 전병훈(全秉熏)에게 석벽 본 천부경을 전달하였다.

전병훈(全秉薰)은 조선 철종 9년[1857]에 평안북도 삼등현(三登縣) 학서리(鶴棲里)에서 부친 전경(全璟)과 모친 완산 李氏의 외아들로 출생하였다. 그의 호는 성암(成庵), 운취당(云醉堂)이며 현빈도인(玄牝道人)이기도 했다.

전병훈의 인생 초기인 1867년 11세에 화서(華西) 이항로(李恒老) 계열의 학자인 운암(雲菴) 박문일(朴文一)의 문하에서 처음으로 성리학을 접한다. 1892년 그의 나이 35세 때에 의금부 도사를 제수받고 관직에 나갔다.

전병훈은 1898년 사회개혁 내용과 근거를 담은 백선미근(百選美芹)을 상소로 올리면서 인재 등용과 군사 개혁을 주장하다가 좌천당하여, 1907년 50세 때에 모든 관직을 사임하고 중국 망명길에 올랐다.

전병훈은 1910년 중국 남부 광동성(广东省)에 거주하면서 주역참동계(周易參同契)를 연구하는 한편, 한중대동학회(中韓大同學會)를 설립하면서 중국학자들과 교류를 하고자 하였다.

이후 전병훈은 광동성(廣東省) 나부산(羅浮山)에 있는 도교 사당인 충허관(沖虛觀)에 들어가 고공섬(古空蟾)이라는 도사(道士)를 만나 본격적인 도교 수련을 시작했다. 도교 경전인 도장(道藏) 2천여 권을 연구하고 배움을 정리하여 도진수언(道眞粹言)이라는 책을 편찬하기도 했다.

전병훈은 1917년에 자신의 사상을 집대성한 정신철학통편(精神哲學通編)을 집필하기 시작하였다. 이후 1919년경 북경에서 윤효정(尹孝定)을 만나 천부경을 전달받고 중국인 제자 우람전(于藍田)과 윤효정의 도움을 받아 천부경 해설 내용을 담아 1920년에 완성했다.

이후 자신의 사상을 전파하기 위해 정신철학사(精神哲學社)라는 조직을 결성, 운영하였으며 이를 매개로 하여 다양한 중국 개혁사상가들과 교류하기도 했다.

그러면서 자신의 저서를 세상에 널리 알리기 위해 세계 29개국 150여 개 대학교에 보냈고, 미국·프랑스·스위스의 세 지도자에게 보내기도 했다. 현재 미국 콜롬비아 대학 도서관에서는 정신철학통편(精神哲學通編)을 인터넷으로 서비스하고 있다고 한다.

5) 일제강점기: 고조선 역사서 소각과 문화 말살 정책

대한제국을 식민지로 강점한 일제(日帝)의 정책 특징은 한국사 말살정책과 식민지 수탈정책으로 요약할 수 있다. 초기 조선총독부는 한국통감부(韓國統監府)의 기구를 계승하면서 적당히 축소·흡수하는 성격을 띠다가, 본격적으로 '동화정책(同化政策)'이라는 미명(美名)하에 한민족사 말살 정책을 강행했다.

① 조선일보 보도내용(1985. 10. 4.)

한일 강제 병합[1910년]으로 조선총독부 초대 총독에 부임한 데라우치 마시타케(寺內正毅)는 '1910년 11월부터 1911년 12월까지 전국의 각 도·군·경찰서를 동원하여 '단군조선' 관계 고사서 등 51종 20여만 권을 수거하여 불태웠다.'라는 보도를 한 바 있다.

위에서처럼 그들은 '한민족의 얼'을 지구 위에서 소멸시키려고 한 것이다. 그 조치로 1911년대부터 1940년대에 이르기까지 4차에 걸쳐 조선교육령을 공포하여 우리나라의 교육과정을 식민지 정책에 맞게 바꾸어 실시하였다.

① 일제의 조선교육령

조선인에 대한 교육은 일본제국에 충량(忠良)한 국민을 육성하는 것을 본의로 하며, 일본어를 보급하고, 조선에는 대학을 설치하지 않도록 하고, 필요하면 실업교육을 시킨다.

② 총독부 산하 고적조사반

서울·개성·평양·부여·공주·경주 등지의 수많은 고분과 산성, 고적을
파괴하고 수많은 출토품을 약탈하여 일본으로 실어 갔다.

③ 군인[憲兵]과 경찰을 동원

전국의 서점·향교·서원과 개인 집까지 수색하여 우리의 고전들을
약탈했으며, 그 가운데 약 20만여 책을 불태워버리고 일부는 일
본으로 가져갔다. 그러자 국민의 항일 독립운동이 줄기차게 전개
되었다.

이렇게 한국사를 왜곡하고 날조하여 한민족은 고대로부터 일본의 식
민지 지배를 받아 온 타율적인 민족이라며, 한국이 일본의 지배를 받는
것은 역사적으로 필연적인 귀결이라는 의식을 주입했다.
다른 한편으로 그들은 한국 민족의 찬란한 민족문화와 슬기롭고 유구
한 민족사를 알지 못하도록 하면서, 민족말살정책으로 우리의 민족문화
유산을 대대적으로 약탈하고 파괴했다.

계연수(桂延壽)는 한민족의 정신문화가 사라지는 것을 막기 위해 스승
이기(李沂)의 가르침 아래, 태백진훈과 단군세기 그리고 참전계경·태백
일사·천부경 요해를 간행했다.

이 중에서 천부경 요해는 전해지지 않고 있다가, 계연수의 제자 이유립(李裕岦)이 88년 후인 1987년 2월에 발행한 대배달민족사(大倍達民族史) 3권에 천부경의 전문과 해설 내용을 수록하였다.

① 대배달민족사(大倍達民族史) 자서(自序) 내용

일시당 선사(一始堂 先師) 계연수께서 물려 주신 단 한 권의 환단고기를 바탕으로 이제 다시 불완전하지만, 불초한 내가 신시개천경본의(神市開天經本義)·환단고기정해(桓檀古記正解)·반정지나이십오사(反正支那二十五事)·갱생배달민족사(更生倍達民族史)·한암당사학총서(寒闇堂史學叢書) 등등 기록들을 모두 모아 대배달민족사를 발행했다.

② 천부경 해설 서언(序言)

새벽의 동쪽 하늘로부터 처음 한 날 나옴을 보고 하나이라는 수(數)를 생각해 냈다 하니, 일(一)은 없는 데로부터 시작하는 것이다. 일(一)로 쌓으니 이는 음자(陰子)가 형성되는 것이며 십(十)으로 큼직하게 되니 이는 양자가 작용하는 것이며, 다함이 없나니 이는 영구생명이 존속하는 것이다.

③ 천부경 전래과정

천제 환국 때부터 구전되어 온 천부경에는 우주의 현묘(玄紗)한 근본원리를 개념적으로 설명한 천부주의(天符主義) 철학사상이 담겨

있다. 환웅께서 신지(神誌)라는 직책을 가진 혁덕(赫德)에게 명령하
자, 그는 사물 형태의 글씨로 적었는데 그 후 다시 고운 최치원이
신지전고비(神誌篆古碑)를 보고 서첩(書帖)에 기록하여 세상에 유포
시켰다.

그리고 이유립은 천부경 해설 서언(序言)에서 "새벽의 동쪽 하늘로부
터 처음 한 날 나옴을 보고 하나이라는 셈을 생각해 냈다 하니, 일(一)은
없는 데로부터 시작하는 것이다. 일(一)로 쌓으니 이는 음자(陰子)가 형성
되는 것이며 십(十)으로 큼직하게 되니 이는 양자가 작용하는 것이며, 다
함이 없나니 이는 영구생명이 존속하는 것이다."라고 밝혔다.

독립운동가이자 역사가인 신채호(申采浩)는 1880년 12월 8일 충남 대
덕군(大德郡)에서 부친 신광식과 밀양 朴氏 둘째 아들로 출생했다. 본관
은 고령, 호는 단재(丹齋)·일편단심(一片丹心)·단생(丹生)이다. 신채호는 구
한말부터 언론 계몽운동을 하다 1910년 4월경 망명길에 올랐다.
　신채호는 망명 당시 '친지 안정복(安鼎福)에게 빌린 동사강목(東史綱目)
만 지니고 떠났다.'라는 일화로 유명하다. 그는 항일투쟁이 실패한 것에
대한 좌절감과 극심한 생활고를 겪어야 했다.
　그래서 북경(北京) 인근 관음사(觀音寺)에 들어가 승려 생활을 하면서
불교사상을 공부하였다. 이때 자신의 사관(史觀)을 '역사는 아(我)·비아(非
我)의 투쟁기록'이라고 천명했다.
　그 후 1919년 대한민국 임시정부에 참여하였으나 백범 김구와 공산
주의에 대한 견해 차이로 임시정부를 탈퇴, 국민대표자회의 소집과 무
정부주의 단체에 가담하여 활동했으며, 사서 연구에 몰두하기도 했다.

신채호는 일제강점기 때 독립운동가이고, 민족주의 사학자였다. 근대사를 돌이켜 볼 때 위대한 인물들이 많이 있었음을 알 수 있다. 그는 집필활동과 더불어 안창호(安昌浩)·전덕기(全德基) 등과 같이 신민회(新民會)에서 이론가로서 역할을 담당했고, 청년학우회가 창설될 때 '청년학우회 취지서'를 발표하는 등 항일투쟁을 했다.

신채호는 북경에서 동아일보(1925. 1. 26.)에 '기서(奇書) 삼국지 동이열전 교정(三國志 東夷列傳 校正) 조선사연구초(朝鮮史硏究草)'라는 제하로 다음과 같이 기고한 바 있다.

① 동아일보 기고 내용

역사(歷史)를 연구하랴면 사적재료(史的材料)의 수집(搜集)도 필요(必要)하거니와 그 재료(材料)에 대(對)한 선택(選擇)이 더욱 필요(必要)한 자(者)라. 고물(古物)이 산(山)가치 싸엿슬지라도 고물(古物)에 대(對)한 학식(學識)이 업스면 일본(日本)의 관영통보(寬永通寶)가 기자(箕子)의 유물(遺物)도 되며 십만책(十萬冊)의 장서루(藏書樓) 속에서 좌와(坐臥)할지라도 서적(書籍)의 진위(眞僞)와 그 내용(內容)의 가치(價値)를 판정(判定)할 안목(眼目)이 업스면 후인위조(後人僞造)의 천부경등(天符經等)도 단군왕검(檀君王儉)의 성언(聖言)이 되는 것이다.

신채호는 일제 식민지 통치하에 있는 중국 대련 법정에서 10형을 받고, 1930년 11월 7일부터 1936년 2월 21일 동안 중국 여순 감옥에 복역 중 조선일보(1931. 6. 18.)에 '조선사(八)' 제목으로 기고한 글이다.

① 조선일보 기고 내용

고증(考證)이 역사상(歷史上)의 대사(大事)가 아니나 돌이어 역사상(歷史上)의 대사(大事)를 발견(發見)하는 연장이라 하겠다. 만일 다시 일보(一步)를 진(進)하야 훈몽자회처용가훈민정음등(訓蒙字會處容歌訓民正音等)에서 고운(古韻)를 하고 삼국유사(三國遺事)에 쓰인 향가(鄕歌)에서 리독문(吏讀文)의 용법(用法)을 연구하면 역사상 허다한 발견이 있을 것이다.

필자(筆者)가 일찍이 이에 유의한 바 있었는데, 해외(海外)에 나온 뒤부터 일권(一券)의 서적(書籍)을 사기가 심난(甚難)하야 십년(十年)을 두고 삼국유사를 좀 보았으면 하였으나 또한 불가득(不可得)이었다.

(四)위서(僞書)의 변별(辨別)과 선택(選擇)에 대(對)하야 아국(俄國)은 고대(古代)에 진서(珍書)를 분기(焚棄)한 때[이조(李朝) 태종(太宗)의 분서(焚書) 같은]는 있었으나 위서(僞書)를 조작(造作)한 일은 없었다.

近日에 와서 천부경(天符經), 삼일신고(三一神誥) 등이 처음 출현(出現)하였으나, 누구의 변박(辨駁)이 없이 고서(古書)로 신인(信認)할 이가 없게 된 것이다.'라고 기고한 바 있다.

신채호는 1925년 초 동아일보(東亞日報) 신문을 통해 고대사 관련 논문을 연이어 발표함과 더불어 10여 개월에 걸쳐 '조선 역사상 일천년래 제일대사건(朝鮮歷史上 一千年來 第一大事件)'을 발표한 바 있다. 이 발표문은 '조선사' 총론과 더불어 신채호의 민족주의 사관을 가장 잘 보여주는 것이라 하겠다.

신채호는 '고대(古代)에 진서(珍書)를 분기(焚棄)한 적은 있었으나 위서(僞書)를 조작(造作)한 일은 없었다'라며, 후학들에게 고대 역사에 관심을 두지 않으면 현존하는 고서까지도 무용지물이 된다고 격려한 바 있다.

대한민국임시정부 국무위원으로 있던 성재(省齋) 이시영(李始榮)은 1905년 외부 교섭 국장으로 임명되었으나, 을사조약(乙巳條約)의 강제 체결을 계기로 사직하였다. 그리고 학교설립 및 애국 계몽운동에 종사하였다. 1934년 자신의 저서 감시만어(感時漫語)에 단군 때 찬술된 '천부경의 전래과정과 천부경 전문'을 다음과 같이 소개했다.

단군 시대에 찬술됐다는 천부경이 후세까지 전해지지 못했지만, 최치원이 고비(古碑)를 보고 번역하여 이를 묘향산 석벽에 각인[각(刻)]했고, 이후 계연수가 묘향산 석벽에서 발견하여 81자 천부경을 탁본하여 세상에 알렸다.

이시영은 천부경(天符經) 내용이 처음에 '하나'라는 이치(理致)의 극치(極致)를 첫머리에 서술하고 중간(中間)에 가서는 만사 만물의 설명으로 확산하였다가 말미(末尾)에 가서 다시 '하나'의 이치로 통합하였다며, 삼라만상과 우주의 신비 그리고 도문(道門)의 비장(祕藏)과 석가여래의 원만한 깨달음에 이르기까지 불비(不備)한 것이 없다고 밝힌 바 있다.

조선총독부는 동화정책이라는 그럴듯한 명목으로 한민족사를 말살하기 위해 군 헌병(憲兵)과 경찰을 동원하여 한민족의 문화유산을 대대적으로 약탈하고 파괴할수록, 항일 독립운동이 줄기차게 전개되면서 그들의 한민족 말살 정책은 실패할 수밖에 없었다. 그렇지만 한국 역사에 끼친 해독은 참으로 컸다.

6) 해방 이후: 천부경의 '위서' VS '진서' 논란

한민족의 고대사 사서들이 중국과 일본 등의 외세 침탈과 내부의 사대주의자들에 의해 사라지게 되는 상황에 이르렀다. 해방 이후 서양의 실용주의가 들어오면서 구전지서(口傳之書)로 시작된 천부경은 역동적인 천부경으로 변화되었다.

한민족의 고대사 역사를 알기 위해서는 한민족의 역사서와 함께 주변에 있는 중국·일본 등지의 유적과 역사서를 참고해야 한다. 그런데 강단 사학자 중 위서론자들은 실증사학을 부르짖으면서도, 주로 제기하는 문제는 사서의 조작 문제·지명과 인명의 문제·근대 술어 사용 문제·다른 사서와의 문제 등을 제기하고 있다.

탄허(呑虛) 스님은 동양사상의 집대성이라고 할 수 있는 신화엄경합론(新華嚴經合論)을 저술하면서 화엄경(華嚴經) 80권·통현장자(通玄長子)의 화엄경합론(華嚴經合論) 40권·청량국사(淸凉國師)의 소초(疏鈔) 150권·현담(玄談) 8권·화엄요해(華嚴要解) 7권·보조국사의 원돈성불론(圓頓成佛論) 1권 등을 통합 발간했다.

탄허 스님은 1961년 오대산 월정사에 머물면서 자신의 저서 '피안으로 이끄는 사자후(獅子吼)'에 천부경은 주역 문자가 일어나지 않은 문왕 이전(文王 以前)의 학설이라며, 불교에서 보는 천부경의 일단(一端)이라며 다음과 같이 밝혔다.

처음에 '일(一)'은 시무시(始無始)의 '일(一)'로 기두(起頭)하고, 마지막 '일(一)'은 종무종(終無終)의 '일(一)'로 결미(結尾)하였다. 그러면서 이렇게 보면 천지(天地)가 일지(一指)요, 만물(萬物)이 일마(一馬)라 하여도 과언이 아니다. 그렇다면 어떠한 종교 어떠한 철학이 이 양구(兩句) 속에 포함되지 않으랴.

시공(時空)이 일어나기 전을 유교에서는 통체일태극(統體一太極)이라 하고, 도교에서는 천하모(天下母)라 하고, 기독교에서는 성부(聖父)라 하고, 불교에서는 최초일구자(最初一句字) 또는 최청정법계(最淸淨法界)라 한다. 그러고 보면 기본은 '일(一)'이다. '일(一)'은 무엇일까? '일(一)'은 시공을 만들어 낸 현존일념(現存一念)이다.

탄허 스님은 천부경을 설명하면서, 천지(天地)보다 먼저 하되 그 시(始)가 없고, 천지보다 뒤에 하되 그 종(終)이 없으니 공(空)한 것이냐? 있는 것이냐? 그 까닭을 알 수 없는 것이다.

이것이 불교 전체를 축소한 말이라 하여도 과언이 아닐 것이다. 우리 국토의 고유한 사상은 국조를 여의고 찾아볼 수 없으며, 국조의 사상은 천부경을 여의고 또한 볼 수 없을 것이라고 밝힌 바 있다.

그런데 고대사 역사서인 환단고기가 위서(僞書)일 수 있다는 의문을 제기하면서 위서 논쟁이 시작되었다. 송찬식(宋贊植)은 1977년 월간중앙 9월호에서 위서변(僞書辯)으로 연재한 내용 중에 '… 일제강점기 때 대종교 자류(自流)의 위서로 심증이 굳어진다.'라고 주장하면서 위서 논쟁에 불씨를 지폈다.

송찬식이 환단고기 위서론을 직접 주장하지는 않았다. 그는 서지학적으로 분석·검토한 것이 아니라, 북애노인의 '규원사화'가 혹 위서가 아닐까? 하고 의문점에 대해 간략히 서술한 글이었다.

이후 1988년 조인성(趙仁成)이 처음으로 '한국사 시민강좌 2'에 '규원사화와 환단고기'라는 제하로 위서론을 기고하였다. 그는 '단군세기·북부여기·태백일사'에 청나라 때부터 사용된 지명이 자주 나오는데, 대표적인 지명이 '영고탑(寧古塔)·상춘(常春)'이고, 일제강점기 때부터 사용된 근대 용어 '문화와 문명'이다.라고 주장했다.

그리고 근대 용어가 환단고기에 실렸다는 것은 근대 이후[어쩌면 최근]에 만들어진 것은 아닐까 하는 의문을 가지게 한다. 이와 아울러 이유립이 인쇄본이 아닌 필사본을 갖고 있었으리라는 점·현재 환단고기의 인쇄본이나 이유립이 갖고 있었을 필사본을 찾아볼 수 없다는 점은 1911 계연수가 환단고기를 편찬하였다는 것을 믿을 수 없는 사실이 아닌가 의심하게 된다고 밝혔다.

① 조인성의 위서론 근거

신채호(申采浩)가 1925년 1월 26일 동아일보에 '조선사 연구 초'와 1931년 6월 18일 옥중에서 기고한 '조선사(八)' 내용에는 고대 역사를 연구하기 위해 부단히 노력해야 한다며, 후학들에게 고대 역사에 관심을 갖지 않으면 현존하는 고서까지 무용지물이 된다며 격려한 내용 중 '후인 위조의 천부경' 일부만 인용해서 위조된 것이라고 주장하였다.

신채호가 확실하게 '후인 위조의 천부경'이라고 써서 천부경이 위서임을 분명히 했고, 그리고 '고서로 확인할 사람이 없게 된 것'이라는 말은 '고서가 아니라는 말과 동일(同一)한 뜻이 된다.

고대 역사 기록서 환단고기를 후대에 와서 누군가 위조해서 만든 서적이라고 한다면 모순된 내용이 드러날 것이다. 그래서 현대 천문학자들이 1993년 컴퓨터 프로그램 '천문 소프트웨어'로 고조선 때 천문현상 기록을 검증하였다.

고조선 천문현상 기록 일람표

순서	발생 시기	기록 내용	문헌
1	2세 단군 부루 58년(BCE 2183년)	일식	단군세기
2	13세 단군 흘달 50년(BCE 1733년)	오성취루	단군세기
3	29세 단군 마휴 9년(BCE 935년)	南海潮水退三尺	단군세기
4	32세 단군 추밀 13년 3월(BCE 837년)	3월 일식	단군세기
5	47세 단군 고열가 48년 10월 (BCE 935년)	十月 朔日 일식	단군세기

천문학자들은 이 천문 소프트웨어는 AD에서 BC로 넘어갈 때 서기 0년

이 있었기 때문에, 1년의 오차가 발생한다. 그리고 오성결집 같은 천문현상을 임의로 맞추거나 컴퓨터 없이 손으로 계산하는 일은 불가능하다.

그리고 BC 1734년에 천문현상을 기록으로 남길 수 있었던 것은 천문을 관찰했던 조직이 있었기 때문이라며, 당시 천문 관련 조직과 문화를 갖추고 있었다는 것은 즉 천문대를 갖춘 나라가 있었다는 사실이 증명된 것이라고 밝혔다.

위에서 언급된 '오성취루 현상' 기록을 천문학적으로 검증해 낸 사람은 천체물리학자 박창범 박사와 라대일 박사이다. 이들의 논문을 1993년 발행된 한국천문학회지와 한국상고사학보에 등재한 바 있다.

① 연구 내용 요약

BC 1734년 7월 13일 저녁 해가 진 후, DCP 관측자들은 금성, 목성, 토성, 화성 그리고 초승달이 모두 평행으로 정렬하는 장관을 관찰했다. 우리는 행성들의 집중 현상이 매우 드문 사건이라는 것에 주목하지만, 다섯 개의 행성과 달의 정렬은 DCP에서 불과 1년 후에 실제로 일어났다. 그리고 기원전 2000년부터 기원전 1450년까지, 비슷한 현상이 기원전 1953년 2월 25일 새벽에 딱 한 번 발생했다.

문헌에 '취루(聚婁)'라고 했고, BC 1734년의 결집이 '루성(婁星)'에서 이루어지지는 않지만, 그 시기 전후 수백 년간에 다섯 행성이 가장 강하게 모인 시기가 바로 1년 전임을 우연으로 보기는 힘들다. 두 사서의 내용 중의 일부는 후대에 추가되고 윤색되었음이 분명한 것도 있지만, 자연현상 기록들은 변조될 여지가 별로 없으므로 단군 시대 연구에 자연현상 기록들을 더욱 활용할 필요가 있다.

고조선에서는 천문현상을 실측(實測)하여 기록으로 남겼고, 고구려 때는 **천문 관측대**가 있었고, 신라 때는 **첨성대**가 있어서 천문을 관측하였다. 그리고 고려 때는 고려사(高麗史) 천문지(天文志)에 일식을 비롯하여 오행성(五行星)의 운행과 객성(客星)의 출현·태양 흑점·성변(星變) 등이 관측되었다고 기록되어 있고, 조선 시대에는 천문학 개론서인 천문유초(天文類抄)가 있다.

조선 시대 4대 왕 세종(世宗) 때 이순지(李純之)가 편술한 천문 설명서인 『천문류초(天文類抄)』 7장 오성(五星) 편에 '상고(上古)에 세(歲)의 이름이 갑인(甲寅)일 때 갑자월(甲子月) 초하루 아침인 동짓날 한밤중에 해와 달 및 오성이 합(合)하였다는 기록이 담겨있다.

그래서 일월과 오성이 주옥처럼 모여 이어진 상서로움이 있게 되었고 그 상서로움에 응해서 고대 중국 신화의 제왕인 전욱고양씨(顓頊高陽氏) 시대부터 책력(册曆)을 세우는 기원으로 삼았다.'라는 기록이 있다.

① 천문유초 상권

상권은 53장으로 되어있는데, 별자리인 천상이십팔수(天象二十八宿)를 동방 창룡 칠수(東方 蒼龍 七宿)·북방 현무 칠수(北方 玄武 七宿)·서방 백호 칠수(西方 白虎 七宿)·남방 주조 칠수(南方 朱鳥 七宿)·중궁 황룡 삼원(中宮 黃龍 三垣) 사방(四方)을 28수(宿)로 중앙을 3원(垣)으로 나누어 별들을 설명하고 있다.

- 동방 창룡: 각(角)·항(亢)·저(氐)·방(房)·심(心)·미(尾)·기(箕).
- 북방 현무: 두(斗)·우(牛)·여(女)·허(虛)·위(危)·실(室)·벽(壁).
- 서방 백호: 규(奎)·루(婁)·위(胃)·묘(昴)·필(畢)·자(紫)·참(參).
- 남방 주조: 정(井)·귀(鬼)·류(柳)·성(星)·장(張)·익(翼)·진(軫).
- 중궁 황룡: 자미원(紫微垣)·태미원(太微垣)·천시원(天市垣).

② 천문유초 하권

하권은 24장으로 되어있는데, '천지(天地)·일월(日月)·성진(星辰)·세성(歲星)·형혹(熒惑)·전성(塡星)·태백(太白)·진성(辰星)·서성(瑞星)·유성(流星)·비성(飛星)·요성(妖星)·성잡변(星雜變)·객성(客星)·서기(瑞氣)·요기(妖氣)·십휘(十煇)' 등으로 구분하여 천문·기상 현상들을 인간사회의 문제와 관련하여 해석하고 있다.

조선 시대 4대 왕 세종(世宗)은 중국에 의존하던 시간과 달력·기상과 천문 관측 체계를 완전히 바꾸었다. 세종은 정흠지(鄭欽之)·정초(鄭招)·정인지(鄭麟趾)에게 명나라 대통력(大統曆)의 오류를 바로잡아서 세종 24년[1442년]에 『칠정산내편(七政算內篇)』을 편찬했다.

그리고 이순지(李純之)·김담(金淡)에게 아라비아 역법인 회회력(回回曆)을 바탕으로 조선의 실정에 맞도록 교정하여 칠정산외편(七政算外篇)을 편찬했으나 제작연도는 알 수 없다.

칠정산(七政算)은 '7개의 움직이는 별을 계산한다.'라는 뜻이다. 해와 달, 5개의 행성[수성·금성·화성·목성·토성]의 위치를 파악(把握)해 절기는 물론

일식과 월식 등을 예보하는 역법 체계로 한국사에서 칠정산이 최초다.

위에서처럼 조선 시대 제4대 왕 세종은 훈민정음을 창제하고 조선 초기 국가의 기틀을 마련했다. 특히 훈민정음을 창제하여 백성들이 쉽게 쓰고 읽을 수 있도록 했다. 그리고 농사에 도움이 되는 천문기구를 개발하고 도량형을 정비하는 등 천문학 관련 저서들을 편찬했다.

조선 시대 천문 기록인 천문유초(天文類抄)에는 단군세기의 'BC 1733년 오성취루(五星聚婁)' 기록보다도 736년이나 앞서 일어난 BC 2469년 오성결집 현상으로 그 시기가 삼황오제 시대[BC 3897~2357년]에 해당한다.

오성취루는 단군조선이 신화의 나라가 아니라 실존했던 고대국가임을 증명했다. 마찬가지로 오성개합(五星皆合)은 삼황오제 시대가 전설이 아니라 역사라는 사실로 증명되었다.

삼황오제(三皇五帝)의 '삼황'은 태호복희(太皞伏羲)·신농염제(神農炎帝)·헌원황제(軒轅皇帝)를 말하는 것이고, '오제'는 소호금천씨(少昊金天氏)·전욱고양씨(顓頊高陽氏)·제곡고신씨(帝嚳高辛氏)·요(堯)·순(舜)을 말한다.

전욱고양씨 때 일어난 오성개합 현상이 조선의 천문도서 천문류초에 기록되어 있다는 사실은 환단고기가 기술하는 배달 시대 역시 신화가 아니라 역사일 가능성이 있다.라는 사실도 간접적으로 증명하고 있는 셈이다.

위에서 제시된 천문유초는 조선과 중국의 고사(古史)를 참조해서 만들어진 책이다. 이 책 7장 오성(五星) 편에는 오성의 종류와 운행에 의한 조짐 등을 설명하고 있다. 전욱고양씨 때 서술이 완벽하다고 볼 수는 없지만, 오성결집이 일어났다는 사실은 분명한 것으로 평가된다.

그런데 위서론자 중 한 명인 역사학자 기경량(奇庚良) 박사는 천문학자 박창범 박사가 발표한 단군 시대 오성결집 연구 내용을 아래와 같이 반론을 제기하였다.

① 위서론자 기경량의 주장

'Stellarium 0.14.3'으로 '시뮬레이션'한 바에 의하면, BC 1734년 7월 13일 18시경 오성(五星)은 태양에서 멀어지는 순서로 금성·목성·토성·수성·화성[서-동] 순으로 배열되어 있으나, 그 위치가 '장숙(張宿)·익숙(翼宿)·진숙(軫宿)'으로서, 이것이 취루(聚婁)에 해당한다고 한 단군세기 기록은 현대, 즉 지금으로부터 대략 80년 전인 1940년 3월 오성결집 위치를 끌어다 표현한 것으로 추정이 된다.

② 천문학자 박창범의 반론

서기전 18세기는 아직 동양에서 28수의 이름이 확정되기 훨씬 이전이다. 따라서 기록에 적힌 오행성의 결집 위치는 후대의 해석임이 명백하다. 기록된 행성 결집의 위치가 후대에 이르러 명명되는 과정에서 이름상의 혼란이 빚어졌을 가능성이 있다. 그러므로 단군

고사와 단군세기에 나오는 오행성 결집 기록에 가장 중요한 정보는 행성 결집이라는 사실 자체에 있으며, 결집 위치는 결집 사실에 비하면 가치가 떨어지는 내용이다.

③ 위서론자 기경량의 주장

이는 사서에 기록된 오성취루와 기원전 734년에 발생하였던 오성 결집 현상을 동일한 것으로 판단하기 위하여 중요한 검증 조건 하나를 자의적으로 제외했다는 혐의를 피하기 힘들다.

④ 김윤명(金允溟) 박사의 발표 내용

Stellarium이라는 별자리 보기 전문 Software로 관찰한 결과, BC 1734년 7월 13일 저녁 해가 지는 시각은 19:10분이며, 오성(五星)중에서 태양에 가깝게 보이는 금성과 목성이 수평선 너머로 지는 시간은 20:00이었다. 7월 여름은 낮이 길어 실제 자연현상에서는 저녁 7~8시 시간대에 다섯 행성 주변의 다른 별들은 거의 볼 수 없었다.

별자리란 여러 항성(恒星)이 동시에 나타나야 정확한 성수(星宿)를 알 수 있는데, 그렇게 되려면 다섯별들은 이미 서쪽 하늘에 지고 난 다음이다. 이러한 상황에서 행성의 오성열(五星列)은 분명히 보이기는 하지만, 그 주변에 있는 빛이 약한 항성은 잔존(殘存)하는 석양 때문에 보이지 않거나 구별이 쉽지 않게 된다.

따라서 오성취루를 오성이 루숙(婁宿)에 취(聚)하였다고 이해한다면 그것은 우리의 이해에 오류가 있을 수 있다. 환단고기 위서론자들은 이러한 오류의 가능성을 제외하고, 1940년 3월의 오성 결합 위치가 루숙(婁宿) 부근이었다고 하여, '단군세기 기록을 AD 1940년 3월의 오성 결합을 의미한다'라고 주장하고 있다고 밝히면서, 김윤명 박사는 기경량 박사에게 AD 1940년에 일어난 천문현상과 BC 1734년에 일어난 천문현상 중 어느 쪽이 오성취루라는 내용과 부합하는지를 밝히라고 주장한 바 있다.

위에서 제기된 기경량 주장은 검증 과정이 없다. 과학이 고도로 발달한 현재도 컴퓨터 프로그램으로 오성결집 현상을 탐색하더라도 많은 시간이 걸린다. 그런데 오성결집 현상을 손으로 계산하여 환단고기에 기록으로 남겼다는 주장은 일고(一考)의 검토 가치도 없다고 보아야 할 것이다.

역사연구가 이명우(李明雨)에 의해 발굴된 1909년 환단고기에는 문장 곳곳에 현토(懸吐)가 달려 있었는데, 현토 문장마다 '이기 주왈(李沂 註曰) …' 이란 주해가 기재되어 있다고 밝히면서, 위서라는 주장에 대한 반론과 위서가 아님을 입증하는 사료들을 2019년 12월 6일 세계환단학회지에 발표한 바 있다.

이명우는 등사본 환단고기 내용 중에 원문 곳곳에 현토(懸吐) 내용·등사 출판한 시기·등사기의 출현과 사용 시기 등을 종합적으로 검토한 결과, 등사본 환단고기가 1911년 이전에 만들어진 이기(李沂)

의 환단고기 한문 초고(草稿)를 일제강점기 때 등사기로 인쇄한 것
으로 추정할 수 있다고 밝혔다.

그리고 이명우는 자신의 저서 1909년 환단고기에서 위서론자 조인성
이 제기한 단군세기·북부여기·태백일사에 청나라 때부터 사용된 지명과
일제강점기 때부터 사용된 근대 용어라는 주장에 대한 반론을 아래와
같이 제시하였다.

① 영고탑(寧古塔)에 대한 위서론과 반론

- 영고탑(寧古塔)에 대한 위서론
영고탑(寧古塔)이란 지명이 청나라 때부터 각종 사서(史書)와 지리도
(地理圖)에 나타남으로써, 국내 강단 사학계에서는 영고탑이란 지명
은 청(靑)대 이후에 사용되었고, 따라서 청대 이전에는 영고탑이란
지명은 없었다고 주장.

- 영고탑(寧古塔)에 대한 반론
명나라 때 황제 영종(英宗)의 명으로 이현(李賢) 등이 1461년에 완성
한 전국지리서 '대명일통산하도(大明一統山河圖)'에 **영고탑**'이란 지
명이 표기되어 있고, 청나라 건륭 황제의 명으로 1777년 편찬된
'흠정만주원류고(欽定滿洲源流考) 권 10 강역 3'에 발해 상경(上京) 및
홀한성(忽汗城)은 실제로는 **영고탑** 근방이다.라는 기록이 있다.

② 상춘(常春)에 대한 위서론과 반론

- 상춘(常春)에 대한 위서론
주가성자(朱家城子)가 있는 곳은, 상춘(常春)이 아니라 장춘(長春)이
다. 따라서 상춘은 장춘의 오사(誤寫)일 것이다. 장춘이란 지명은 청
(靑)나라 가경제(嘉慶帝)부터 사용되기 시작했다고 주장.

- 상춘(常春)에 대한 반론
장춘(長春)은 부여의 수도이고 고구려 영토였고 발해 시대 부여부
의 선주에 속해있었다. 이후 요나라, 금나라, 원나라에 속했다. 명
나라 때는 삼만위(三萬衛)에 속했으며 후에 해서여진에 속하게 되었
다. 청나라 초에는 관성자(寬城子)라고 불리며, 곽이나사전기(郭爾羅
斯前旗)에 속하게 되었다. 한영출판사에서 출판한 한자대전(漢字大
典)에 상춘과 장춘의 어원이 같음을 나타내 주고 있다. 그리고 일본
디지털 대사전(日本 デジタル 大辞典)에 【장춘】 1. 항상 봄인 것, 꽃
이 끊이지 않는 것. 상춘(常春). 2. '장춘화(長春花)'의 약자라고 기록
되어 있다.

③ 문화(文化)와 문명(文明)에 대한 위서론과 반론

- 문화(文化)와 문명(文明)에 대한 위서론
문화와 문명은 일제강점기 때부터 사용된 근대 용어라고 주장.

- 문화(文化)와 문명(文明)에 대한 반론

조선왕조실록에 '문화·문명'이라는 단어가 기록되어 있다. 조선 14대 왕 선조(宣祖)의 선조실록 133권·조선 20대 왕 경종(景宗)의 경종수정실록 1권에 **'문화'**라는 단어가 있고, 그리고 조선 4대 왕 세종(世宗)의 세종실록 40권·세종실록 117권·조선 17대 왕 효종(孝宗)의 효종실록 1권에 **'문명'**이라는 단어가 기록되어 있다.

이명우는 위서론자들이 주장한 '영고탑(寧古塔)·상춘의 지명·문화와 문명'이라는 단어의 사용 시기를 확인하기 위해 중국과 일본과 한국의 사료를 통해 검증자료를 제시하였다. 이와 함께 고대 역사서를 검토하여 환단고기가 위서가 아님을 입증하는 사료(史料)를 다음과 같이 제시하였다.

① 오성취루 현상의 천문학적 증명

오성취루 천문현상을 현대 과학자들이 '컴퓨터 시뮬레이션'을 통해 과학적으로 증명함으로써 '환단고기의 신뢰성'이 검증됨.

② 태백일사의 용광검(龍光劍)과 오룡거(五龍車)

'태백일사 고구려국 본기 제6·고려 때 이규보의 동명왕편·세종실록 154권 지리지 평안도 평양부'에 '용광검·오룡거·오색인종·가림토문자.'에 대한 기록이 일치하고 있어 '환단고기의 신뢰성'이 검증됨.

③ 광개토호태왕 비문과 신라매금(新羅寐錦)

환단고기에 고구려 왕의 역대 숫자가 광개토대왕 비문의 17대 세손이 일치하고, '신라매금'이란 왕호가 유일하게 태백일사에 실려 있고. 이 왕호가 대왕비 및 중원고구려비에 있어 '환단고기의 신뢰성'이 검증됨.

④ 단군세기의 편발(編髮)

환단고기 단군세기의 기록 중 '편발(編髮)'은 삼국유사 및 기존 사서에서 나오지 않는 것으로서 '동사·대동사강·조선역사'에 기록이 있어 '환단고기의 신뢰성'이 검증됨.

⑤ 단군세기의 우수주(牛首州)와 팽우 비(彭虞 碑)

환단고기 단군세기에 팽우(彭虞)에게 치수(治水)를 하게 하였으며, 우수주(牛首州)에 팽우 비(彭虞 碑)가 있다는 내용이 조선 숙종 31년에 홍만종(洪萬宗)의 역사서 동국역대총목(東國歷代總目)의 내용과 일치하는 등 '환단고기의 신뢰성'이 검증됨.

⑥ 단군세기의 도산회의(塗山會議)

단군세기에 기록된 '도산회의(塗山會議)'는 중국 위나라 7대 왕 안리왕(安釐王) 10년에 재상 공빈(孔斌)의 쓴 역사서 홍사(鴻史) 동이열전(東夷列傳) 서문·조선 11대 왕 중종(中宗) 때 학자 유희령(柳希齡)이 쓴 표제음주동국사략(標題音註東國史略) 1권·1924년 김종한(金宗漢)이 쓴 역사서 조선사략(朝鮮史略) 단조기(檀朝紀)·1924년 현채(玄采)가 쓴 동사제강(東史提綱)·1945년 신태윤(申泰允)이 쓴 배달조선정사(배달朝鮮 正史)·1948년 조병열(曺秉烈)이 쓴 조선역사(朝鮮歷史) 등 여러 역사서에 도산회의 내용이 일치하여 환단고기의 신뢰성이 검증됨.

⑦ 단군세기의 2세 단군 부루(扶婁)의 치적

단군조선부터 조선 27대 왕 순종(純宗)까지 330명 왕실의 세가(世家)와 계보를 도식화하고 왕들의 치적을 서술한 역사 인명사전인 조선세가보(朝鮮世家譜)에 단군 부루(扶婁)의 치적이 일치하여 환단고기의 신뢰성이 검증됨.

그리고 천부경 연구가 최동환(崔東煥)은 천부경의 이론을 에어컨이라는 기계에 적용했다. 이 실험의 성공으로 에어컨의 소음을 크게 줄일 수 있었고, 또한 에어컨의 크기를 소형화할 수 있었다.라고 밝혔다.

① 역경(易經) 계사전(繫辭傳)

역경 계사전에 위대한 연역의 수는 50인데 49만 사용한다는 구절에 대해, 그 차이 1을 태극으로 보는 것은 거의 비슷한 사고의 틀이다. 즉 왕필(王弼: 226~249)은 천지의 수를 연역할 때 50이 기초가 된다. 그런데 쓰기는 49만 쓰니, 즉 하나는 쓰지 않는다. 쓰이지 않지만, 나머지 수들을 통괄하는 데에 쓰인다. 수에 포함되지는 않지만 다른 수를 완성하는 것이 역(易)의 태극(太極)이다.라는 기록이 있다.

② 최동환의 과학적 실험 내용

최동환은 이렇게 에어컨 성능을 최적화하는 실험 기회를 통해 우리의 '한 사상'이 현실에서 주어진 조직체를 최적화하는 살아 있는 이론이라는 사실을 확인했다. 이 실험에 사용한 주된 이론은 혼돈 상태와 질서 상태의 기본이론이다. 즉 혼돈 상태의 이론은 '한 변증법 제1 법칙'으로도 불리며, 그것은 100=45+55'이다. 그리고 질서 상태의 이론은 '한 변증법 제2 법칙'으로도 불리며, 그것은 100=36+64'이다. 더 나아가 통일변증법(統一辨證法)이 있다. 최동환은 그동안 천부경과 삼일신고와 참전계경과 한 철학 시리즈를 통해 설명해온 그 이론이 그대로 적용된 것이다.라고 밝혔다.

위에서처럼 우리 민족의 역사를 거쳐 형성된 정신문화에 대해 '객관성·엄밀성·구체성'을 확보할 수 있었다. 이처럼 미국 실용주의자 윌리엄 제임스(William James)는 그의 저서 '프래그머티즘'에서 철학의 여러 논쟁도 그 구체적인 결과를 검토해본다는 이 간단한 테스트에 걸어 볼 때, 얼마나 많은 논쟁이 즉시 무의미한 것이 되어버리는가에 아니 놀랄 수 없다.라고 밝혔다. 제임스의 방법론은 주관적인 해석에서 벗어나 객관성을 갖출 수 있게 된다고 주장했다.

최동환이 LG전자에서 실시한 첫 번째 실험은 사우디아라비아 건설 현장에서는 한 사상을 발견했고, 두 번째 실험은 LG전자 연구소 실험실에서 데이터 실험으로 증명했다. 최동환이 LG전자에서 에어컨 성능을 최적화하는 설계작업을 컨설팅하는 자격으로 2년간 진행되었다.

첫째 실험은 국제적인 건설 현장에서 건설기술자로 참여했다면,

둘째 실험은 최동환이 직접 전문가 자격으로 세계적인 가전제품의 연구소에서 최고 수준의 기술자들과 함께 첨단 수준의 실험 장비를 사용하여 진행된 실험이었다는 것이다.

최동환은 한 철학의 이론이 장차 세계의 모든 전자·기계의 설계에 도입될 것은 의심의 여지가 없다. 그리고 그 조직체가 정치·문화·경제·사회 등 인간이 만드는 모든 조직체에 적용하여 그 조직체를 최적화시킬 수 있다.라고 밝혔다. 이런 검증 과정은 동서고금의 모든 지식[철학과 과학]을 대통합할 수 있음을 입증한 것이라고 볼 수 있다.

선조들이 깨달음으로 터득한 자연의 섭리와 이치를 인간을 중심으로 설명한 내용을 담은 한민족의 경서가 천부경이다. 문자가 없을 때는 말씀으로 전해지다가 문자가 만들어지자 옛 비석에 새겼다.
이것을 신라 때 최치원이 보고 81자 갑골문으로 천부경을 작성하여 묘향산 석벽에 새겼다. 환단고기 저자 계연수가 묘향산에서 천부경을 탁본하여 단군교에 보내면서 세상에 알려지게 되었다.

그리고 오랜 세월이 지나서 대한민국에도 1974년 국립천문대 설립으로 우리나라 천문우주과학 연구의 중추적 역할을 하게 되었고, 이제는 인류 문화와 과학기술의 발전에 기여하고 있다. 오성취루 현상 기록을 천문학적으로 검증해 내는 성과를 거두었다. 그리고 1909년 환단고기 원본 발굴로 고대사 역사서 신뢰성을 높였다.

역사(歷史)는 시간적·공간적으로 펼쳐지는 사회활동 상태가 담긴 기록이다. 따라서 역사 이외의 다른 목적 때문에 사실관계를 덧붙이거나 바꾸어서는 안 되는 것이다.

천부경을 깊이 이해하려면 자연과학과 물질과학을 이해해야 한다. 이러한 이론을 바탕으로 역사에 접근한다면, 한민족의 역사와 함께 천부경에 담겨있는 뜻을 좀 더 깊이 이해할 수 있게 될 것이다.

II

천부경에 나타난
사상적 특징

환국 시대에서는 본성광명(本性光明)·홍익제물(弘益濟物)·재세이화(在世理化) 정신으로 백성을 가르쳤다. 사람의 성품은 큰 광명에 통해 있으니, 인간이 지켜야 할 참가치를 실천하여 본성이 구현된 사회를 만들라고 하였다.

① 본성광명(本性光明)

본성광명이란 생명의 실체, 마음의 실체를 깨닫는다는 뜻이다. 이 실체가 삶의 참 주인이다. 본성광명이란 인간 본래의 감각이 회복되어 우주의 생명과 마음을 체험하여 알게 된 것이 저절로 우러나 세상에 전하는 것이다. 본성광명을 목적으로 알고 사는 것이 인간 완성을 위한 삶이다.

② 홍익제물(弘益濟物)

홍익제물이란 하늘에 속한 것, 땅에 속한 것, 그리고 그 사이에 존재하는 모든 것을 유익하게 하는 것이다. 이는 천지인이 하나임을 밝힘으로써 인간이 지켜야 할 사리와 도리, 참가치를 실천하는 것이다.

③ 재세이화(在世理化)

재세이화란 홍익 정신을 바탕으로 인간 세상에 머물며 인간의 본성이 구현된 사회를 이루는 것이다.

배달 시대에서는 통치 수단으로 오사(五事)를 펼쳤다. '오사(五事)'란 행정상의 다섯 가지 형태로 구분하여, 우가(牛加)는 곡식을 주관하고, 마가(馬加)는 왕명을 주관하고, 구가(狗加)는 형벌을 주관하고, 저가(猪加)는 질병을 주관하고, 양가(羊加)는 선악을 주관하는 것이다.

또한 무여율법(無餘律法) 4조를 백성에게 가르쳤다. 무여율법(無餘律法)은 사회 질서를 유지하기 위한 목적이라고 하기보다는 보복 관념이 전혀 없는 정신적인 교양을 갖추게 하는 성격을 띠고 있다고 할 수 있다.

① 무여율법(無餘律法) 4조

제1조, 행실을 항시 맑게 하고 번뇌로 인하여 심신의 건강을 해쳐 기혈이 막혀 살아있는 마귀가 되지 않게 할 것이니 그로 인하여 세상에 한 티끌도 막힘이 없게 할 것.

제2조, 공적은 반드시 그 사람이 죽은 후에 거론할 것이며, 공연스레 남의 일로 기운을 낭비하여 그에게 생귀(生鬼)가 되게 하지 말 것이니 세상에 한 사람의 원한도 남아있지 않게 할 것.

제3조, 끝내 그 완악한 성품을 고치지 못한 미혹한 자는 인적이 없는 광야에 살게 하여 그의 행실로 인하여 사특한 기운이 세상에 남아있지 않게 할 것.

제4조, 그 범죄나 과실을 저지른 자는 멀리 유배하고 죽으면 그 주검까지 태워 한 티끌의 죄도 이 땅 위에 남아있게 하지 않도록 할 것.

단군 시대에 와서는 인구가 많아져 생활상이 다양해지면서 만들어진 율법과 가르침이 기록으로 남게 되었다. 그 가르침의 내용으로는 '천부경(天符經)·삼일신고(三日神誥)·참전계경(參佺戒經)' 등을 들 수 있다.

① 천부경(天符經)

천부경은 환국 때 환인이 깊은 통찰 끝에 자연 안에서 존재하는 세상 만물이 '생성-성장-완성-소멸'하는 과정을 인간 중심으로 설명한 내용을 담고 있는 한민족 경서이다.

② 삼일신고(三日神誥)

삼일신고는 배달국 초기에 지어졌으며, 그 내용은 일신강충(一神降衷)·성통광명(性通光明)·재세이화(在世理化)·홍익인간(弘益人間)의 원리를 밝힌 총 366자로 이루어진 우리 민족 고유 경서이다.

③ 참전계경(參佺戒經)

참전계경은 환웅이 오사(五事)와 팔훈(八訓)을 중심으로 366가지 지혜로 백성들을 가르친 것을 신지(神誌)가 기록한 것인데, 오늘날 전해지는 것은 고구려의 국상 을파소가 다시 정리하여 만든 것이다.

선조들은 자연의 이치와 섭리를 깨우치고 그 본질과 참뜻을 후대에 전하기 위해서 천부경을 말과 글로 남겼다. 그런데 오늘날 우리는 그 본질과 참뜻은 헤아리지 못하고 문자에만 얽매여 그 뜻을 이해하려고 한다. 자연의 존재 그 자체를 말로 표현하거나 문자로 표기하면 그 순간 그것은 관념적인 것이 되고 만다. 그래서 '도가도비가도(道可道非可道)'라 한 것이다.

이처럼 관념적으로 표현된 내용을 다시 관념적인 용어로 설명하게 되면 그 뜻은 애매모호(曖昧模糊) 해진다. 그래서 천부경을 해설할 때는 그 본질과 참뜻을 먼저 이치적(理致的)으로 밝혔을 때 천부경에서 말하고자 하는 참뜻을 이해할 수 있게 된다.

1. 자연의 섭리에 담긴 일(一)의 철학

1) 일(一)의 개념

　천부경에서 일(一)은 어떤 의미를 담고 있을까? 우주 안에 존재하는 삼라만상은 자연의 이치와 섭리에 따라 생성되었다가 변화되면서 마친다. 천부경 내용도 이러한 원리를 담고 있다.

　따라서 천부경의 '일(一)'이 내포하고 있는 진의(眞意)에 대해 사람마다 보는 관점이 달라 주장하는 바가 다르지만 대체로 일(一)을 하나의 존재 그 자체로 보고 있다.

　표준국어대사전에서 일(一)은 '자연수의 맨 처음 수, [일부 단위를 나타내는 말 앞에 쓰여] 그 수량이 하나임을 나타내는 말, 그 순서가 첫 번째임을 나타내는 말'이라고 기록되어 있다.

　그리고 한한대자전(漢韓大字典)에서 일(一)은 '가로의 한 획으로 수(數)의 '하나'의 뜻을 나타내고, 수(數)의 첫째인 데서 '처음·근본'의 뜻도 담겨 있다. 또 둘 이상의 것이 아닌 하나의 뜻에서 '같다·오로지'의 뜻을 나타내며, 둘 이상으로 나뉘지 않고 합쳐져 있는 전체의 뜻을 나타낸다.'라고 기록하고 있다.

　　① 일(一)의 의미

　천부경에 담겨있는 일(一)의 의미는 많은 진리의 내용을 하나의 진리로 귀결시키기 위한 선조들의 뜻이 담아진 것이다. 일(一)이라고 하는 수(數)의 본질은 무엇일까? 수(數)를 일반적인 통념으로 보면 셀 수 있는 사물의 크기를 나타내는 값이다. 이것을 자연수(自然數)라고 한다.

이 자연수는 무(無)에서 유(有)로 변환되는 하나의 상(象)이며, 그 운동 현상이다. 그런데 상(象: 無)이 형(形: 有)으로 화(化)하면서 인간의 오관에 느낄 수 있는 존재물로 등장하게 되면, 유(有)만이 실존하는 철학의 대상인 줄 알게 된다.

동양철학에서는 무(無)의 상(象)을 투시하고, 들여다보려고 한 것이다. 주역(周易) 설괘(說卦) 제6장에서 '종만물 시만물자 막성호간(終萬物 始萬物者 莫盛乎艮)'이라 하여 우주 생성 운행의 시종(始終)을 말하고 있다.

소우주(小宇宙)인 인간도 큰 테두리 안에서 관조(官租)해 보면 생사(生死)가 반복된다고 본 것이다. 그래서 천부경에서 일시무시일(一始無始一)·일종무종일(一終無終一)이라고 되어있으며, '일종무종일'이 끝나면 동시에 연(連)하여 '일시무시일'이 된다는 뜻이다.

인간은 태어나서 죽을 때까지 수(數)의 의미와 제약(制約)에서 벗어날 수가 없다. 이유는 유(有)와 무(無)라고 하는 존재적 의미가 이미 수(數)의 개념이기 때문이다. 수(數) 자체가 지각(知覺)의 대상은 아니지만, 실재의 의미를 내포하고 있으며, 외연(外延) 하는 의미의 존재이고, 제한 없는 존재이다.

수(數)는 가장 작은 인자에서 가장 큰 우주적인 것에 이르는 모든 존재

법칙은 수(數)의 개념상으로 볼 때 하나일 뿐이다. 삼라만상의 가시 세계와 초시 세계가 모두 하나의 원인에서 움직이고 있다고 본다면, 이를 증명하는 길은 오직 수의 법칙이 있을 뿐이다.

그러나 수(數)가 존재의 의미로서 가치구조를 지니기 위해서는 여러 가지 요소를 갖추지 않으면 안 될 것이다. 그 첫째는 목적이 있어야 한다. 둘째는 존재로서의 개체와 전체가 함수관계에 의해 성립됨으로써 그 수수(授受) 작용에 따라 유기적으로 통일되어야 한다. 셋째는 가치개념으로서의 수는 사상의 본질 면에서 구조와 질서가 상대적으로 구성되지 않고서는 성립되지 않는다.

결론적으로 수(數)의 구조는 공간의 존재 방식이자 수(數)의 질서는 시간의 진행상태를 설명한다. 만약 구조와 질서의 부재를 가정한다면 그것은 공간도 시간도 없는 혼돈이 있을 뿐이다.

조선 말기 유학자 전병훈(全秉薰)은 20세기 초에 이미 진취적인 사상가였으며 유가와 불가와 도가와 서양철학 등을 종합하여 중외(中外)와 고금(古今)을 회답하려는 포부와 개방적 정신을 소유한 인물이었다.

그는 1918년 11월 정신철학통편의 원고(原稿)를 마치고 출판하려고 하던 중 서울에서 온 윤효정(尹孝定)에게서 천부경을 입수하게 된다. 그는 천부경을 보고 나서 신기하게 여기고 1년여 세월을 보내며 정신철학통편 제1편에 천부경의 주석을 담아 1920년에 출간했다.

전병훈은 자신의 저서를 세계 29개국 150여 대학교에 보냈고 미국·프랑스·스페인 총통이 그의 저서에 관심을 보이기도 하였다고 한다. 그리고 자신의 저서에 천부경을 입수한 경위를 다음과 같이 밝혔다.

① 전병훈이 천부경을 입수한 경위.

'동방의 선진(仙眞) 최치원(崔致遠)이 말하기를, 단군의 천부경은 신지(神志: 직책명)의 전문(篆文)'으로 새겨진 옛 비석을 보고. 그 글자를 해석하고 삼가 백산(白山; 태백산 또는 묘향산)에 새겼다.

전병훈이 자료들을 곰곰이 살펴보았을 때, 최치원이 당나라에 가서 진사가 되었다가 신라로 돌아와서 천부경을 '백산' 석벽에 새긴 이후, 계연수라는 분이 약초를 캐기 위해 돌아다니다가 깊은 골짜기 석벽에서 이 글자를 발견하고 탁본했다고 한다. 계연수는 탁본한 천부경을 서울에 있는 단군교에 보냈다. 단군교는 윤효정을 통해 전병훈에게 탁본한 천부경을 보냈다.

전병훈은 윤효정(尹孝定)의 도움을 받아 천부경을 해설한 후, 그 내용을 자신의 저서 정신철학통편(精神哲學通編)에 담아 출판하면서, 나는 우연히 천부경을 구득(求得)하였는데, 참으로 하늘이 주신 기이한 일이었다고 밝혔다.

전병훈은 천부경을 설명할 때 '일(一)'의 개념이나 성격에 대해 구체적인 언급이 없다. 그러나 그의 저서에서 '일(一)은 무시(無始)에서 시작되고, 일(一)은 태극(太極)의 일(一)'이라고 표현했다.
전병훈은 자신의 저서에서 주돈이(周敦頤)의 태극도설을 그림으로 소개하고, '무극(無極)이고서 태극(太極)이다. 태극(太極)이 동(動)하면 양(陽)을 생(生)하고, 정(靜)하면 음(陰)을 생(生)한다.'는 내용이 '천부경의 요지와 서로 꼭 맞는 부분'이라고 밝혔다. 그리고 천부경 주해에서 '일(一)은 무시(無始)에서 시작되고, 태극(太極)의 일(一)이니, 원신(元神)이 움직일 수 있는 능력이 바로 그것이다.'라고 하였다.

여기에서 '원신(元神)'은 도교에서 말하는 정(精)·기(氣)·신(神)에서 나온 말로서, '참된 성품으로서 천지자연의 신을 말한다.'라고 하고 있다. 도교에서는 우주 만물과 인체의 근본이 되는 삼재를 '정·기·신'으로 표현하는데, 전병훈은 이 '정·기·신'을 가장 신령하고 빼어난 것을 얻어서 사람이 되고, 치우치거나 섞여서 순정하지 못함을 얻는 것이 금수(禽獸)와 동물이 되었다.라고 말하였다.

'태극(太極)의 일(一)을 원신(元神)이 움직일 수 있는 능력'이라 하여 '일시무시일(一始無始一)'을 우주론적 입장으로만 해석하지 않고 도교와 연결을 하여 해석하였다. 유가와 도가에서 공통으로 나타난 개인적 성선(性善)을 추구하는 내단 사상이 약함을 시인하고 그 보완을 모색한 것으로 보였다.

명리학자 자강(自彊) 이석영(李錫暎)은 이유립의 부친 단해(檀海) 이관집(李觀緝)에게 천부경 강의를 듣고, 이석영은 그 내용을 정리하여 커발한 신문에 다음과 같이 기고하였다.

① 천부경에 대한 나의 관견(管見)[요약 내용]

일(一)은 수(數)의 본체이니, 혼돈미분이전(混沌未分以前)의 존재라 할 수 있다. 이 일(一)의 존재 세계는 오직 텅 비어 아무것도 없는 진공정활(眞空淨闊)의 속에서 시작하는 것이지만, 시작되는 출발점은 '일

(一)'뿐이니 그저 ○인 것이다.

태극(太極)은 무극(無極)에서 시작되나[무극이태극(無極而太極)] 태극
(太極)도 일(一)이오. 무극(無極)도 일(一)이니, 이것이 무극개천(無極開
天)의 근원이다.

이석영은 일(一)의 존재를 텅 비어 아무것도 없는 속에서 출발하는 것
을 일(一)로 설명하면서, 그의 저서 『사주첩경(四柱捷徑)』 천간(天干)에 '천
간의 법칙이여. 생물지시(生物之時)며 만물지종(萬物之終)의 근본(根本)이
모두 이 간지법(干支法)으로 얽매여 있지 아니함이 없다.'라고 밝혔다.

본래(本來) 존재 세계(存在 世界) 이전은 오직 텅 비어 아무것도 없는 속
에서 시작되는 것인데 그 출발점(出發點)은 영(零)이다. 텅 비어 아무것도
없는 속에서 시작된 이 현상을 오행의 발상과 근원으로 볼 때, 공허(空虛)
즉 일기(一氣)에서 분열 법칙에 따라 음과 양 즉 양의(兩儀)로 파생된다.

이것을 현대과학인 측면에서 '음(陰)을 음전자(陰電子)·양(陽)을 양전자
(陽電子)'로 볼 때 음전자(陰電子)·양전자(陽電子) 사이에 중성자(中性子)가
있다고 설명할 수 있다.

탄허(呑虛) 스님은 자신의 저서 피안으로 이끄는 사자후(獅子吼)에서 다
음과 같이 천부경을 해설하였다.

① 천부경 해설 내용

천부경은 주역문자(周易文字)가 일어나지 않은 문왕(文王) 이전의 학

설로써, 처음에 일(一)은 시무시(始無始)의 일(一)로 기두(起頭)하고, 마지막 일(一)은 종무종(終無終)의 일(一)로 결미(結尾)하였다.

이렇게 보면 천지가 일지(一指)요, 만물이 일마(一馬)라 하여도 과언이 아니다. 그렇다면 어떠한 종교 어떠한 철학이 이 양구(兩句) 속에 포함되지 않으랴. 이렇게 보면 우리 국조(國祖)는 유·불·도 삼교와 기독교가 오기 전에 학술적으로도 우리 강토의 민족 주체를 심어주었다고 보겠다. 이것이 나의 불교에서 보는 천부경의 일단(一端)이다.

탄허(呑虛) 스님은 위의 내용을 설파하면서 '이 시공(時空)이 일어나기 전을 유교에서는 통체일태극(統體一太極)이라 하고, 도교에서는 천하모(天下母)라 하고, 기독교에서는 성부(聖父)라 하고, 불교에서는 최초일구자(最初一句字) 또는 최청정법계(最淸淨法界)라 한다. 그리고 보면 기본은 일(一)이다. 일(一)은 무엇일까? 일은 시공을 만들어낸 '현존 일념'인 것이다.라고 밝혔다.

이 내용을 과학적 측면으로 표현하자면, 많은 개체가 시간과 공간에 의해 질량으로 들어내듯이, 그 일(一) 속에는 세 가지의 작용이 포함되어 있기 때문이다. 우주 만물의 근본(根本)과 소우주인 인간이 대우주 안에서 합일(合一)되어 하늘의 이치가 인간 속에서 증명됨을 보여주는 것이라 하겠다.

이 천지인을 삼위일체(三位一體)로 표현할 수 있고, 발생하는 순서는 하늘[공간(空間)]이 첫 번째이고, 땅[물질(物質)]이 두 번째이며, 사람[시간(時間)]이 세 번째이다. 공간은 양[+]의 성격을 지녔기에 필연적으로 상대를 요구하게 된다. 물질도 양[+]의 성격을 지녔기에 필연적으로 상대를 찾게 되어있다.

자체만으로는 존재할 수 없는 상대적인 이 두 성격이 만나 균형과 조화를 이루며 필연적으로 시간을 낳게 된다. 시간이란 공간과 물질이 어우러지는 운동 상태이며 곧 생명력이다. 그래서 생명력 없이 공간도 물질도 존재할 수 없다. 자연현상은 곧 공간과 물질과 시간의 함수(函數)관계에 의한 운동 상태에서만 설명이 된다.

최재충(崔載忠)은 자신의 저서 한민족과 천부경(天符經)에서 삼신사상(三神思想)은 단순한 신앙적인 의미뿐만 아니라 인간을 포함한 자연의 구성과 운행에 대한 형이상학적 이론으로서 체계가 완성되었는데, 이러한 삼신사상 이론이 천부경에 잘 나타나 있다고 밝혔다.

① 천부경 해설 내용

천부경(天符經)의 수(數)는 가장 원초적(原初的)이며 원리적(原理的)인 수(數)의 본질(本質)을 말한다. 수(數)에는 두 가지 면(面)이 있는데 하나는 셈 수[계수(計數)]이며, 하나는 뜻 수[의미 수(意味 數)]이다.

전자(前者)는 수(數)의 양(量)이라는 단순 개념(單純 槪念)이며 후자(後者)는 수(數)의 질(質)이라는 구조 개념(構造 槪念)으로써 이는 어디까지나 수 자체(數 自體)를 말한다.

천부경(天符經)의 수(數)를 말하기 전에 이러한 수 자체(數 自體)의 근본적(根本的)인 인식(認識)이 필요(必要)하며, 존재(存在)의 뿌리로서

수(數)의 본질 세계(本質 世界)를 생각하지 않으면 안 될 것이다.'

위에서 '수(數)의 양(量)'과 '수(數)의 질(質)'에 대한 역할을 설명하고 있다. 과학적 측면으로 보면, 양(量)을 규정하는 것이 질(質)이다. 왜냐하면 양(量)보다 질(質)이 우선하지만, 질(質)은 양(量)을 발생시키기 때문이다.

당시 수(數)는 생성과 더불어서 존재하는 우주의 언어이다. 이 언어에는 사람의 이성이 담겨있다. 인간에게 이성이 존재하듯이 자연도 이성이 존재한다. 그래서 천지인의 합일된 이성이 곧 우주의 창조적 이성이다.

우주의 이성은 곧 수(數)의 뿌리가 된다. 여기서 천부경의 가치성을 규정할 만한 내용을 한마디로 요약하기는 어려우나, 천부경에 집약된 수(數)의 원리를 올바로 해석하면, 그 속에 담겨있는 인간 존엄과 인본사상을 깨우침으로써 수만(數萬) 가지의 일들이 풀리는 계기가 될 것이다.

이처럼 숫자는 수학적 의미 이외에 다양한 의미를 지닌다. 특히 동서양은 물론 종교에서도 숫자를 다양한 의미로 사용하고 있다. 일(一)은 태초의 시작, 즉 수(數)를 낳는 기본으로 보고 있다는 것이다.

2) 존재의 생성과 소멸 현상

모든 생명체는 부모로부터 분화(分化)되어 태어난다. 이런 과정을 거쳐 태어난 인간은 몸과 영혼과 기운으로 나누어 볼 수 있다. 그런데 우리는 육체가 자신이라고 생각하고 나머지는 육체 기능 중 하나로만 여기고 있다.

그래서 심장박동이 멈추면 생명은 끝나는 것이라고 봐 왔지만, 이것은 몸에 대한 생명일 뿐, 영혼에 대한 생명은 생각하지 못한 견해이다. 몸에 있는 생명은 음식물을 통해서 지기(地氣)를 섭취하고, 하늘의 공기를 통해 천기(天氣)를 호흡함으로써 살아가고 있다.

선조들이 철학적으로 표현한 인체를 과학에서 어떻게 밝혔는지를 살펴보면, 전리층에서 생성된 백금(Pa) 성분이 지구를 향해 무수히 떨어지고 있다. 핵이 폭발 연쇄 반응할 때 발생한 백금(Pa)은 다른 물질로 변화되었다. 사리를 분석한 결과, 사리 성분에는 다량의 백금(Pa)이 함유되어 있다.

위에서처럼 현대과학적인 데이터로 확인되고 있다. 특히 주목되는 현상은 전리층에서 지구 위로 떨어지는 백금 성분이 식물에서는 추출되지 않고, 수련자에게만 발견되었다. 그 원인은 백금에서 발생하는 에너지를 수련자가 백회(百會)로 받아들여 기(氣)와 융합되는 과정에서 사리가 생성(生成)된 것으로 보고 있다.

선조들은 육체로 존재하는 것에 머물지 않고 생명의 실체를 알려고 했고, 그 과정에서 인간이 다른 생명체와 구별되는 특별한 점은 마음, 즉 의식을 지닌 존재라는 것을 알게 되었다.

이 의식은 주변을 보고 느끼고 생각할 뿐만 아니라, 과거를 기억하고 미래를 예측하는 능력도 있다는 것이다. 인체에서 인식의 조화가 멈추면 육체적 죽음으로 인해 영혼이 떠나게 된다.

선조들은 인간이 태어날 때는 어머니로부터 같은 길로 나오지만, 죽을 때는 세 갈래 길로 떠나게 된다고 보았다.

첫째는 '죽었다'라는 표현으로, 인간의 영적 요소를 뺀 의미로 세상에 태어나 사람 노릇을 하지 못하고 죽은 것을 '죽었다'라고 하였다.

둘째는 '돌아가셨다'라는 표현으로 어느 정도 인격 완성을 이루어 사람 노릇을 하다가 죽은 사람을 '돌아가셨다'라고 하였다.

셋째는 '천화(遷化)하셨다'라는 표현으로 삶의 목적을 크게 깨우쳐 인간완성을 이루어 혼이 신명계(神明界)에 든 경우를 '천화(遷化)하셨다'라고 하였다.

동양철학 사상에서 밝힌 생멸과정(生滅過程)을 현대과학에서 어디까지 접근했는지를 살펴보고자 한다.

(1) 일시무시일(一始無始一)

생명체들이 생멸(生滅)하는 과정을 설명한 문장은 천부경의 첫 문장 일시무시일(一始無始一)과 마지막 문장 일종무종일(一終無終一)에서 찾아볼 수 있다. 첫 문장 '일시무시일'의 한자(漢字) 의미를 살펴보면 다음과 같다.

① 갑골문 일(一)

갑골문 일(一) 자(字)는 가로의 한 획으로 수(數)의 '하나'의 뜻을 나타냄, 수의 첫째인 데서 처음·근본의 뜻도 가리킴, 또 둘 이상의 것이 아닌 하나의 뜻에서 '같다·오로지'의 뜻을 나타내며, 둘 이상으로 나뉘지 않고 합쳐져 있는 전체의 뜻을 담고 있다.

② 갑골문 시(始)

갑골문 시(始) 자(字)는 여(女)+태(台)[음(音)], '처음'의 뜻. '태(台)'는 깨끗이 닦은 농기구(農器具)인 쟁기의 뜻으로, 농경(農耕)의 첫 의식에서 '처음'의 뜻이 생겼다는 설(說)이 있다. '시(始)'는 여자가 처음으로 태아를 배는 뜻인 '태(胎)'에 가까운 데서, 널리 '처음'의 뜻으로 쓰였다는 설(說)이 있다.

③ 갑골문 무(無)

갑골문 무(無) 자(字)는 본래 춤출 무(舞)의 글자와 동형(同形)으로, 사람이 춤추는 모습을 형상화하여 '춤'의 뜻을 나타냈었으나, 빌려서 '없다'라는 뜻으로 씀. 전문(篆文)은 '망(亡)'을 붙여, '없다'라는 의미를 분명히 했으며, 뒤에 '망(亡)'을 생략하여 '무(無)'가 되었다.

천부경의 첫 문장 일시무시일(一始無始一)과 마지막 문장 일종무종일(一終無終一)을 풀이하면, '하나로 시작한다. 없음에서 시작된 하나다.'라고 할 수 있다. 그래서 선조들은 "있음과 없음은 상대적 개념이며 그 뿌리는 하나인 '한'이다.라고 한 것이다. '한'의 말뜻을 풀어보면 '하나·큰·같은·많은·한가운데' 등으로 크고 작은 뜻으로 쓰인다.

중국 철학자들은 출생과정을 어떻게 보고 있는지 살펴보면, 중국 도가(道家)의 창시자인 노자(老子)는 '도일생 일생이 이생삼 삼생만물 부음이 포양충기위화(道一生 一生二 二生三 三生萬物 負陰而抱陽沖氣爲和)'라고 밝힌 바 있다.

도(道)에서 하나가 생겨났다는 그 하나, 그리고 음과 양 가운데에 자존(自存) 하는 충기(沖氣)가 조화를 이룬다는 노자의 이론이 원자핵의 중간자 이론과 같으며, 오늘에 이르러 원자구조가 이를 정확히 입증해 줌으로써, 노자의 창조관이 과학적으로 검증되고 있다. 생명체를 분해해서 보면 그 기본 단위는 세포(細胞)다.

이 세포는 물 75~85%. 단백질 10~20%. 교질(膠質) 1.5%. 지질(脂質) 2~3%. 함수탄소(含水炭素) 1~2%.으로 이루어져 있다. 인체가 70% 이상 물로 이루어져 있는 것처럼, 세포 원형질도 전체 75~85%를 물로 이루어져 있다.

비록 세포가 작다 해도 그 속에 우주의 진리가 전부 내포되어있는 것이다. 세포 중심핵을 양(陽)으로 간주하고 이것을 둘러싼 것을 음(陰)으로 보면 하도(河圖)의 형상을 하고 있다는 것이다.

자연의 만물을 육성하는 힘, 그것을 도(道)라고 하였다. 도(道)에서 기(氣)를 파생시킨다. 이 내용을 과학적으로 표현하면, 이 기(氣)는 기체로 주기율표에서 첫 번째로 수소(水素)이다. 수소는 핵융합으로 에너지[火]

를 발생시킨다. 이 에너지는 물과 작용하여 나무[木]를 낳고 나무는 싹을 틔워 만물을 성장하도록 하였다.

일시무시일(一始無始一)에서 설명하는 출생과정을 동양철학에서 어떻게 밝히고 있는지를 살펴보면 다음과 같다.

전병훈은 천부경을 심리철학의 근본으로 보았다. 인간은 정신이 밝아지면서 본신(本神)이 성장한다. 영혼이 성장한 사람은 양심적이고 자비와 덕이 있다. 이것은 태양이 솟아 밝은 빛이 만 가지 변화를 주재하고 근본을 동요하지 않게 하는 것이, 천부경의 가르침과 상통함을 확인할 수 있다.라고 밝혔다.

심리(心理)는 하늘에 근원 하는데 정신(精神)이 곧 심리요, 심리가 곧 도(道)이다. 도(道)가 사람에 있어서 그것으로 정기를 기르고 정신을 모으면, 천명에 머물러 진아(眞我)를 이루는 학문이 되고, 그것으로 이치를 궁구하고 본성을 다하면 세상을 다스리고 성인에 드는 학문이 될 것이다.

이와 같은 정신과 심리를 어떻게 구분할 수 있을까? 전병훈이 두 편으로 나누어 지은 이유는, 정신은 수양하는 내공에만 오로지 관련된 것이나, 심리(心理) 편은 내외를 통합하고 성진(聖眞)과 일상생활의 인사(人事)를 합친 것이라고 보았다.

공자(孔子)는 '인(仁)은 하늘의 도심(道心)에 근원하고, 마음은 하늘의 이치를 보존하고 있다. 자기의 사욕을 이겨 물리친다면 이것이 바로 성인의 공효(功效)다'라고 했으며,

맹자(孟子)는 '마음을 수양하는데 욕심을 적게 하는 것보다 더 좋은 방법은 없다. 절제를 통해 욕심을 줄여야 능히 마음을 보존하고 성품을 수양할 수 있어 하늘을 섬길 수 있는 도(道)가 될 것이다.'라고 했다.

전병훈은 "뇌(腦) 가운데의 원신(元神)은 순전한 천리(天理)로 곧 도심(道心)이고, 육체에 모인 식신(識神)은 형기(形氣)의 사욕(私慾)으로 곧 인심(人心)이다. 정신과 심리를 구분하자면 정신은 수양하는 내공이고 심리는 성(聖)과 진(眞)이 어우러진 일상생활의 예의(禮義)다.

전병훈이 말하는 심리학은 '뇌의 정신작용에 대한 정신 의식으로·심리의 체용(體用)으로 삼아 정(精)·지(志)·지력(智力)·감각관념(感覺觀念)이 바로 요지(要旨)가 된다.'라고 밝혔다. 마음을 다스려 보존하고 성품을 길러 하늘을 섬기는 것을 심학(心學)의 가르침으로 삼았다.

천부경의 첫 문장 일시무시일(一始無始一)을 '일시무시(一始無始)'로 구분(區分)하면서, '일(一)은 무시(無始)에서 비롯되고 태극의 일(一)이니, 원신(元神)이 움직일 수 있는 능력이 바로 이것이다.' 그렇게 해석한 이유는 하늘과 땅은 허무한 가운데 생기고, 하늘과 땅보다 앞에 있었던 것은, 단지 '혼돈의 기' 하나이기 때문이다.

텅 비어 있어서 아무런 조짐도 볼 수 없으므로 무시(無始)라고 한다. '무시'는 곧 무극(無極)이니 '무극'이고서 태극(太極)이다. '태극'이 동(動)하면 양(陽)을 생(生)하고 정(靜)하면 음(陰)을 생(生)한다. 하늘과 땅이 처음 성립되므로 자축지회(子丑之會)이다. 일(一)은 무시(無始)에서 비롯되고 태극의 일(一)이니 원신(原神)이 움직일 수 있는 능력이 바로 그것이라고 한 것이다.

천부경 해석 이론 구분표

발생론	구조론	우주론
老子(BC571~BC471) 莊子(BC369~BC289)	周敦頤(1017~1073) 朱 熹(1130~1200)	
도가사상	태극도설	우주 만물의 자연성
'無'에 의미를 두고 해석한 입장으로서, 발생론적 견해.	'無始'에 의미를 두고 해석 태극도설 영향을 받아, 무시를 무극·태극과 동일시	'一'이 '無'나 '無始'에서 비롯되지 않고, '一' 자체를 근원적 존재로 보는 견해.
'一'의 시작은 '無'에서 시작한다.	'一'의 시작은 '無始'에서 시작한다.	'一'은 시작도 없이 시작 한다.

　우주 만물의 가장 궁극적인 것에 대한 명칭을 중국 고대에서는 천(天)이라고, 주역에서는 '태극'이라고, 노자(老子)와 장자(莊子)는 '도(道)'라 하였다. 그리고 '도(道)'에 대한 성격 및 형용사적 표현이나 이차적 표현으로 '일(一)'을 사용하였다.

　일(一)은 시작도 없이 시작한다.라고 해석하는 이유는 장자(莊子) 제물론(齊物論)에 일(一)이 무(無) 나 무시(無始)에서 비롯된 것이 아니고, 우주 만물은 스스로 존재하고 있으므로, 일(一) 그 자체를 근원적 존재로 인정하는 것이다.라는 문장을 인용한 것으로 보인다.

　무(無)를 한 문장으로 보면, 일(一)은 무(無)에서 시작한다고 해석할 수 있다. 이 견해는 도가사상의 영향을 받은 것으로 보인다. 도덕경에 천하 만물은 유에서 나오고, 유는 무에서 나온다는 문장을 인용한 것으로 보인다.

무시(無始)를 한 문장으로 보면, 일(一)은 무시(無始)에서 시작한다고 해석할 수 있다. 노자(老子)와 장자(莊子)는 오래도록 변함이 없다는 의미에서 무극(無極)을 설파하고 있지만, 주돈이(周敦頤)는 태극도설을 주장하면서 만물의 생성 과정을 '태극·음양·오행·만물'로 본 내용을 인용한 것으로 보인다.

주돈이(周敦頤)는 만물의 생성 과정을 '태극으로부터 음(陰)과 양(陽)이 생겨나고, 음양 상호작용으로 오행(五行)이 일어난다.'라고 보았다. 이후 주희(朱熹)는 '우주 만물은 형이상학적인 이(理)와 형이하의 기(氣)로 구성되어있다.'라고 보고, 이러한 이(理)와 기(氣)로 이루어진 우주와 만물이 생성되는 운동 법칙 원리를 태극으로 보았다.

따라서 전병훈은 하늘과 땅은 허무한 가운데서 생겨났는데, 하늘과 땅보다 앞에 있었던 것은, 단지 혼돈의 일기(一氣)로 텅 비어 있어서 아무런 조짐도 볼 수 없으므로 무시(無始)라고 한다. 무시는 곧 무극(無極)이니 무극이면서 태극(太極)이다.

태극이 동(動)하면 양(陽)을 생(生)하고 정(靜)하면 음(陰)을 생(生) 한다고 했다. '무(無)=무시(無始)=무극(無極)=태극(太極)'이 같다고 보았으며, 그리고 '무'를 한 문장으로 보면, '일'의 시작은 '무'에서 시작한다.라고 해석할 수 있다.

전병훈이 하늘과 땅은 허무한 가운데 생기고, 하늘과 땅보다 앞에 있었던 것은, 단지 '혼돈의 기' 하나였다.라는 주장은, 우주 만물의 생성 순서를 '무(無)'→'일기(一氣)'→'천지만물(天地萬物)'로 보는 노자·장자의 견해와 같은 것이다.

탄허(呑虛) 스님은 우리 국토(國土)의 고유(固有)한 사상(思想)은 국조(國祖)를 여의고 찾아볼 수 없으며, 국조의 사상은 천부경을 여의고 또한 볼 수 없을 것이다. 이 천부경은 비록 적은 문자이지만, 그 내용은 주역 14권의 축소판이라 하여도 과히 허언은 아닐 것이다.라고 밝혔다.

① 탄허(呑虛)의 천부경 해석

일(一)에서 시(始) 하되 무시(無始)의 일(一)이니, 석삼극(析三極)한 무진본(無盡本)이니라. 일(一)은 ○을 여의지 않은 일(一)이라 일시무시일(一始無始一)이요 일종무종일(一終無終一)이다.

우주 만물 최초 시작인 일(一)을 점하고 선(線)할 수 있다는 것은 본래 이미 공(空)의 의(儀)인 ○이 있었기 때문이니 ○이 아니면 일(一)도 점(點)하고 선(線)할 수 없고, 일(一)이 아니면 ○인 공간의 의(儀)도 나타내지 못한다.

고(故)로 일(一)과 ○은 동시에 존재하는 것이니 이것은 하나이면서 둘이요 둘이면서 하나라, 이르되 '양의일태극(兩儀一太極)'이라 한다. 일점(一點)인 일선(一線)을 '태양(天陽)'이라 하고 '분이(分二)'의 상(相)을 '지음(地陰)'이라 한 것이니, 일선(一線)을 그으매 상하(上下)에 '종도(縱道)'의 의(儀)를 갖춘지라 이르되 '이경(二經)'이라 하고, 이 일선(一線)은 일점(一點)의 태양(天陽)과 '분이(分二)'의 상(相)인 '지음(地陰)'

을 동시에 갖춤이 된다.

탄허(呑虛) 스님은 기본은 일(一)이다. 일(一)은 시공을 만들어낸 현존 일념(現存一念)이다. 그러므로 천부경은 일점(一點)의 철학이 종횡으로 즉 양의(兩儀)가 되고 양의가 사상으로 '분(分)'한 것이라고 밝혔다.

우주 만물의 근원에는 스스로 존재하는 자연성을 가지고 있다. 그리고 시작은 하되 시작이 없고 끝은 나되 끝남이 없는 과정이라는 순환성을 가지고 있다는 것이다. 그러므로 일(一)은 무(無)에서 시작한다거나 유(有)에서 시작한다고 단정할 수 없으며, 무엇에서 시작하고 무엇에서 끝남이 없이 항상 스스로 존재한다. 다른 어떤 무엇으로 해서 존재하거나 무엇을 위해 존재하는 것이 아니다.

스스로 존재하는 세상 만물의 근원적 존재 원리라는 것이다. 세상 만물의 근원적 존재 원리가 담긴 천부경의 첫 문장 일시무시일(一始無始一)에서 설명하고 있는 출생과정을 '서양철학'과 '과학'에서 어떻게 밝히고 있는지를 살펴보고자 한다. 기원전 5세기 전후에는 철학적 사유에 초점을 맞추고 있으면서도 과학적 사고를 상당한 부분 포함하기 시작하였다.

서양 철학자들이 생명체의 출생과정을 어떻게 접근하고 있는지를 살펴보면 다음과 같다.

고대 그리스 철학자 데모크리토스(Democritos)는 더 쪼개지지 않은 궁극적인 작은 입자들로 이루어져 있다는 가설이다. 이 작은 입자를 원자(atom)라고 칭하였다.

이 용어의 어원은 '더 나눌 수 없다'라는 그리스어 아토모스(átomos)에서 유래했다. 그는 이 원자론을 체계화하였으며 유물론의 형성에도 영향을 끼쳤다.

① 데모크리토스 사상의 특징

그리스 식민지 엘레아에서 번성했던 이 엘레아 학파(Eleaticism)의 특징은 극단적 일원론으로 '비어 있는 공간과 비존재'를 부정한 것과는 다르게, 데모크리토스는 비어 있는 공간인 케논(Kenon)과 이를 채울 충만한 것인 아톰(Atom)으로 나누어 생각했다.

'없는 것'에서 '있는 것'이 나올 수 없다고 주장하던 파르메니데스(Parmenides)는 운동이론과 다원성을 거부하였으나, 데모크리토스는 원자를 비어 있는 공간에서 움직이고 있는 작고 무수한 분할될 수 없는 존재로 상정하였다. 허공 안에 일어나는 원자의 재배열로 세상은 다양성을 확보하고 만물이 생겨나고 사라진다고 보았다.

데모크리토스는 사물의 특성은 일차적[실제]으로 그것을 구성하는 원자들의 '배열·크기·형태·길이·밀집' 정도에 달려 있고, 그 외의 냄새·맛 등은 인간의 주관적 감각이 만들어낸 이차적[비 실재]인 성질이라고 주장했다. 데모크리토스는 육체뿐 아니라, 인간의 영혼도 정교한 원자로 이루어져 있으며, 그 해체는 죽음이다. 특히 영혼을 이루는 원자들이 안정된 상태를 행복으로 봤다.

영혼을 구성하는 원자의 안정이 행복이라는 그의 견해는 에피쿠로스 (Epicouros)와 그의 학파(學派)들로부터 수용·발전되었다. 기원전 1세기에 활동한 로마의 시인이자 철학자인 루크레티우스(Lucretius)는 데모크리토스와 에피쿠로스의 원자론과 유물론을 반영한 사물의 본성에 대하여(On the Nature of Things)를 남겼다. 이후 20세기에 들어와서는 원자가 양자(陽子)·중성자(中性子)·전자(電子) 등의 소립자(素粒子)로 구성되어 있다는 설이 지배적이었다.

고대 그리스 철학자 엠페도클레스(Empedocles)가 '4 원소' 이론을 처음으로 주창(主唱)한 이후 플라톤(Platon)·아리스토텔레스(Aristoteles)로 이어지면서 그 내용이 조금씩 변화·발전하였고, 가스톤 바슐라르 (Bachelard)에 의해 현대적으로 재해석되었다.

아리스토텔레스는 만물의 근원적 물질이 '물·불·공기·흙'의 4종류의 원소들이며, 여기에 정성적 성질을 부여해 이러한 본질적 성격의 차이에 의해 상호변환이 이루어지고, 이것이 물질의 생성원리다.라고 밝혔다.

이후 오랜 세월이 지난 1803년에 영국 출신 화학자이면서 물리학자인 존 돌턴(John Dalton)은 현대적인 개념의 원자론을 발견했다. 돌턴은 1803년부터 1807년 사이에 논문을 통해 발표한 원자설을 정리해 보면, 다음과 같다.

- 모든 원소는 원자라고 하는 작은 입자들로 이루어져 있다.

- 어느 한 원소를 이루는 원자는 모두 똑같고, 다른 원소를 이루는 원자들은 서로 다른 성질을 가진다.
- 원자는 새로 만들 수도, 더 작게 가를 수도 없으며, 한 원소의 원자는 다른 원소의 원자로 바꿀 수도 없다.
- 종류가 다른 원자들은 일정한 간단한 정수의 비율로 결합하여 화합물을 만든다.
- 화학반응은 원소나 화합물에서 원자들이 결합하거나 분리 또는 재배치할 때 일어난다고 밝혔다. 돌턴은 같은 원소를 이루는 원자가 똑같다고 할 때는 원자량이라는 개념과 원자번호라는 개념으로 발전시켰다. 이러한 돌턴의 주장은 원자의 개념이 자리 잡는데, 큰 역할을 했다.

돌턴의 원자모형 이론을 주창한 이후, 100여 년이 지나서 영국 출신 물리학자 조지프 존 톰슨(Joseph John Thomson)이 음극선 실험을 통해 전자를 발견한 것에 집중하여 새로운 원자모형을 생각해 냈고, 양전하를 띠는 공안에 전자가 파묻혀 있다고 주창했다.

이어서 영국 물리학자 리더퍼드(Emest Rutherford)는 알파 입자 산란 실험을 통해 원자핵이 발견되었고, 원자핵 주위를 전자가 돌고 있다.라고 주장했고, 이후 물리학자 닐스 보어(Niels Bohr)는 원자핵 주위의 일정한 궤도[전자껍질]를 전자가 돌고 있다.라고 밝혔다.

소련 생화학자 알렉산드로 오파린(Aleksandr Oparin)은 1936년에 생명의 기원이라는 책에서 생명체는 지구상에서 자연 발생하였다는 생명의 '유기화합물 설'을 제시하였다.

그는 지구상에는 긴 세월에 걸쳐서 무기물로부터 유기물로 진화[화학진화]가 일어났고, 이 유기물이 최초의 생물[원시 생물]을 형성했다는 것이다. 그는 원시지구를 덮고 있던 대기는 오늘날의 대기와는 달리 산소는 없고 메탄(CH4)·수소(H2)·수증기(H2O)·암모니아(NH3)·네온(Ne)·헬륨(He)·알곤(Ar) 등으로 되어있었을 것이라고 가정하였다.

이들 기체는 태양으로부터 자외선이나 번개와 같은 공중 방전된 에너지를 흡수하므로 서로 반응하여 아미노산을 비롯한 여러 가지 간단한 유기물로 되고 이것이 비에 용해되어 바다로 흘러 들어가 교질상태(膠質狀態)가 되었다가 다른 종류 '교질'이 반응하여 반액상(半液狀)의 코아세르베이트(coacervate)라는 작은 알맹이 형태로 만들어졌을 것이라고 가정했다.

반액상(半液狀)의 '코아세르베이트'란 단백질 등의 '콜로이드'입자가 결합하여 주위의 매질과 명확한 경계가 이루어져 분리 독립된 입상구조(粒狀構造)를 말하며, 코아세르베이트가 성장한 것이, 바로 최초의 생명체로 발전되었다.라는 것이다.

네덜란드에서 미생물의 아버지라고 불리면서 현미경학자였던 안톤 판 레이우엔훅(Antonie Van Leeuwenhoek)은 1668년에 자기만의 현미경을 개발하였다. 당시로선 최고 수준의 현미경으로 300배까지 사물을 확대해서 보여주었다.

그는 자신이 개발한 현미경으로 1670년대 초기에 혈액·올챙이·개구리 다리·뱀장어 지느러미·새와 박쥐의 날개·곰의 털·물고기 비늘·꿀벌·파리·벼룩·빈대·누에·머리의 이까지 온갖 종류의 생물과 무생물의 관찰한 표본을 만들었다. 보이지 않지만, 우리 몸에도 신체 세포보다 10배

더 많은 수의 미생물이 존재한다고 밝혔다.

일반적으로 인체에 유익하지만, 콜레라·매독·결핵 등은 치명적인 전염병을 유발한다며, 1676년 7월 20일 매독이나 라임병을 일으키는 가늘고 긴 나선형의 미생물 스피로헤타를 발견했다 밝혔다.

그리고 이듬해인 1677년 그는 사정 직후 자신의 정액을 현미경으로 관찰해 수많은 작은 동물을 다시 확인하게 되었다. 정자의 존재를 알아내고는 곧 모든 포유동물을 대상으로 관찰해 그 내용을 상세히 기술했다. 그는 정자가 인간과 동물의 정액에 있는 기본 구성요소이며 생식의 원인이라고 생각했다.

세계적인 생명공학자이자 재생의료 전문기업 '아스텔라스 글로벌' 대표로서 줄기세포 분야 세계 최고 권위자인 로버트 란자(Robert Lanza) 박사는 미국 바이오 벤처기업 'Geron' 회사(會社)와 인간 복제배아[세포핵을 뺀 난자에 다른 체세포의 세포핵을 넣어 수정란처럼 분화한 배아] 실험을 시작했다.

그리고 그는 줄기세포·동물 복제·세포 차원의 노화 방지 등 과학적 탐구 분야를 끊임없이 확장하는 전문가들은 자신이 담당하고 있는 분야의 한계에 대해 무슨 이야기를 들려주는가? 생명은 과학으로 설명할 수 있는 한계를 넘어서 있다. 물리학과 화학의 법칙으로 원시 생명체를 이해할 수 있다는 주장하였다.

하지만 이 발광하는 유충은 그 생화학적 기능의 총합보다 더 많은 의미를 담고 있다. 세포와 분자를 들여다본다고 생명을 이해할 수 있는 것은 아니다. 우리는 지각과 경험이 얽힌 인지 구조를 외면하고서는 생명을 설명하지 못한다고 밝혔다.

이처럼 서양의 철학적 사유(思惟)로 시작하여 과학적 논리로 인간 복제배아 실험단계까지 접근하였다. 로버트 란자(Robert Lanza)는 통상적으로 배아(embryo)란 수정란이 발생을 시작한 후 약 2주에서 8주까지의 상태를 의미한다.

그리고 8주의 이후의 상태를 태아(fetus)라 한다. 그러나 배아복제란 좁은 의미로 인간의 난자에 체세포의 핵을 이식하여 융합 세포를 만든 후 이를 초기 배아단계까지 기르는 것을 의미한다. 이처럼 과학적인 탐구 결과가 끊임없이 확장되고 있다. 그러함에도 불구하고 생명은 과학으로 설명할 수 있는 한계에 머물고 있다는 사실이다.

줄기세포 연구는 발달 초기의 전 배아(pre-embryo)와 관련된다. 이런 전 배아는 자연적 번식과정에서는 아직 이 실체에 귀속되는 생명 보호에 관한 결정을 내릴 수 없을 것이다. 그러나 배아가 생명권과 인간 존엄성을 지닌다는 것이라면, 배아의 인권·생명권은 당연히 보장되어야 할 것이다.

이 문제는 많은 사람의 관심이 쏠려있어 그 어느 논쟁(論爭)들보다 복잡성(複雜性)을 지니고 있지만, 배아복제기술의 쾌거는 하루가 다르게 경제적 논리로 상용화하려는 현실에 직면해 있다.

서양에서는 철학적 사유(思惟)로 시작하여 과학적 논리로 인간 복제배아 실험단계까지 접근하였다. 그러나 생명은 과학으로 설명할 수 없는 한계에 머물고 있다는 사실이다. 이와 달리 동양에서는 생명현상을 설명할 때, 존재가 없는 곳에서 생명체로 보일 때 그것을 하나[一]라고 보았다.

이 하나[一]의 실체(實體)가 형상으로 이뤄지기 이전의 본상(本像), 그것을 무(無)라고 했다. 그래서 우주에 존재하는 온갖 것들이 '없음에서 시작되었다가 돌아간다.'라고 한 것이다. 본 논문에서는 일시무시일(一始無始一)을 보이지 않는 공간에서 보이는 세상으로 드러날 때 한 생명체로 태어난다고 해석하고자 한다.

인간 생명의 시작점에 관련한 논쟁은 독일의 신학자이면서 과학자인 베르투스 마그누스(Albertus Magnus)의 '순간 주입이론'과 서방교회의 저명한 신학자이자 스콜라 철학자인 토마스 아퀴나스(Thomas Aquinas)의 '단계적 주입이론'으로 시작되었으며, 현재는 아래와 같은 이론이 형성되었다.

① 언제부터 생명인가? 에 대한 이론

- 정자와 난자가 만나는 시점으로 보는 수정 이론.
- 부계와 모계의 유전 형질이 서로 재조합되는 수정 후 21~22시간경으로 보는 핵융합 이론.
- 쌍생아 가능성이 사라지는 수정 후 7일, 14일경으로 보는 쌍생아 이론.
- 배아세포들이 배아와 그 부속 조직으로 분화되어 수정된 후 14일경으로 보는 착상 이론.
- 원시선(primitive streak)이 나타나고 내배엽·중배엽·외배엽이 분화되는 수정 후 14일경으로 보는 원시선 이론.
- 생명이 시작되는 수정 후 8주경으로 보는 중추신경계 이론.

- 온전히 인간의 형태를 갖추는 수정 후 6개월경으로 보는 인간 형태 이론.
- 모체 밖에서 생존이 가능한 수정 후 7개월경으로 보는 체외 생존 능력 이론.
- 출산 후로 보는 분만 이론 등이 있다.

이 분야는 과학적으로 밝혀진 결과는 아직 없다. 전북대 철학 교수 김상득은 그의 논문에서 인간 생명은 수정 순간부터 시작한다는 논리적 판단의 내용 역시 과학적으로 검증된 내용이 아니다. 하지만 오직 성경의 기본 교리에 근거해서 받아들일 수 있는 내용이라고 밝힌 바는 있다.

선조들은 '하나[一]'를 「한」이라고도 풀이했다. 「한」의 말뜻을 풀어보면 '어떤'의 뜻을 나타내는 말로, '크다·작다'라는 뜻으로도 쓰인다. 큰 뜻으로는 우주의 '전체'가 되기도 하며, 작은 뜻으로는 자아(自我)의 '개체'가 되기도 하는 것이다. 이런 하나는 전체와 떨어져서 존재할 수 없으며, 전체와 연결된 하나일 때, 진정한 하나로 존재할 수 있는 것이다.

(2) 일종무종일(一終無終一)

선조들은 사계절의 변화과정을 유심히 관찰하면서 인간으로서 어떤 삶을 살아야 하는지 사색하게 되었을 것이다. 인간은 천지 기운의 조화로 태어났으며, 태어난 아이는 엄마를 찾게 되고, 성인이 되면 이성을 찾으며 어른스러워진다고 한다.
이렇듯 인간은 자신의 근본인 우주심(宇宙心)을 찾아가려는 마음을 지니고 있다. 그래서 이런 과정을 일시무시일(一始無始一)·일종무종일(一終無終一)이라고 표현한 것이다.

> 갑골문 종(終) 자(字)는 형성(形聲)으로 사(糸)+동(冬), 상형(象形)으로 실의 양 끝을 맺은 모양을 본떠, 끝맺음·끝을 나타냄이라고 기록되어있다. 이등변[∧]의 끝이 바로 지평선 상의 동극(東極)과 서극(西極)을 이루는 천리(天理)의 문자로 끝 종 또는 마칠 종(終)자로 쓰였다. 이등변[∧]의 위쪽에 있는 꼭짓점 아래에 있는 지평선에 와 닿는 이등변 양쪽 끝점이 되는 것으로 가림토[∧] 글자와 훈민정음의 [ㅅ]과 흡사한 형태를 이룬다.

위에서 거론한 '일종무종일(一終無終一)'을 풀이하면 '하나로 마친다. 없음으로 마치는 하나다.'라고 할 수 있다. 이러한 내용을 불교에서는 색즉시공 공즉시색(色卽是空 空卽是色)이라고 했다. 생멸(生滅)하는 이 세상 모든 물질은 세상에 나와 활동하다가 소멸하는 원리이다. 공(空)은 냄새도 색깔도 형체도 없는 순수에너지다.

순수에너지가 세상에 나와 각양각색으로 드러난 것이 색(色)이다. '색(色)'을 다른 이름으로 '세상'이라고 한다. 세상에 나온 모든 '색(色)'은 순수에너지 '공'의 작용이다. 나온 곳도 한자리 돌아가는 곳도 한자리인 '공(空)'에서는 각양각색의 에너지가 나오고 돌아가지만 줄어들거나 늘어나지 않는다.

즉 세상 만물은 하나로 똑같지 않기 때문에 아름다우며 각양각색의 모습으로 조화를 이루니 존재할 수 있다. 만약 모두가 똑같은 색이라면 태양도 달도 물체도 없는 세상이 된다.

이 순수에너지는 어둠이 빛으로 빛이 어둠으로 순환되는 과정에서 작용하여 세상을 진화·발전되게 한다. 이처럼 사람 마음의 본질도 순수에너지다. 이 순수에너지는 인체를 구성하는 '성(性)·명(命)·정(精)·기(氣)·신(身)·영(靈)·혼(魂)·백(魄)'의 상호작용으로 마음이라는 환경을 만들어 낸 것이다.

우리가 생활하면서 일어나는 '희(喜)·노(怒)·애(哀)·락(樂)' 같은 모든 일이 드러나도록 하는 마음도 물이 모이고 모여 바다가 되듯이 세상과 어우러지면서 진화되고 발전하는 과정을 거친다.

그래서 사람들이 마음의 선악(善惡)·청탁(淸濁)·시비(是非)를 논하는 것은, 마음의 밭에서 뛰노는 '정(精)·기(氣)·신(身)·영(靈)·백(魄)'의 변화를 바탕으로 말하는 것이다.

이 마음은 '정(精)·기(氣)·신(身)'과 관계없이 변치 않고 움직이지 않는 큰 규칙이며 생사가 없는 것이며 단지 선택할 뿐이다. 마음은 선택을 통해 설정되며, 창조의 실체가 된다.

마음을 바꾸면 기운이 좋게 바뀌고 환경이 바뀌기 때문에, 모습이 밝아지게 된다. 이런 과정을 거치며 깨우친 사람은 어떤 상황에서도 변하지 않는다. 천부경에서 이런 이치를 알려준 것이다.

임종 과정을 설명하고 있는 '일종무종일(一終無終一)'을 동양철학에서 어떻게 밝히고 있는지를 살펴보면 아래와 같다.

전병훈은 자신의 저서 정신철학통편에서 천부경의 마지막 문장 '일종무종일(一終無終一)'을 '인중천지일일종 무종일(人中天地一一終 無終一)'로 보고 있다.

① 전병훈의 천부경 해설 내용

소자 병훈이 삼가 주석한다. 하늘과 땅의 중간이 열려서 사람이 그 중간에 자리를 잡았기 때문에, 삼재(三才)로 동참한다. 이른바 사람이란 천지의 마음을 가지고 있고 만물이 다 내게 갖추어 있다.

이로써 사람은 중화(中和)의 극진한 공에 이르니 천지가 서게 되고, 만물이 자라나서 사람은 천지와 더불어 그 덕을 합하니, 진실로 천지는 대아(大我)이고 진아(眞我)는 태극(太極)의 한 분자로서 소아(小我)이다. 몸을 이룬 자는 능히 천지의 중간에 서게 되었으니 아! 또한 지극하도다! 더구나 세상이 서로 통하여 오대양 육대주가 일가(一家)가 되고, 편안한 이상을 이루게 되는 거기에는 선(仙)을 잉태하는 하늘의 솜씨가 있어야만 한다.

그래서 사람은 천지와 더불어 하나하나 서로 시종을 같이 하고 있다. 장차 술해(戌亥)의 회(會)가 오면 곧 천지와 인물이 종식하는 때이므로 '일일종(一一終)'이라고 한다. 무종일(無終一)이라고 함은 술해(戌亥) 외에 일기(一氣)가 크게 끝나서 온 세상이 변하고 산이 뽑히고 강이 메워지며 사람과 물체가 다 없어지고 천지가 다시 혼돈을 이룬다. 그러나 태극의 일(一)은 끝나버리는 이치가 없어서, 다시 자축(子丑)의 회(會)가 오면 다시 생동하기 시작하므로 무종일(無終一)이라고 했다.

전병훈은 주석을 쓴 것은 감히 자신이 옳다고 하는 것이 아니라 지극히 바라는 것은 세상 안의 성철(聖哲)과 여러 군자가 공정한 이치로 밝게 바로잡아 가르쳐 주는 것이다. 생각해 보건대 단군 할아버지께서는 본디 하늘이 내리신 겸성(兼聖)인즉 세상에 내려주신 경전이 어찌 겸성의 지극한 이치로써 가르치시지 아니하였겠는가? 라고 밝혔다.

명리학자 이석영(李錫暎)은 자신의 천부경 해설 내용을 이유립이 발행하는 커발한 신문 제1호(단기 4298년 3월 25일)에 '일종무종일(一終無終一)'에 대한 해석 내용을 아래와 같이 기고한 바 있다.

① 이석영의 기고 내용

일(一)은 음성(陰性)의 체(體)와 양성(陽性)의 용(用)을 합일(合一)하는 태일기(太一氣)이니 능동자능(能動自能)의 활력(活力)을 자유(自有)한 것이나, 시(始)에서도 지허이난견(至虛而難見)하고 지무이막문(至無而莫聞)한 즉(卽) 선천(先天) 그대로의 진공정활(眞空淨闊)한 것이오, 종(終)에서도 또한 그 시(始)에서와같이 지허이난견(至虛而難見)하고 지무이막문(至無而莫聞)한 영겁 그대로의 진공정활(眞空淨闊)할 뿐이니, 종(終)에서도 시(始)할 때와 한가지이다. 일(一)은 증(增) 함도 아니오. 감(減) 함도 아니니 그저 ○인 것이다.

즉 대원일(大圓一)이 따로 없는 것이다. 허조합일체(虛粗合一体)로 된 태극(太極)은 태원일기(太元一氣)로 오늘의 원자(原子) 실험(實驗)에까지 진전(進展)하였으니 일(一) 밖에 다시 일(一)이 없고 ○밖에 다시

○이 없다.

위에서처럼 이석영은 과학이론을 바탕으로 천부경을 해석하려고 시도하였다. 수(數)의 본 자리는 본래 텅 비어 아무것도 없는 속에서 하나의 인자(因子)가 시작되는 것이니 그것이 '일(一)'인 것이다. 오행의 발상과 근원으로 볼 때 공허(空虛) 즉 일기(一氣)에서 분열 법칙으로 음·양(陰·陽) 즉 양의(兩儀)로 파생된 것이다.

과학적 이론으로 비추어 볼 때 음(陰)은 음전자(陰電子), 양(陽)은 양전자(陽電子)가 된다. 그리고 음전자(陰電子)와 양전자(陽電子) 사이에 중성자(中性子)가 있다. 이러한 일기(一氣)의 음(陰)은 어두운 저녁이며 차가운 가을·겨울에, 양(陽)은 밝은 한낮이며 따뜻한 봄·여름에 해당하면서 서로 상대가 되어 어우러진다. 그러다가 마칠 때 허무하고 텅 비어 있는 영겁(永劫)으로 회귀한다고 밝히고 있다.

탄허(呑虛) 스님은 1980년 오대산 월정사에서 천부경은 일점(一點)의 철학이 종횡(縱橫: ㅣ·ㅡ)으로 즉 양의(兩義)가 되고, 양의가 사상(四象: ㅗ·ㅛ·ㅜ·ㅠ)으로 구분된 것이다. 우리 국문학의 자모음이 원방각(圓方角: ○·□·△·天地人)으로 구분된 것도 여기서 비롯된 것이라고 밝혔다.

① 탄허 스님의 천부경 해설 내용

천부경(天符經) 마지막 문장인 일종무종일(一終無終一)을 '인중천지일 일종무종일(人中天地一 一終無終一)'로 구분하여, 인중(人中)에 천지(天地)는 일(一)인지라, 일(一)에 종(終)하고 마침이 없는 일이니라.

‘천(天) 1’과 ‘지(地) 2’가 인중(人中)에 ‘3 합(合)’하여 하나가 되어서 이 하나에 만물이 마치[종(終)]는 것이로되, 그 일(一)은 다시 석삼극(析 三極)하여 무진(無盡)에 나아가는 것이니, 이 또한 마침[종(終)]이 없 는 일(一)인 것이다라고 해설하였다.

탄허 스님은 이러한 내용을 불교에서는 ‘선천이무기시(先天而無其始)’하 고 ‘후천이무기종(後天而無其終)’이라 했고, 주역에서는 ‘선천이천불위(先 天而天不違)’하고 ‘후천이봉천시(後天而奉天時)’라고 했다고 밝혔다.

서양 철학자들이 어떻게 설명하였으며, 과학자들은 어떻게 밝히고 있 는지를 살펴보면 아래와 같다.

고대 그리스의 철학자 아리스토텔레스(Aristoteles)는 소멸은 운동 또 는 변화가 아니다. 즉 있는 것으로부터 없는 것으로 넘어가는 그러한 소 멸은 운동 또는 변화가 아니다.라는 주장을 하면서, 생성과 소멸의 문제 따라서 죽음의 문제를 전혀 다루지 않았다.

근대에 들어서서 오스트리아 정신분석학파의 창시자인 프로이트 (Freud)는 한때 인간의 가장 위대한 욕망으로 사랑과 죽음을 든 일이 있 다.라고 밝혔다. 프로이트의 주장이 언뜻 맞지 않는 듯하다.

왜냐하면, 많은 사람이 증오보다는 사랑을, 전쟁보다는 평화를, 죽음 보다는 삶을 추구하고 있는 것이 현실이다. 그렇지만 우리는 실제로 ‘증 오·전쟁·죽음’ 분야에 엄청난 노력을 쏟고 있다는 것이다. 더 나아가서 스스로 의식하려 하지 있으면서도 마음속에 죽음을 담아두고 있다.

죽음에 관해 올바른 정의를 내릴 수 있는 사람은 없다. 많은 철학자도, 의사도, 성직자도 그리고 법률가도 죽음에 대한 어떠한 해답을 주지 못한다. 단지 의사는 임종을 앞둔 환자 앞에서 사망진단을 하고, 법률가는 유언을 받아 유언을 집행하며, 성직자는 고인의 명복을 빌고 유족의 슬픔을 위로해 주는 정도이다. 그러다 보니 의학적 죽음의 정의가 중요한 위치에 있게 되었다.

특히 현대의학의 발달로 뇌가 정지되었더라도 심폐기 등의 도움을 받아 심장박동 등을 연장할 수 있게 되자, 심폐기를 언제 제거할 것인가 하는 문제가 새로운 법의학적 논점으로 대두되고 있는 시점에 와 있음에도 불구하고, 과학적 검증자료는 조금씩 쌓여가고 있다.

미국 웨이크포레스트대학(Wake Forest University) 의대 교수인 로버트 란자(Robert Lanza)는 사망은 단지 인류 의식이 조성한 환상일 뿐이라고 주장하면서, 내가 육체라면 나는 틀림없이 죽을 것이다. 그러나 내가 의식이라면, 즉 경험과 감정의 주체라면 다양한 형태로 변화할지언정 죽지는 않을 것이다.

의식은 무한한 존재이다.라며 영혼과 육체를 분리했다. 죽음이란 숨이 끊어지는 순간 영혼 이탈로 육체에서 생명현상이 일어나지 않는 생태를 말한다. 이런 죽음을 경험한 사람이 없기에 쉽게 정의할 수는 없다.

그런데 근대에 와서 미국 병원 의사인 맥두걸(Ducan Macdougal)은 '인간의 영혼 역시 하나의 물질이라는 가정과 인간은 육체와 영혼으로 구성되어있다.'라는 문제를 제기하면서 학술적 연구가 시작되었다.

그의 연구 결과는 1907년 3월 11일 뉴욕타임스에 '의사는 영혼에 무게가 있다고 생각한다(The doctor thinks the soul is heavy).'라는 제목으로 기고하면서, 학계에서 관심을 갖게 하는 계기가 되었다.

맥두걸은 '영혼의 무게를 측정하기 위해서 결핵으로 죽어가는 환자를 커다란 저울 위에 올려놓고 무게 변화를 지켜보았는데, 결핵 환자의 숨이 딱 끊어지는 순간 저울의 무게가 약 '21g'이 줄어들었다.'라고 주장하면서, 자신의 이론을 증명하기 위해 개 15마리를 대상으로 같은 실험을 했지만 '사람과 달리 개는 죽을 때 몸무게의 차이를 보이지 않았다'라고 주장했다. 그 이유에 대해 '사람에게는 영혼이 있지만, 개에게는 영혼이 없기 때문'이라고 밝혔다.

멕시코 출신 이냐리투(Inarritu) 영화감독은 영화 〈버드맨(Birdman)〉의 각본과 연출로 미국 아카데미 시상식[OSCAR]에서 작품상과 감독상을 받은 바 있다. 그리고 2003년 9월 영화 〈21g〉이 개봉되면서 사람들에게서 다시 관심을 두게 했다. 이 영화를 통해 우리에게 삶 속에서 영혼이 얼마나 중요한 역할을 하는지, 영혼이 삶에 미치는 실질적인 무게감이 얼마나 되는지를 고민하도록 만들었다.

맥두걸이 영혼의 무게를 발표한 이후, 약 백 년이 지난 2001년 스웨덴 출신 홀렌더(Hollander) 박사팀이 정밀 컴퓨터 제어장치로 맥두걸 실험을 검증하게 되었다. 홀렌더 박사팀은 양(Sheep)을 대상으로 정밀하게 재현해 본 결과, 양이 죽는 순간 몸무게가 오히려 증가[Weight gain]했다고 한다. 이 실험 결과가 맥두걸의 시험 결과와 일치되지 않고 상반(相反)되었기에, 학계에서는 연구 과정에 대한 논쟁이 일었다고 한다.

현대의학에서는 '영혼과 육체'로 구성되어있다.라는 가설의 연구 과정의 데이터가 쌓여가고 있다. 여기에서 한계점은 윤리적인 문제로 인간을 실험대상을 할 수 없다는 점이다.

기독교 강요 1권 15장[인간론]에 '인간은 영혼과 육체로 구분할 수 있다. 영혼은 불멸하는 본질로서, 육체보다 고귀한 부분에 해당한다.'라는 기록이 있다. 이와 같은 인간관은 창세기와 예수 그리스도의 영원한 생명론에 근거를 두고 있다.

인간을 실험대상으로 할 수 없던 상황에서 21년 후인 2022년에 미국 첨단 '노화 신경과학회지'에 미국 루이빌대학교 의과대학 신경외과 연구진에 의해 '죽어가는 인간의 뇌에서 신경의 일관성과 결합의 상호작용강화'라는 주제로 발표했다.

죽어가는 인간의 뇌에서 일어나는 신경생리학적 과정은 아직 보고되지 않았는데, 이는 사망에 이르는 완전한 표준 EEG 활동을 포착하는 것은 드물고, 실험적으로 계획할 수 없기 때문인데, 특별한 표준 사례를 아래와 같이 밝혔다.

응급실로 87세의 한 남성이 넘어진 후 실려 왔다. 처음에는 글래스고우 코마 척도(GCS: Glasgow Coma Scale)가 '15'였지만, 바르게 '10'으로 악화(惡化)되었고, 빛에 대한 반응(왼쪽 눈동자: 4mm, 오른쪽 눈동자: 2mm)을 보였다. 각막과 반사는 보존되었다. CT 스캔 결과, 왼쪽(최대 지름: 1.5cm)과 중간선 이동에서 더 큰 질량 효과가 나타나는 등 양쪽 급성경막하혈종(SDH)이 나타났다.

방사선 검사 소견과 환자의 급격한 신경학적 상태 저하로 인해 혈종 대피를 위해 좌측 감압 개두술이 시행되었다. 수술 후 환자는 중환자실에 머무는 이틀 동안 안정적이었고, 이후 굴곡 자세가 오른쪽은 반월절, 하지의 간헐적 근막 저림 현상이 나타났다. CT 스캔이 완료되어 왼쪽 SDH의 성공적인 대피와 안정적인 오른쪽 혈종이 확인되었다.

환자는 페니토인(Phenytoin)과 레베티라세탐(Levetiracetam)을 투여받았고, 좌반구에서 비경련성 간질 상태를 보이는 뇌전도(EEG)를 얻었다. 최소 12건의 확인된 전기 사진 발작이 있었고, 그 후 폭발 억제 패턴이 좌반구에서 자발적으로 발달했다.

그 직후 두 반구에 걸친 전기 사진 활동이 폭발 억제 패턴을 보였고, 뒤이어 무호흡과 임상적 심폐 정지 기능이 있는 심실 빈맥이 나타났다. 환자 가족과 상의한 뒤 환자의 '거절하지 말 것(DNR)' 상태를 고려해 추가 치료를 멈추었고 환자는 세상을 떠났다.

연구진은 외상성 경막하혈종 후 심정지를 겪고 있는 87세 환자에게서 감마 활성의 절대 검정력(檢定力, statistical power)이 증가하고 세타 활성의 검정력이 감소하는 양쪽 반구 반응을 억제한 후에 나타났다. 심정지 후 델타, 베타, 알파, 감마 파워는 감소했지만, 심정지 간격보다 상대적으로 감마 파워의 비율이 높았다.

교차 주파수 결합은 뇌혈류 중단 후에도 모든 창에서 알파 및 세타 리듬에 의한 좌반구 감마 활성의 조절을 보여주었다. 가장 강력한 결합은 좌측 억제 중 및 심정지 후 알파파에 의해 협대역 및 광대역 감마 활성에서 관찰되었다.

뉴런 부상과 붓기의 영향에도 불구하고, 우리의 데이터는 실험적이지 않은 실제 급성 치료 임상 환경에서 죽어가는 인간의 뇌로부터 첫 번째 증거를 제공하고, 인간의 뇌가 임종 기간에 조정된 활동을 생성할 수 있는 능력을 기를 수 있다.

연구팀은 한 명의 뇌 질환 환자 연구 결과인 만큼 이를 전제로 일반화할 수 없다면서, '심장박동이 멈춘 이후에도 30초간 뇌파 전달이 이어진 점에 대한 이해를 위해 연구가 필요하다.'라고 밝혔다.

그리스의 철학자 아리스토텔레스(Aristoteles)는 영혼을 자연철학의 중심 학설인 질료형상론(質料形相論)으로 설명한 바 있다. 모든 사물의 구조원리가 그렇듯이 생물의 구성원리는 원질(原質)과 체형(體形)으로 구분할 수 있다.

여기서 모든 생명체의 체형은 혼(魂)이다. 따라서 식물은 생혼(生魂)이, 동물은 각혼(覺魂)이 있다. 이 각혼은 생혼의 기능을 동시에 작용한다. 그리고 인간에게는 지혼(知魂)이 있다. 그런데 인간은 '모든 혼[생(生)·각(覺)·지(知)]'의 기능을 동시에 작용하게 한다.

우리 선조들은 임종 과정[형상]만 지켜본 것이 아니라, 그 내면까지 살펴보면서 세상 만물은 소중하다고 생각하게 된다. 그렇다. 만물은 저마다 존재 방식이 다르지만, 그 생명은 평등하다. 그리고 공평한 방식으로 존재한다.

사막의 선인장과 열대의 야자수는 평등한 존재이나 서로 다른 조건에서 자기 구실을 하며 열매를 맺는 것과 같은 이치이다. 이들의 가치는 비교될 수 없다. 이처럼 공평 속에서 평등이 성립될 때 세상은 조화로우면서 생명력으로 가득 차게 된다.

인체의 오장육부 관계를 살펴볼 때 신장은 간장이 하는 일에, 간장은 심장이 하는 일에, 심장은 비장이 하는 일에, 비장은 폐가 하는 일에, 폐는 신장이 하는 일에 간섭하지 않는다. 그러나 각각의 기능이 활성화되고 균형을 유지할 때 건강한 육체와 정신이 깃들게 된다.

인간의 영혼 역시 하나의 물질이라는 가정과 인간은 육체와 영혼으로 구성되어있다는 문제를 제기하면서, 의사는 영혼에 무게가 있다고 생각한다는 학술적 연구가 시작되었다.

다른 연구팀은 '심장박동이 멈춘 이후에도 30초간 뇌파 전달이 이어진 점에 대한 이해를 위해 연구가 필요하다.'라고 밝혔다. 이처럼 현대의학에서는 '영혼과 육체'로 구성되어있다는 가설의 연구 과정의 데이터가 쌓여가고 있다.

동양철학에서는 이미 오래전부터 자연현상 중 하나인 인간은 세 가지 참됨을 받았으니, 일러 삼진(三眞: 성품·목숨·정기)을 부여받았으나, 삶 속에서 미혹되어 삼망(三妄: 마음·기운·몸)이 뿌리를 내리고, 이 삼망이 삼진과 서로 작용하여 삼도(三途: 느낌·호흡·촉감)의 변화 작용을 한다.

삼진(三眞) 중 참된 성품은 선하여 악함이 없으니 본성 자리에 통하고, 참 목숨은 맑아 흐림이 없고, 참 정기는 후덕하여 천박함이 없다. 이 삼진을 잘 닦아 본연이 모습으로 돌아갈 때 조화세계에 들어갈 수 있다.

삼망(三妄) 중 마음은 타고난 성품에 뿌리를 두어 선(善)과 악(惡)이 있고, 기(氣)는 타고난 삼신의 영원한 생명에 뿌리를 두어 맑음과 청탁이 있고, 몸은 정기에 뿌리를 두어 후덕함과 천박함이 있다.

삼도(三途) 중 느낌에는 기쁨·두려움·슬픔·노여움과 탐욕·싫어함이 있고, 호흡에는 향내·숯내·차가움·더움·마름·젖음이 있고, 촉감에는 소리·빛깔·냄새·맛·음탕함·살 닿음이 있다.

심신 수련에 따른 수행 방법.					※ 삼일신고 제5장 眞理訓 참조.	
	삼진 (三眞)	삼망 (三忘)		삼도 (三途)	수행 방법	수행 결과
조화 (造化)	성 (性)	심 (心)	선심 (善心)	감(感:느낌): 희(喜:기쁨)·구(懼:두려움) 애(哀:슬픔)·노(怒:노여움) 탐(貪:탐욕)·염(厭, 싫어함).	지감 (止感)	심평 (心平)
			악심 (惡心)			
교화 (敎化)	명 (命)	기 (氣)	청기 (淸氣)	식(息:호흡): 분(芬:향내)·란(蘭:숯내) 한(寒:차가움)·열(熱:더움) 진(震:마름)·습(濕, 젖음).	조식 (調息)	기화 (氣化)
			탁기 (濁氣)			
치화 (治化)	정 (精)	신 (身)	후신 (厚身)	촉(觸:촉감): 성(聲:소리)·색(色:빛깔) 취(臭:냄새)·미(味:맛) 음(淫:음탕함)·저(抵:살 닿음).	금촉 (禁觸)	신강 (身康)
			박신 (薄身)			

그래서 선조들은 감정을 절제하고, 호흡을 고르게 하며, 촉감과 자극을 억제하여, 오직 한뜻[일심(一心)]으로 매사를 행하고 삼망을 바로 잡아야 비로소 자신 속에 깃들어 있는 기운을 발현시켜 공덕을 완수할 수 있다고 밝혔다.

과학에서는 생명체에 대해 아직도 검증 과정에 있지만, 인체가 신체와 영체로 구분되어 있다는 부분은 인정되고 있다고 할 수 있다. 동양철학에서는 이미 우주 만물은 하나[一]로 시작하였다가 다시 하나[一]로 돌아간다고 밝히면서, 그 하나[一]는 하나[一]라는 이름이 붙여지기 이전부터 존재해 온 까닭에 시작이 없는 것이다.라고 한 것이다.

여기에서는 일종무종일(一終無終一)을 '보이는 세상에서 보이지 않는 공간으로 돌아갈 때 한 생명체로 마친다.'라고 해석하고자 한다. 존재가 '드러나 보이는 것과 보이지 않는 것' 그 뿌리는 하나다. 보이는 인체만 표현하는 것이 아니라, 보이지 않는 영체를 같이 표현한 것이다. 그리고 본래 우리말로 하나를 '한'이라고 한다. '한'의 뜻을 풀어보면 '어떤'의 뜻을 나타내는 말로, '크다·작다'라는 뜻으로도 쓰였다.

큰 뜻으로는 우주의 '전체'가 되기도 하고, 작은 뜻으로는 인체의 '개체'가 되기도 하는 것이다. 이런 하나는 전체와 떨어져서 존재할 수 없으며, 전체와 연결된 하나일 때, 진정한 하나로 존재할 수 있는 것이다.

만물은 저마다 존재 방식이 다르지만, 그 존재 자체는 평등하다. 그리고 어느 쪽으로 치우치지 않는 방식으로 존재하여야 한다. 이처럼 공평 속에서 평등이 성립될 때 세상은 조화로우면서 생명력으로 가득 차게 된다.

공동체 생활의 경우도 마찬가지다. 서로 다르게 존재하는 방식과 역할을 인정하고 평등을 이루어야 한다. 그러나 무조건적 평등은 사람들에게 일할 의욕을 상실시키고 의지를 좌절시킬 수 있다.

실적과 능력에 따라 공평하게 대우해야 한다. 공평은 그 나름의 개성과 특성을 인정해주고 인정받는 것이다. 이것을 무시했을 때 진정한 평등은 존재하기 힘들다. 이것이 우주 법칙이다.

2. 우아일체(宇我一體) 속에 담긴 삶의 철학

선조들은 백성들에게 진리의 가르침을 설명할 때, 하늘의 법[天符]에 근본을 두고, 만물을 기르는 땅의 덕성[坤德]에 부합해야 하며, 인사(人事)에도 절실한 도리(道理)이다.라고 강조했다.

이처럼 나라마다 독특한 문화가 형성되어 전해지고 있다. 특히 환국·배달국·고조선 문화의 원형을 최치원이 난랑비서(鸞郞碑序)에서 풍류도(風流徒)라고 밝히면서, 그 근원은 선사(仙史)에 자세히 기록되어 있다고 했다.

선도(仙道)는 신선도(神仙道)·신불도(神佛道)·풍류도(風流徒)·현묘지도(玄妙之道)라는 명칭으로도 전해져 왔다. 선도는 사람이 우주와 하나 된 경지에 오르도록 하는 수련이다.

신라 시대 화랑도들의 교육 방법에 관한 기록이 사기에 '그들은 서로서로 도의(道義)로서 연마하고 서로서로 노랫가락으로 즐기며 자연을 거닐며 즐겼는데, 아무리 먼 곳도 가보지 않았던 곳이 없다는 기록이 있다.

명산대천을 찾아 자연 속에 노닐며 심신 수련을 한다는 의미는 우아일체(宇我一體)를 이루기 위함이다. 화랑들이 자연과 함께 경직된 근육을 풀기 위해 가무와 같은 예술이 혼연일체가 되어 몸과 마음을 다스렸다.

이러한 이치로 경지에 도달하면 이때 만물의 이치를 깨달아 삶의 가치와 목적을 실현하고 나서 홍익인간 정신을 펼치고자 했다. 자신의 본성을 깨우치기 위해서 우리는 먼저 인간 존재의 구조를 알아야만 한다. 이 내용을 잘 표현된 책은 삼일신고(三一神誥)다.

삼일신고는 배달국 환웅께서 내려주신 '우주 생명의 신비'와 '왜 그 안에 살고 있는가'를 가르쳐 주는 천부경의 주석서이자 수행서라고 할 수 있다. 그래서 선조들은 삼일신고의 근본 뜻도 천부경에 뿌리를 두고, 삼일신고의 궁극적인 정신 역시 천부경의 중일(中一) 정신의 이상에서 벗어나지 않는다고 강조한 것이다.

삼일신고 제5장 인물 편은 사람과 만물이 다 같이 근원적 일자(一者)인 '하나'에서 나왔으며, 그 하나의 진성(眞性)을 셋으로 표현하여, 성(性)·명(命)·정(精)이라고 하였다.

① 사람과 만물이 다 같이 세 가지 참됨을 받으니, 성품과 목숨과 정기이다. 사람은 이 세 가지를 온전하게 받으나 만물은 치우치게 받는다.

- 참 성품은 선함도 악함도 없으니 '으뜸 밝은이'로서 두루 통하고,
- 참 목숨은 맑음도 흐림도 없으니 '중간 밝은이'로서 잘 알며,
- 참 정기는 두터움도 엷음도 없으니 '아래 밝은이'로서 잘 보전하나니

② 뭇사람들은 처지에 미혹하여 세 가지 망령됨이 뿌리를 내리나니, 마음과 기운과 몸이다.

- 마음은 성품에 의지한 것으로 선악이 있으니 선하면 복이 되고 악하면 화가 되며,

- 기운은 목숨[명(命)]에 의지한 것으로 청탁(淸濁)이 있으니 맑으면 오래 살고 흐리면 일찍 죽으며,
- 몸은 정기(精氣)에 의지한 것으로 후박(厚薄)이 있으니 두터우면 귀하고 엷으면 천하다.

③ 삼진(三眞)과 삼망(三妄)이 서로 맞서서 세 갈래 길[삼도(三途)]을 지으니, 가로대 느낌[감(感)]과 호흡[식(息)]과 부딪침[촉(觸)]이라. 이 세 가지가 굴러 열여덟 경계를 이룬다.

- 느낌에는 '향기·썩은 기·한기·열기·마른 기·습기'가 있으며,
- 부딪침에는 '소리·빛·냄새·맛·음란·저촉'이 있다.

사람들은 선악과 청탁과 후박을 뒤섞어 여러 경계의 길을 따라 마음 대로 달리다가 나고 자라고 늙고 병들고 죽는 고통에 떨어지고 말지만, 밝은 이는 느낌을 그치고, 호흡을 고르며, 부딪침을 금하여 한뜻으로 나 아가 망령됨을 돌이켜 참됨에 이르고 마침내 크게 하늘 기운을 펴나니, 성품이 열기고 공덕을 완수하는 것이다.

'환국→배달국→고조선→부여→'고구려·신라·백제'→고려→조선 시 대'까지 왕(王)들은 백성을 교화시키기 위해 제천의식을 주관했다. 왕들 은 스스로 금욕적 수행을 통해 자신과 종통(宗通)을 바르게 세워 삼일신 고의 가르침으로 사람들을 교화하면서, 국난이 있을 때마다 제천의식을 통해 단결토록 했고, 음주 가무를 통해 사람들을 화합시켰다. 이런 의식 을 통해 개인에게 중도일심(中道一心)·효충도(孝忠道)·홍익인간(弘益人間)

정신을 갖추도록 한 것이다.

1) 중도일심(中道一心)

우리는 일상생활 속에서 물질세계의 허상에 빠져 욕망에 따라 살아가는 삶과 정신적 가치를 현실에서 실현하는 삶, 그 사이에서 갈등하게 된다. 위선이나 가식이 없는 솔직한 마음을 내부의식이라고 한다.

만물에 대한 다양한 감정이 내부의식에서 늘 혼재하기 때문에, 남을 속이거나 자신을 합리화하는 일 같은 외부 의식이 내부의식과 상충할 때, '불안·죄의식·피해의식'과 같은 부정적 의식에 빠지게 된다.

내부의식은 매우 정직해서 자신의 진실한 감정·정서를 따른다. 자신의 솔직한 감정을 있는 그대로 기억하는 것, 이것이 내부의식의 세계이다. 이 내부의식을 바꾸기 위해서는 철저한 통찰과 자기반성이 필요하다. 우리가 어떤 정보를 선택하느냐에 따라 삶의 양상이 달라질 수 있는 것이다.

우리가 올바른 삶을 선택하기 위해서는 다음과 같은 과정을 거쳐야 한다.

① 원리 공부를 해야 한다.

육체의 건강을 위해 먼저 인간의 실체를 알아야 한다. 그리고 이치와 법을 익히고 배우는 것이다. 자신 속에 천지 마음과 천지 기운이 담겨있음을 자각하고 자신 안에 담겨있는 완전성을 인정하는 것이다. 그리고 우주에 존재하는 온갖 사물과 현상의 이치를 배우고 익히는 것이다. 이런 원리를 통해 전체 완성까지 이르는 법을 아는 것이 원리 공부이다.

② 수행 공부를 해야 한다.

자연의 섭리와 이치를 체율체득(體律體得)하는 과정이 수행 공부다. 그러므로 반듯이 자연의 섭리와 이치를 먼저 원리 공부해야 하며, 수련을 통해 그 참 의미를 깨닫고 몸과 마음으로 체득하는 것이다. 원리란 시간과 공간을 초월하여 변함없이 적용할 수 있는 보편적 법칙이다. 이 원리는 사람이 감정과 관념에 빠져 있을 때 바른길로 안내하는 잣대 역할을 한다.

③ 생활 공부를 해야 한다.

생활 공부가 필요한 이유는 혼(魂)의 성장을 평가하고 확인하기 위해서다. 눈에 보이지 않는 혼이 얼마나 성장했는지 드러내 주는 것은 성품이다. 이 성품은 관계 속에서 드러나는 혼의 모습이다. 살아오면서 지은 업이나 나쁜 습관을 소멸하면서 현재 일어나고 있는 모든 일에 기뻐하고 감사하는 마음을 가져야 한다. 이런 마음이 드러날 때 자신뿐 아니라 다른 사람까지 포용하는 힘이 생기는 것이다.

인간이 가치 있는 대상을 찾아가는 과정을 살펴보면, 아이는 엄마를 찾게 되고, 성인이 되면 이성을 찾고 어른스러워지면서 절대적인 완성을 갈구하여 인간으로서 지켜야 할 참가치를 찾아 실천하려고 한다는 것이다.

　그런데 사람들은 현실 속에서 하는 일 없이 세월만 헛되이 보내는 사람이 되거나, 원활한 삶 속에서 조화로운 어울림을 지향하는 사람이 되기도 한다. 그래서 선조들은 중도일심(中道一心)을 강조한 것이다. 세상을 널리 이롭게 하기 위해서는 내가 먼저 중심을 유지해야만 하기 때문이다.

　단군세기 서문에서 나라는 역사와 함께 존재하고 사람은 정치와 함께 거론되니, 나라와 역사와 사람과 정치, 이 네 가지는 모두 자신을 우선시하고 소중히 여겨야 한다며, 자아 인식의 중요성과 우주와 하나가 되는 수행원리를 강조하며 다음과 같이 밝혔다.

　① 자아 인식의 중요성

　정치는 그릇과 같고 사람은 도(道)와 같으니, 그릇이 도(道)를 떠나서 어찌 존재할 수 있으며, 나라는 형체와 같고 역사는 혼과 같으니, 형체가 그 혼을 잃고서 어찌 보존될 수 있겠는가. 도(道)와 그릇을 함께 닦는 사람도 나요, 형체와 혼을 함께 키워나가는 사람도 나다. 그러므로 천하만사는 무엇보다 먼저 나를 아는 데 있다. 그런즉 나를 알려고 하면 무엇부터 시작해야 하겠는가?

② 우주와 하나가 되는 수행원리

하나 속에는 셋이 깃들어 있고[집일함삼(執一含三)], 셋은 하나의 근원으로 돌아가는 원리[회삼귀일(會三歸一)]가 그것이다. 그러므로 한마음으로 안정되어 변치 않는 것을 '참됨을 실현한 나'라 하고, 신통력으로 온갖 변화를 짓는 주체를 일신(一神)이라 하니, '참됨을 실현한 나'는 우주의 일신이 거처하는 궁전이다.

이 참됨의 근원을 알고 법에 의지해 닦고 행하면 상서로운 기운이 저절로 이르고 신(神)의 광명이 항상 비치게 된다. 이것이 바로 사람이 하늘과 하나 되고자 할 때[천인상흥지제(天人相興之際)], 진실로 계율을 굳게 지킴으로서, 비로소 능히 이 하나가 되는 경지[일자(一者)]에 돌아갈 수 있다는 것이다.

따라서 성품과 목숨과 정기가 혼연동체(混然同體)를 이루어야 한다. 그러므로 가르침을 세우려는 자는 반드시 먼저 '참을 실현 나'를 확립해야 하고, 자신의 형체를 바꾸려는 자는 반드시 먼저 무형의 정신을 뜯어고쳐야 한다. 이것이 바로 '나를 알아 자립을 구하는 유일한 방도'[지아구독지일도(知我求獨之一道)]이다.

　고조선 3세 단군 가륵(嘉勒)은 천하의 대본(大本)은 내 마음의 '중심[中一] 자리'에 있다며 조칙을 내리며, 사람이 중심을 잃으면 어떤 일도 성취할 수 없고, 세상 만물도 중심을 잃으면 그 몸이 넘어지고 엎어진다고 밝혔다.

'중도일심(中道一心) 정신'은 마음의 중심을 잡으면 흔들리지도 무너지지도 않는다는 의미가 담겨있다. 선조들은 삼신일체(三神一體)의 도(道)는 무한히 크고, 모든 법의 이치가 골고루 융통하여 막힘없이 하나 되는 정신에 있으니, 조화신(造化神)이 내 몸에 내려 나의 성품(性品)이 되고, 교화신(敎化神)이 내 몸에 내려 나의 목숨이 되며, 치화신(治化神)이 내려 나의 정기(精氣)다.라고 밝혔다.

고조선 33세 단군 감물(甘勿)은 오직 사람이 만물 가운데 가장 고귀하고 존엄한 존재가 된다며, '중도일심(中道一心)' 정신을 구체적으로 실현할 수 있도록 하는 방법을 제시(提示)하였다.

그리고 재위 7년에 삼성사(三聖祠)를 세우고 친히 제사를 올렸다. 그 서고문(誓告文)에 텅 빔과 현상은 한 몸이요. 낱낱과 전체는 하나이니 지혜와 삶 함께 닦아 내 몸과 영혼 함께 뻗어 나가네. … 하나 속에 셋이 깃들어 있고, 세 손길로 작용하는 삼신은 하나의 근원으로 돌아가나니, 하늘의 계율 널리 펴서 영세토록 법으로 삼는다고 밝혔다.

고구려 제9대 고국천왕(故國川王) 때 을파소(乙巴素)가 국상(國相)이 되어 조의선인(皂衣仙人)을 뽑아 운영(運用)하였다. 조의(皂衣)들은 무예와 오계율[五戒律: 효(孝)·충(忠)·신(信)·용(勇)·인(仁)]을 지켰다고 한다.

을파소는 나이 어린 소년을 뽑아 선인도랑(仙人徒郎)으로 삼았다. 교화를 주관하는 자를 참전(參佺)이라 하는데, 무리 중에 계율을 잘 지키는 자를 선발하여 삼신을 받드는 일을 맡겼다. 무예를 관장하는 조의(皂衣)라 하는데, 몸가짐을 바르게 하고 규율을 잘 지켜, 나라의 일을 위해 몸을 던져 앞장서도록 하였다.

이때부터 세상에서는 교화를 주관하는 자를 참전(參佺)이라 하는데,

이들이 지켜야 할 계(戒)가 있고, 무예를 관장하는 자를 조의(皂衣)라 하는데, 이들이 지켜야 할 율(律)이 있어 숭상(崇尙)하였는데, 의관을 갖춘 자는 반드시 활과 화살을 차고 다니고, 활을 잘 쏘는 사람은 반드시 높은 지위를 얻었다. 착한 마음을 수행의 근본으로 삼고, 과녁을 악의 우두머리로 가정하고 활을 쏘았다.

을파소(乙巴素)가 배달국 시대부터 전해 내려온 '오사(五事) 팔훈(八訓)'을 다시 다듬어 참전계경이 완성되었다. 첫째 덕목이 정성[성(誠)]이며 두 번째 덕목이 신의(信義)라고 밝혔다.

믿음은 의로움이고 약속이며 충성이고 정절이며 순환이다. 믿음을 행하면 마음이 감동하여 용기를 일으키게 하며 용단을 내려 일에 임하게 하고 마음을 굳게 다지게 하여 벼락이 내리쳐도 그 기운을 깨뜨리지 못하게 된다.

그래서 선조들은 감정과 생각에서 벗어나기 위해 호흡을 고르고 감각적 욕망과 본능적 쾌락을 초월하는 수련 방법을 통해 '육체적·기적·영적' 감각을 살려 본성(本性: 마음)을 밝히려고 노력한 것이다. 그러나 이 세 가지 수행법이 따로 떨어져 있는 것은 아니고, 서로 연결되어 있다.

오랜 세월이 흘러 고구려 26대 영양왕(嬰陽王) 때 을지문덕(乙支文德) 장군은 일찍이 산에 들어가 도(道)를 닦다가 도통하였다고 한다. 수나라 군사 130여만 명이 쳐들어왔다. 을지문덕 장군이 출병하여 살수(薩水)에 수나라 군대를 크게 격파하였다. 이런 을지문덕 장군의 지략은 어디에서 나왔을까?

을지문덕은 '도(道)를 통하는 것은 삼물(三物)인 덕(德)과 지혜와 조화력을 몸으로 직접 체득하여 실천하고, 삼가(三家)인 심(心)·기(氣)·신(身)의 조화를 성취하면, 삼도(三途)인 느낌과 호흡과 촉감이 언제나 기쁨으로 충만하여 이루어지는 것이다. 이런 경지에 도달하는 방법은 날마다 염표문(念標文: 일신강충·성통광명·재세이화·홍익인간)을 생각하며 실천할 것'을 강조하였다.

신라 화랑의 계율인 세속오계(世俗五戒: 사군이충·사친이효·교우이신·임전무퇴·살생유택)를 만든 원광(圓光)이 세속오계가 있다고 말한 것은, 오계를 원광이 창안한 것이 아니라, 고조선에서 전해진 선도(仙道)의 실천 윤리 덕목임을 밝힌 것이다. 한민족 고유의 정신은 심기신(心氣身)으로 설명할 수 있다.

인체는 크게 보이는 질서와 보이지 않는 질서의 결합으로 이루어져 있다. 보이는 질서는 골격·근육·피부를 통해 혈관과 신경망들이 연결되어 혈액과 산소를 공급시켜, 혈압·맥박·무게·온도 등의 정보가 전달되는 체계를 이루고 있다. 그리고 보이지 않는 질서는 경혈과 경락을 통해 에너지가 전달되어, 기운과 정서적 정보가 유통되는 유동적 체계를 이루고 있다.

경락과 경혈을 따라 에너지가 순조롭게 전달되는 과정을 수승화강(水昇火降)이라고 한다. 인체에서 수기(水氣)는 콩팥에서 생성되고 화기(火氣)는 심장에서 생산된다. 인체의 에너지 순환이 활성화되면 콩팥을 뜨겁게 해주기 위해 단전의 기운을 위로 올라가게 한다.

수기가 심장을 차갑게 하면 심장에서는 화기가 빠져나가 단전으로 내려간다. 이 에너지의 흐름은 기본적으로 호흡을 통해, 몸에 정체되어있는 낡은 기(氣)를 배출하고, 새로운 기(氣)를 받아들여 단전에 응축시켜야 한다.

이 에너지는 어떻게 해야 잘 전달될까? 심기혈정(心氣血精)의 원리에 의해 전달된다. 마음이 있는 곳에 '기'가 있고, '기'가 있는 곳에 '혈'이 있고, '혈'이 있는 곳에 '정'이 있다는 뜻이다.

우주 공간은 에너지로 가득 차 있으며 시간과 공간, 몸과 마음, 의식과 생각까지도 모두 다 에너지이다. 이 에너지는 그물망처럼 촘촘하게 연결되어 있다.

분리되어있는 것처럼 보이는 물질과 보이지 않는 정신도 근본적으로는 하나의 에너지로 연결되어 있다. 따라서 이 원리에 따라 마음이 바뀌면 생각이 변하고, 생각이 바뀌면 행동이 달라지고, 행동이 변하면 운명이 바뀐다. 이처럼 '어떤 마음을 품고, 실천하느냐'에 따라 사람의 운명과 삶의 방향은 달라질 수 있다.

조선조 전기 문신이면서 유의(儒醫)였던 정렴(鄭磏)은 기(氣)를 내릴 때는 임맥(任脈)을 앞에서 쓰고, 올릴 때는 독맥(督脈)을 뒤에서 쓴다고 하며, '임맥과 독맥' 운기를 강조하였다.

기(氣)의 순환을 주천(周天) 이라고 하는데, 조선의 내단(內丹) 사상가들은 연단(鍊丹)의 요체로 설명한다. 주천(周天)을 따라 나타나는 인체의 기적 현상을 다음과 같이 표현했다.

① 단가별지구결(丹家別旨口訣) 기삼(其三)

기(氣)를 운행해야 선천(先天)을 만회할 수 있다. 그래서 눈은 보지 말고, 귀는 듣지 말고, 입은 말하지 말고, 코는 냄새 맡지 말아야 한다. 우두커니 앉아서 눈으로 코를 보고, 코로 가슴을 보고, 마음으로써 기(氣)를 억제하기를 오래 하면, 그 기(氣)가 융화되어 곡해(谷海: 배꼽) 곧 단전으로 들어가는 것을 알게 된다.

마음으로 기를 미려(尾閭)로 돌려서 척추를 따라 올라가 곧게 뇌 뒤에 도달하면 기(氣)가 정수리로 들어갈 것이다. 수련을 오래 하여 숙습(熟習)이 되면 점차로 천정(天庭)으로부터 심궁(心宮)으로 내려갈 것이다. 이같이 운기(運氣)를 오래 하면 잇몸 위에서 단침 한 덩어리가 흘러 내려올 것이다.

위에서 설명한 것처럼 기(氣)가 단전에 들어가기 위해서는 의식을 단전에 머물도록 해야 하는데, 이 수련을 내단수련(內丹修練)이라고 한다. 내단(內丹)이 형성되려면 정(精)과 기(氣)와 신(神)이 모여야 한다. 호흡을 통해 기운을 단전에 모으면 액체가 되고, 액체는 고체가 되고, 고체는 다시 진기체(眞氣體)가 된다.

즉 기체인 상태에서 액체, 고체 상태를 거쳐 내단이 된다. 이러한 내단의 결정체가 사리(舍利)다. 내단은 단순히 호흡 수련이나 기공만으로 쌓이지 않는다. 마음이 같이 작용해야 한다. 마음은 우주 본성으로써의 마음과 한 개체의 틀에 매인 마음으로 나눌 수 있다.

한 개체 내면의 신성(神性)을 바탕으로 신(神)이 발전하여 심(心)이 된다. 마음을 낳는다는 것은 성(性)이다. 마음[心]이 생겨난다[生]고 하여 성(性)이라고 한 것이다. 마음이 자유로워지려면 관념과 지식에서 벗어나야 한다.

마음이 황폐해지는 이유는 '하늘·땅·사람'의 조화, 즉 근본[本性]을 잊었을 때 온다. 근본을 지키는 것이, 곧 마음을 지키는 것이다. 마음을 지키게 되면서 신의(信義)와 질서를 알게 되고, 이것이 참 도(道)를 아는 것이고 예절을 아는 것이다.

마음이 열린 사람·깨우친 사람은 어떤 상황에서도 변하지 않는다. 마음 자체는 생사·선악·시비가 없다. 단지 그 마음을 선택하여 사용할 뿐이다. 그리고 마음이 크다는 것은 마음속에 인(仁)과 덕(德)이 있다는 것이다. 이 모든 것을 변화시키는 주체는 마음이다.

이처럼 우주 공간에 가득 차 있는 '기(氣: 에너지)'를 어떤 마음으로 얼마나 증폭시킬 수 있느냐에 따라 사람의 운명과 삶의 방향이 달라질 수 있다. 그래서 선조들은 선도 수행에 앞서 일차적으로 필요한 덕목으로 정성과 믿음을 제시하였다. 선도 사상을 현실 생활 속에서 실천하기 위한 실천의 지침으로 만들어진 경전이 '참전계경(參佺戒經)'이다.

중도일심(中道一心)을 좀 더 구체적으로 설명할 수 있다면, 그것은 '중정(中正)·중용(中庸)·중심(中心)'이라고 본다. 중정은 자연의 이치와 섭리로 자연 스스로 균형(均衡)과 조화(調和)를 이루는 것이고, 중용은 인간과 인간 사이의 인과관계(因果關係)에서 균형과 조화를 이루는 것이고, 중심은 몸과 마음이 균형과 조화를 이루는 것이다.

선조들은 '몸과 마음은 둘이면서 하나'라고 했다. 그 이유는 마음은 실체가 없어 몸이 없으면 작용할 수 없기 때문이다. 그래서 몸을 빌려 작용하는 것이다. 우리는 희노애락(喜怒哀樂)에 따라 얼굴빛이 달라지는 이유는 마음이 생각을 통해 작용하기 때문이다.

분노와 적대감은 심장박동을 빠르게 하고, 혈압을 증가시키며 얼굴이 상기된다. 또 불안감에 사로잡히면 식은땀이 흐르고, 속이 답답해지고 온몸에 힘이 빠지며 하얗게 질린다. 이런 육체는 정신작용의 결과물이기 때문에, 즉시 작용하는 것이다. 그래서 마음공부를 하는 것이다.

심신의 균형과 조화를 이뤄야 건강한 몸과 마음을 유지하는 것이다. 예를 들어 음악 용어(用語)에 모노폴리(monopoly)와 포노포니(phonophony)가 있다. 모노폴리는 오케스트라 악기가 각각 제소리를 내는 것을 말하는 것이고, 포노포니는 오케스트라의 악기가 각각 제소리를 내되 튀지 않고 화음을 내는 상태를 말한다.

이것이 바로 교향곡이다. 하모니(harmony)다. 조화이다. 전체의 소리에 묻혀버려서도 안 되고 튀어서도 안 된다. 이처럼 조화를 이루는 순간 우아일체(宇我一體)를 이뤘다고 한다. 마음이 중심을 유지하게 되면, 널리 유용하게 펼칠 힘이 생기는 것이다. 이것이 자연의 가르침이다.

2) 효충도(孝忠道)

효충도는 관념적인 것이 아니라, 인간의 생명현상을 바탕으로 이루어지는 구체적인 영적 현상이다. 그러므로 마음과 몸이 기운 속에서 조화되어야 한다. 선도(仙道)에서는 효충도의 완성은 단전(丹田)이 완성되었을 때부터 시작된다고 보았다.

인체 생명현상의 조화점인 단전을 이룸으로써 육체와 기체가 건강해져서 영적 작용을 뒷받침할 수 있게 된다. 그래서 단전의 기능이 약한 사람에게 효충도는 말일 뿐이고, 관념일 뿐이다.

오랜 세월이 흐르면서 현재의 세태는 금전만능과 권력 지향 등으로 인간 경시 풍조가 점점 깊어진 상태이다. 이를 극복하기 위해 효충도로 이르는 의식 성장 과정이 필요한 상황이다.

효충도를 실천하기 위해서는 먼저 개인의 내면에 있는 본성과 단전을 수련으로 단련시키고, 마음의 근본을 지키면서 신의(信義)와 질서를 깨달아가야 한다. 이러한 효충도의 형성 과정을 살펴보기로 한다.

① 민중서림 편집국에서 편 한한대자전(漢韓大字典)에

효(孝) 자(字)는
'노(耂)'와 '자(子)'가 합해진 회의문자(會意文字)이다. 갑골문에는 보이지 않으며, 금문(金文)을 보면 노인을 부축하는 아들. 어버이를 잘 모시고 섬김의 뜻을 나타냄.

충(忠) 자(字)는
'중(中)'과 '심(心)'이 합해진 회의문자이다. 갑골문에 는 보이지 않으며, 전문(篆文)으로 보면 중(中)은 가운데에 있어 치우치지 않게 된다, 치우치지 않는 마음, 정성의 뜻을 나타냄.

도(道) 자(字)는
행(行)+수(首)·행(行)+우(又)+수(首)이다. 행(行)은 길을 본뜬 것, 수(首)는 목의 상형(象形). 이민족의 목을 묻어 정화된 길의 뜻을 나타냄. 전문(篆文)은 금문(金文)의 행(行) 부분이 착(辶)이 됨. 파생하여 사람이 지키고 실천해야 할 바른길. 도리의 뜻을 나타냄.

효충도(孝忠道)의 뜻은 인간 본연의 사랑으로 '부모에 대한 효심·스승에 대한 존경심·나라에 충성심'은 그 근본이 같다. 부모에 대한 사랑을 '효'라 하고, 조직에 대한 사랑·나라에 대한 사랑을 '충'이라 하고, 우주에 대한 사랑을 도(道)라 한다. '효'에서 출발하여 '충·도'로 이르는 의식 진화의 과정인 것이다.

이맥(李陌)의 저서 태백일사(太白逸史) 환국본기(桓國本紀)에 '환인께서는 태어나면서 스스로 깨달은 분이다. 오물(五物)을 기르고, 오훈(五訓)을 널리 펴고, 오사(五事)를 주관하여 다스렸다. 오가와 무리가 모두 부지런히 애쓰거늘, 수행을 통해 지극한 선에 이르게 하고, 광명으로 지혜를 열게 하고, 하는 일마다 상서롭게 하며, 세상에서 유쾌하고 즐거이 살게 하였다.'라는 기록이 있다.

오훈(五訓)의 원리를 환국 시대부터 밝히고 있다. 그리고 오랜 세월이 흘러 삼한 시대의 공통된 풍속에 오계(五戒)가 있었다. 선조들은 모든 백성을 공명정대하고 평등하게 가르치고 무리를 조직하려는 의지가 담겨있다.

신라 진흥왕(眞興王) 때 화랑제도를 창설하면서, 효제충신(孝悌忠信)은 나라 다스림[적리국지(赤理國之)]의 대요야(大要也)라고 하여 유교 이념을 근본으로 삼았다. 유교 사상은 이미 삼국시대에 오경 사상(五經 思想)을 중심으로 하여 정치이념이 되었으며, 백성을 교육하는 원리가 되었음을 알 수 있다.

최치원의 난랑비서(鸞郎碑序)는 신라 때 화랑도(花郞道) 정신과 이념을 살펴보는 데 가장 중요한 역사자료다. 화랑도(花郞徒)는 낭가(郞家)·풍류도(風流徒)·국선도(國仙徒)·풍월도(風月徒)라고도 불렸다.

그는 비(碑)의 서문(序文)에 선도 사상의 독자성(獨自性)을 드러내 밝힌 바 있는데, 특히 들어가서는 효도하고 나가서는 나라에 충성하니 이는 공자의 가르침으로 '효·충' 사상을 강조했다.

① 최치원의 난랑비서(鸞郞碑序)의 내용

우리나라에 깊고 묘한 도가 있으니 이를 풍류라 말한다. 이 가르침을 베푸는 기원이 선사(仙史)에 자세히 실려 있거니와 그것은 삼교(三敎)를 아우르는 것으로 뭇 생명과 접하여 이들을 감화시키고 있다.

들어가서는 효도하고 나가서는 나라에 충성하니 이는 공자(孔子)의 가르침이다. 일부러 지어서 하는 일이 없고 말로써 가르침을 행하지 아니하니 이는 노자(老子)의 가르침이다. 어떤 악함도 짓지 아니하고 온갖 선함을 받들어 행하니 이는 석가모니(釋迦牟尼) 가르침이다.

최치원은 실내포함(實乃包含) 삼교(三敎)'의 주체를 학가(學家)나 사상가(思想家)가 아닌 당시 관직명으로 '사구·주사·대자'라는 호칭을 사용했다. 그리고 왕권이 부자지간에 상속되는 사회에서 태자라는 명칭을 관직으로 볼 수 있다.

- 공자(孔子)는 노나라에서 '사구'라는 관직을 역임한 바 있어 노사구(魯司寇).

- 노자(老子)는 주나라에서 역사를 저술하는 '주사'라는 관직을 역임한 바 있어 주주사(周柱史).
- 석가모니는 출가하기 이전 태자였기에 축건대자(竺乾大子).

유가(儒家)에서는 효도와 충성을 가르쳤고, 도가(道家)에서는 말없이 가르침을 실행하라고 가르쳤으며, 불교(佛敎)에서는 불법으로 사람을 가르쳐 착한 마음을 갖게 하였다고 본 것이다.

효경(孝經)은 유교 경전인 십삼경(十三經) 중 하나이다. 이 책은 효도를 주된 내용으로 다루었다고 하여 효경(孝經)이라고 하였으며, 효경의 필자는 알 수 없지만, 진(秦)나라 때 안지(顔芝)가 풀이를 달았다고 한다. 효경(孝經)은 금문 효경(今文 孝經)과 고문 효경(古文 孝經)이 있다.

- 금문효경(今文孝經)은 진나라 분서(焚書) 때 안지(顔芝)가 보관했던 것인데, 이를 정현(鄭玄)이 주석하였다.
- 고문효경(古文孝經)은 노(魯)나 공왕(恭王)이 공자 옛집을 헐면서 나온 것인데, 이를 공안국(孔安國)이 주석하였다.
- 안지(顔芝)는 충성을 논하는 충경(忠經)이 없는 것을 보고, 직접 충경을 썼다. 충경(忠經)은 군주와 국가에 대한 충성을 논한 책이다.

조선 중기 유학자 안방준(安邦俊)은 자신을 찾아온 조선 후기 유학자 송시열(宋時烈)에게 충효전가서(忠孝傳家序)를 지어주었으며, 조선 후기 유학자 김육(金堉)은 '효경'과 '충경'을 한 권의 책으로 묶어 '효충전경(孝忠全經)'을 간행했다.

효충전경(孝忠全經)의 저자 김육은 효(孝)를 인간 윤리의 근원적인 덕목으로 전제하고, 부모에 대한 효(孝)가 궁극적으로 군주에 대한 충(忠)으로 확충·발전되어야 한다는 당위성에 주목하였다.

특히 '효(孝)'는 서양 문화권에서는 찾아볼 수 없는 동양 고유의 사상이다. 유학에 나타난 '충(忠)'은 서양 국가에서 군주나 국가에 절대적으로 복종하는 '충'과는 다르게 독특한 특이성을 지녔다.

이러한 효·충 사상은 우리의 삶 속에 녹아 삶의 일부가 되었고 현재까지 면면히 이어져 오고 있지만, 그 시대에 따라 '방법과 의미'의 차이를 보고 있다. 여기에서 우리는 '효·충·도'의 진정한 의미를 찾아야 할 것이다.

전병훈은 천부경을 심리철학의 근본으로 보면서 심리(心理)의 체용(體用)을 이루기 이전에 먼저 진아(眞我)를 깨달은 후에야 실천할 수 있다고 강조하면서, 특히 이순신(李舜臣)의 '효·충 사상'을 담아 설명하였다.

조선 시대 장군 이순신(李舜臣)은 전쟁 중에서도 끊임없는 모친 공경과 친족에 대한 배려, 그리고 백성과 부하 사랑은 그의 덕(德)으로 승화되었다. 이순신 장군이 삼도수군통제사 파직되며 구속되어 죽음의 문턱까지 갔으나, 평소 그의 인품과 높은 덕에 감화된 사람들의 구명운동으로 풀려났다.

그리고 칠천량해전(漆川梁海戰)에서 괴멸되었던 조선 수군을 삼도수군통제사에 재임명된 후 40여 일 만에 재건하여, 단 13척의 전선으로 133척의 왜군을 물리친 역사 속에서 전무후무한 명량해전의 기적을 이루어냈다. 그리고 마지막 노량해전에서의 승리는 조선을 구하면서 그의 효충 정신은 완성된 것이라고 본다.

이순신의 생애(生涯)를 살펴보면서 어떤 자세로 임했는지를 알아보고자 한다. 이순신(李舜臣)은 조부 이백록(李百祿)이 기묘사화(己卯士禍)의 참화를 당한 뒤로 집안 형편이 어려워졌다. 늦은 나이인 32세때 무과(武科)에 급제하였으나, 가문의 뒷받침이 없어 지방으로 전전해야만 했다.

당시 좌의정이었던 유성룡(柳成龍)은 왜적 침략에 대비해야 한다는 의지로 정읍 현감(縣監)인 이순신을 천거하여 진도 군수로 발령한 뒤 다시 고사리진(高沙里鎭) 병마첨절제사(兵馬僉節制使)를 거쳐 전라좌도수군절도사(全羅左道水軍節度使)로 발령 조치했다. 이순신은 임진왜란 발발 14개월 전인 1591년 2월 10일 전라좌도수군절도사로 임명되면서 역사의 전면으로 급부상하게 되었다.

이순신은 무관 출신이면서도 늘 명상과 함께 많은 병법서를 탐독하여 전투 지역의 특성과 해상 변화를 이용한 작전을 전개했다. 그는 어떤 열악한 상황에서도 부하들을 격려하며 스스로 선봉에 나서서 전투에 임하였다. 이처럼 자기 희생정신으로 솔선수범하는 이순신을 지켜본 조선 수군은 그때야 사생결단(死生決斷) 정신으로 전투에 임했다.

이순신의 수많은 수난을 겪으면서도 흔들리지 않는 정신은 어디에서 나올까. 이순신의 후원자 류성룡(柳成龍)은 '징비록'에 '이순신은 평소 심신 수련으로 용모(容貌)가 단아하고 몸가짐을 바르게 하는 선비와 같았으나, 속에는 담력(膽力)과 용기가 있어서 … 이러한 힘을 축적하였기 때문이다.'라고 기록했다. 이 담력은 심력(心力)에서 나온다. 심력은 자신의 한계를 극복하면서 영육(靈肉)을 단련하여 깨달음을 얻게 되는 마음의 힘을 뜻한다.

전병훈은 이순신이 마음을 다하는 보국 정신과 독일통일 과정에서 비스마르크(Bismarck)의 문화투쟁을 통해 볼 때, 동서양 모두 심리의 중요함을 보여준다며, 천부경을 심리철학의 근본으로 보면서 심리(心理)의 체용(體用)을 이루기 이전에 먼저 진아(眞我)를 깨달은 후에야 실천할 수 있다고 강조하고 있다.

효·충·도는 관념적인 사상이 아니다. 인간의 생명 가치·생명현상을 바탕으로 이루어지는 구체적인 영적 현상이다. 그러므로 영(靈)과 육(肉)이 기운 속에서 균형과 조화를 이루어야 한다.

그러므로 선도에서는 효·충·도의 완성을 단전의 완성에서부터라고 본다. 단전을 이룸으로써 육체와 기체가 건강하여 영적 작용을 뒷받침할 수 있다. 단전의 기능이 약한 사람에게 '효충도'는 말일뿐이고, 관념일 뿐이다.

3) 홍익인간(弘益人間)

홍익인간의 뜻을 펼치기 위해서는 먼저 심신(心身)의 균형과 조화로 우아일체(宇我一體)를 이루어야만 한다. 이 경지에 도달하게 되면 생명의 실체를 알게 되어 너와 내가 하나임을 알고, 사적인 마음을 버리고 전체 이익을 위한 일에 삶의 뜻을 두고 실천하게 된다.

그렇다면 개개인이 홍익인간 정신을 펼치려면 어떤 조건을 갖추어야 할까?

① 건강(健康)해야 한다.

건강은 정신적으로나 육체적으로 아무 탈 없고 튼튼한 상태로 자기 몸의 에너지를 100% 활용할 수 있는 정도를 말한다. 인체의 감각을 깨우고 몸과 마음의 조화를 회복하는 것은 이러한 차원의 건강을 얻기 위함이다. 육체적인 건강이 유지되지 않는 사람은 본의 아니게 남에게 폐를 끼치게 된다.

② 양심(良心)을 갖추어야 한다.

양심은 사물의 가치를 변별(辨別)하고 자기의 행위에 대하여 옳고 그름과 선(善)과 악(惡)의 판단을 내리는 도덕적 의식이다. 옳고 그름의 내용은 시대에 따라 다르고, 문화에 따라 다를 수 있겠지만 참되고자 하는 의지는 보편적이다. 양심을 지키기 위해서는 나는 누구인가, 내 삶의 목적은 무엇인가에 대한 자각이 필요하다.

③ 능력(能力)을 갖추어야 한다.

능력에서 가장 중요한 요소는 지성이다. 지성은 문제해결 능력이며 깊은 통찰과 확고한 실천력을 전제로 한다. 통찰은 사심이 없는 관찰로부터 나오며 실천력은 큰 사랑으로부터 나온다. 건강하고 조화로운 몸과 마음이 이러한 지성을 만든다. 유능한 사람은 기본적으로 의식주 해결과 전문적인 지식을 갖출 수 있어야 한다.

④ 정서적인 풍요로움을 갖추어야 한다.

정서적으로 여유로운 사람, 멋과 풍류를 아는 사람이 되어야 한다. 정서는 마음에서 일어나는 여러 가지 감정을 불러일으키는 기분이다. 이런 감정을 지배하고 통제하고 억압하면 우리는 결코 감정으로부터 자유로워질 수 없다. 감정으로부터 자유로워져야만 말과 행동이 자연스럽게 되며, 행한다는 생각 없이 행할 수 있게 된다.

⑤ 신령스러움을 갖추어야 한다.

신령스러움이란 높은 의식의 차원에서 행동으로 드러나는 거룩함이라고 할 수 있다. 신령스러움은 양심을 바탕으로 할 때 참된 모습을 드러낸다. 우주의 천지 기운과 천지 마음을 향해서 마음을 활짝 열면 무한한 에너지가 몸으로 들어오게 돼 있고, 그 에너지가 몸 안에 가득 찼을 때 신령스러워지는 것이다.

이들은 마음의 조화, 기운의 조화 속에서 단전(丹田)이 완성되어, 정충기장신명(精充氣壯神明)의 단계를 밟아가는 영육의 완성을 이루어가는 사람이다. 따라서 인간완성을 이루어 사적인 마음이 없이 전체의 이익을 위한 세상을 만드는 것에 삶의 뜻을 둔 사람이다.

우리 선조들은 개개인이 건강한 철학과 정서를 갖추고 나서 '조직과 국가·더 나아가 세계'에 유익하게 하여, 경쟁과 지배의 패러다임을 버리고 개인과 전체의 완성에 목적을 두어 조화·평화·이치를 추구하는 세상이 계속 이어져 나가기를 꿈꾸었던 것은 아닐까.

우리나라 고서(古書)에는 홍익인간(弘益人間)이라는 단어가 사용된 기록이 있다. 그러나 중국 고서(古書)에는 '홍익'이라는 단어만 사용된 기록이 있다. 그 기록을 찾아보면 아래와 같다.

① 우리나라 고서(古書)

안함로의 저서 삼성기전(三聖紀全) 상편에 '그 후 환웅이 환국을 계승하여 일어나 하늘에 계신 상제님의 명을 받들어 백산(白山)과 흑수(黑水) 사이의 지역에 내려와 천평(天坪)에 우물을 파고 청구(靑邱)에 농사짓는 땅을 구획하였다.

환웅께서 천부와 인을 지니고 오사를 주관하시어 세상에 진리를 깨우쳐 주시고 인간을 널리 이롭게 하시며[홍익인간], 신시에 도읍을 정하고, 나라 이름을 배달이라 하셨다.'라는 기록이 있다.

② 중국의 고서(古書)

진(晉)나라 때 정사(正史) 가운데 하나인 진서(珍書)에 '연군자재조(然君子在朝) 홍익자다(弘益自多)'라는 기록이 있는데, 군자는 조정에 있을 때 널리 이롭게 할 일이 많아야 한다는 뜻이다.

당(唐)나라 때 남산 율종(律宗)의 종조(宗祖)였던 도선(道宣: 596~667)의 저서 '속고승전(續高僧傳)'에 '… 의진홍익지방(宜盡弘益之方) …'이라는 기록이 있다. '출가한 승려는 마땅히 중생을 제도할 때 있어 우선으로 삼아야 한다는 뜻이다.

고조선 초기는 신석기시대에서 시작되어 차츰 청동기 문화를 기반으로 여러 부족이 연맹체를 구성하여 부족국가의 형태를 갖추었다고 보인다. 단군왕검은 참된 삶을 위한 여덟 가지 가르침[8대 강령]을 조칙으로 내렸다.

그리고 풍백(風伯)·우사(雨師)·운사(雲師)를 거느리고 곡식·수명·질병·형별·선악을 담당하는 수령을 두어 360여 가지 일을 모두 주관했다는 것은 당시 정치 조직이 매우 잘 형성되었음을 알 수 있다. 당시 부족 간의 서로 다른 성향을 **홍익인간** 사상이라는 보편적인 윤리의식에 따른 규범으로 다스렸다고 보는 것이다.

우리 민족의 **홍익인간** 정신은 사람의 본성과 천성에 관한 깊은 인식에서 형성된 것으로 한 종교를 위한 것도 아니었으며, 한 왕조를 위해 봉사하는 것도 아니라, 모든 시대와 공간에서 통용될 수 있는 것이라고 보았다.

① 이맥의 저서 '태백일사 환국본기'

당시 사람들은 스스로 환(桓)이라 부르고, 무리를 다스리는 사람을 인(仁)이라 하였다. 인(仁)이란 '임무를 맡는다'라는 뜻이다. **널리 이로움을 베풀어 사람을 구제하고**, 큰 광명으로 세상을 다스려서 맡은 바 임무를 수행함에 반드시 어진 마음으로 하였기 때문이다.

② 신라 때 일연(一然)의 저서 '삼국유사 고조선'

옛날 환국의 서자 환웅이 천하에 뜻이 있어 하자 삼위태백을 내려 보시고 가히 **홍익인간** 할 만한 곳이라 여기고, 환웅에게 '천부인 3개'를 주시고 내려가 잘 다스리도록 하라. 명(命)하며, 무리 삼천을 거느리게 하여 태백산 꼭대기 신단수 아래에 내려와 나라를 펼쳤다.

③ 이맥의 저서 '태백일사 소도경전본훈 제5편'

대저 홍익인간 이념은 환인 천제께서 환웅에게 전수하신 가르침이다. 일신께서 참 마음을 내려주셔서, 사람의 성품은 신의 대 광명에 통해 있으니, 삼신상제님의 진리로 세상을 다스리고 깨우쳐, 천지 광명의 꿈과 대 이상을 실현하는 **홍익인간**이 되라는 가르침은 신시 배달이 고조선에 전수한 심법이다.

고구려의 명장 을지문덕(乙支文德)은 '도(道)에 도달하는 방법은 날마다 염표문(念標文)을 생각하고, 삼도(三途) 수련을 고요히 잘 닦아, 천지 광명의 뜻과 이상(理想)을 성취하여 홍익인간이 되는 데 있다.'라고 밝혔다.

이처럼 환국 시대에 오훈(五訓)이, 신시시대에 오사(五事)가, 고조선 시대에 오행육정(五行六政)이, 부여에 구서(九誓)가 있었다. 그리고 삼한의 공통된 풍속에 오계(五戒)가 있었으니, 곧 효도·충성·신의·용맹·어짊이다.

신라 진흥왕(眞興王) 37년에 상무 정신을 고취하기 위해 만들어진 조직이 화랑제도(花郎制度)이다. 총 지도자를 '국선(國仙)'이라고 하고, 그 휘하에 '화랑'을 배치하고, '화랑'들이 '낭도(郎徒)'들을 거느리게 했다. 화랑의 정신은 홍익인간 사상의 전통을 계승하여 한민족의 정기를 이어받았다고 본다.

고려 때 김부식(金富軾)의 저서 '삼국사기(三國史記)'에 화랑들은 서로 도의(道義)를 바탕으로 연마하고, 혹은 서로 노래와 음악으로써 즐기고, 산천들과 친밀히 사귀어 즐기면서, 먼 곳이라도 가지 않는 곳이 없었다.

이로 말미암아 사람들이 옳고 그름을 알게 되어, 착한 이를 가려내어 나라에 추천하였다. 그러므로 김대문(金大問)은 화랑세기에서 말하기를 '어진 대신·충성스러운 신하·뛰어난 장군·용감한 군사'들이 생겨났다'라고 했다.

화랑들의 구체적인 행동 원칙이 있었으며, 이러한 고유사상을 신채호는 낭도 혹은 선 사상[중국의 선 사상과 다름]이라 하여 난교와 선교가 강성할 때는 나라도 강성했지만, 우리 고유사상이 쇠약할 때는 나라도 쇠퇴해지고 말았다고 밝혔다.

화랑의 풍류 정신은 최치원의 '난랑비서(鸞郎碑序)'에도 잘 담겨있다. 최치원은 유불도(儒佛道) 삼교(三敎)를 비유해서 풍류 정신을 설명하였다고 본다. 그리고 최치원이 '현묘지도=풍류'라고 표현한 것은, 이미 홍익인간 사상이라는 전통사상이 형성되어 있었기 때문이다.

효(孝)와 충(忠)의 개념은 환국·배달·고조선의 홍익인간 사상에 뿌리 깊게 이어져서 고구려·신라까지 내려왔다. 그러나 조선조에 와서 공자의 유교 사상이 유입되면서 삼강오륜(三綱五倫)이 그 자리를 차지했다.

고려 시대 때 서운관(書雲觀)에 보존되었던 대변경(大辯經)에 고구려를 창건한 고주몽(高朱蒙)이 다음과 같이 조칙을 내렸다는 기록이 있다.

① 고주몽(高朱蒙)의 조칙

마음을 비움이 지극하면 고요함이 생겨나고, 고요함이 지극하면 지혜가 충만하고, 지혜가 지극하면 덕이 높아지느니라. 따라서 마음을 비워 가르침을 듣고, 고요한 마음으로 사리를 판단하고, 지혜로 만물을 다스리고, 덕으로 사람을 건지느니라.

이것이 곧 배달 시대에 사물의 이치를 깨닫고 인간의 마음을 연 교화의 방도이니, 천신을 위해 본성을 환히 밝히고, 뭇 창생을 위해 법을 세우고, 선왕을 위해 공덕을 완수하고, 천하 만세를 위해 지혜와 생명을 함께 닦아 교화를 이루느니라.

이러한 정신이 바탕이 된 제도가 고구려 때 조의선인(皂衣仙人) 정신(精神)이다. 당시 국상(國相)이었던 을파소(乙巴素)는 나이 어린 영재를 뽑아 '선인도랑(仙人道郞)'으로 삼았다.

이때 올바른 방향으로 가르치는 자를 참전(參佺)이라 하는데, 무리 중에 계율을 잘 지키는 자를 선발하여 일을 맡겼다. 무술(武術)을 주관하는 자를 조의(皂衣)라고 했다. 그들은 몸가짐을 바르게 하고 계율(戒律)을 잘 지켜, 나라의 일을 위해 앞장서도록 하였다. 이들은 규율을 만들고 공동을 위해 몸을 바친다고 결의를 다졌다.

이는 만민의 안녕을 위함이며, 재세이화의 덕을 실현코자 하는 이 사상은 '조의선인 정신'을 이었다. 조의선인들은 무예뿐만 아니라 참전계(參佺戒)라는 계율(戒律)을 지켰다고 한다.

'참전'은 사람으로서 천지와 온전하게 하나 됨을 꾀한다는 뜻이며, '참전계'는 참된 인간이 되게 하는 계율을 말한다. 인간과 신명이 하나 되는 노래이다. 참전계율이 된 '어아가'를 음악으로 삼고 감사함을 근본으로 하여 하늘의 신명과 인간을 조화시키니 사방에서 모두 이를 본받았다고 한다.

고려 이후 충 사상을 살펴보면 충절(忠節)은 임금에 대한 일편단심인 정몽주의 절의(節義)와 성삼문을 중심으로 한 사육신(死六臣)의 독야청청(獨也靑靑)한 충절의 정신과 생육신(生六臣)을 중심으로 한 의리 사상이 한민족 사상의 맥으로 전승되어 오고 있다.

결국, 충신은 보국 충성과 불사이군(不事二君)으로 목숨을 끊어 절의를 지키고 대의(大義)에 살고자 한 독특한 의리 정신으로 국가 존망에 이르러 이름을 밝히지 않은 충의(忠義)와 사군이충(事君以忠) 하는 의리지충(義理之忠)인 충절로 신명(身命)을 바쳐 이룩하는 홍익대의(弘益大義)로 한민족 충의정신(忠義精神)이다.

구한말 변혁기를 거치면서 홍익인간 사상을 포용하는 힘이 더 구체적으로 구현된 것으로 보인다. 홍익인간의 사관 정립 과정과 사회적 실현

과정인 기미(己未) 독립운동의 '삼일정신(三一精神)'과 '삼균주의(三均主義)'
의 건국강령 정신을 살펴보고자 한다.

① 민족혼의 중요성을 일깨워 준 박은식(朴殷植)

한국의 대표적인 애국 계몽 사상가인 박은식은 인간을 널리 이롭게
한다는 것은 경쟁과 배타적 논리가 지배하는 사회가 아니라 협동과
화합의 정신이 구현되는 사회이기 때문이다. 고대로 이어져 온 우
리 민족의 홍익인간 사상은 역사적 존망 위기 앞에서도 구원의 정
신원리로 작용하고 있다고 밝혔다.

② 일제강점기 독립운동가이자 학자인 신채호(申采浩)

신채호는 삼일 독립운동은 근대국가화 과정에서 일제의 침략을 배
제하려는 한민족의 민족자주 의지의 표현임은 물론이고, 역사적인
민족이 군대 국가를 형성하여 독립국의 자유민임을 선언한 민족주
의운동인 동시에, 그것을 밑받침하는 민족자결주의로 독립국 창설
의 민족 주권을 표명한 민족국가형의 철학이 드러난 것이기도 하
다. 아직 성립되지 않은 새 조국을 위한 삼일운동은 그 민족정신 위
에 국민 주권적인 공화국 형태의 국가를 제시한 것이라고 밝혔다.

③ 상해 임시정부 계열 독립운동가 조소앙(趙素昂)

조소앙이 상해 임시정부에서 제안하여 임시정부의 건국강령이 된

삼균주의(三均主義)는 홍익인간 사상을 기반으로 한 것이었다. 기본 이념은 좌우의 대립 경계와 이의 발전적 통합을 꾀하는 것으로, 정치적인 측면에서 보통 선거제를 통해 민주공화국을 건설하자는 균권(均權)과 경제적인 측면에서 토지 국유제도를 통해 복지사회를 이룩하자는 균부(均富), 교육적인 측면에서 의무교육제를 통해 문화국가를 이루자는 균학(均學) 등의 '정치·경제·교육' 세 측면의 균등을 주장하였다.

④ 대한민국 초대 대통령 이승만(李承晩)

이승만은 대한민국의 건국 과정의 혼란 속에서 대동단결이라는 신념에 따라 좌, 우익의 정치단체의 지도자로도 취임하지 않았다. 그리고 이승만은 공산정권을 수립하기 위해 무책임하게 선동하는 공산주의자들을 방임하지 않았다.

이승만은 경제정책 중에서 노동자 복리 정책은 공산주의로부터 취할 점이 많다는 것을 천명하였다. 그러면서 자주독립 정부를 수립하는 것이 시급하다며, 사상의 차이로 인한 갈등을 자제하고, 민족의 자주적 역량에 의한 독립 정부 수립에 매진하자고 호소한 바 있다.

그리고 삼선개헌(三選改憲)의 결과로 '4·19 혁명'이 일어날 수밖에 없었던 불행한 운명을 맞이한 이승만은 당시 부상자(負傷者) 학생들을 찾아가서 '불의(不義)를 보고서 항거할 줄 아는 젊은 청년, 나라를 걱정할 수 있는 젊은 청년'들이 있기에 나는 이제 안심한다면서 국민의 뜻과 의지를 정확히 파악하고 하야를 결심했다. 이승만은 재임 기간 중 청렴한 생활로 하와이로 떠날 때 의복 트렁크 2개와 복용 중인 약상자와 50년 동안 사용하던 타자기가 전부였다고 한다.

⑤ 독립운동가·대한민국 초대 문교부 장관 안호상(安浩相)

안호상은 역사적 혼란기를 거치면서 해방이 되자, 이때 홍익인간 사상을 가장 민족주의적인 입장에서 새로이 주장하였다. 그는 정부 수립 후 초대 교육부 장관을 역임한 후 홍익인간의 이념으로 남북이 통일돼야 한다는 민족적 염원을 '일민주의(一民主義)'로 표방하였다.

한민족은 한 핏줄이며 한 운명이라는 '한 백성 주의'를 기본이념으로 한다고 하면서, 이를 통해 정치 경제 교육의 영역에 자유와 진리, 그리고 공정이라는 원리를 적용하고자 하였다. 이는 홍익인간 사상을 현대적 의미로 해석하여 이를 통일과 연결하려고 시도했다는 점에 그 특성이 있다고 주장했다.

최재충(崔在忠)은 자신의 저서 '천부경과 수의 세계'에서 홍익인간의 궁극적 목표는 개개인의 인격 완성을 통해 베푸는 자타일여(自他一如)의 정신으로 공동체 사회를 이룩하는 데 있다고 밝히면서, 몸과 마음 중심을 유지해야 이롭게 할 수 있다고 주장하였다.

최인(崔仁)은 자신의 저서 '(재고증)한국사상의 신발견'에서 홍익인간에서는 인류애를 나타내는 인간 사상(人間 思想), 360가지 일 중 곡식을 제일 중요하게 취급한 중물 사상(重物 思想), 다음은 주명(主命)은 생명을 중시하는 불살생(不殺生) 정신, 그리고 주형(主刑)과 주선악(主善惡)은 옳은 일을 추구하는 의용 정신(義勇 精神)을 나타낸다고 밝히면서, 인간 세상에서 실천해야 할 정신을 알려주고 있다.

이 홍익인간 정신은 고대에서 현대까지 역사의 변천 과정을 겪으면서도 이 이념의 구현으로 민족화합의 구심점이 되었다. 따라서 홍익인간 정신이 시대변천에 따라 새 해석과 실천으로 우리의 삶이 변화될 때, 홍익인간 정신이 온전히 구현될 수 있다고 보인다.

3. 한민족 사상의 변천 과정

1) 하늘의 뜻을 실천하자는 인(仁) 사상

천부경 전문 중 천지인(天地人)은 만물을 구성하는 요소로 '하늘·땅·사람'을 뜻한다. 이 천지인 개념은 천부경에서 유래하여 하도(河圖)·낙서(洛書)를 거쳐 역경(易經)으로 전승되었다고 보고 있다.

한민족의 삼원오행(三元五行)에서 파생된 음양오행의 상생상극(相生相剋) 원리는 천부경 원문 내용 중 '천지인'은 바로 삼원오행(三元五行)의 발로이다. 그렇다면 천부경과 환역(桓易)과 주역(周易)이 어떤 연관성이 있는지를 살펴보기로 한다.

① 환역(桓易)은 체원용방(體圓用方), 즉 둥근 하늘을 창조의 본체로, 땅을 변화의 작용으로 하여 모습이 없는 것[無象]에서 우주 만물의 실상을 아는 것이니, 이것이 하늘 이치[天理]이다.

② 희역(羲易)은 체방용원(體方用圓), 즉 땅을 변화의 본체로, 하늘을 변화 작용으로 하여 모습이 있는 것[有象]에서 천지의 변화를 아는 것이니, 이것이 하늘 실체[天體]이다.

③ 주역(周易)은 호체호용(互體互用), 즉 체(體)와 용(用)을 겸비[체도 되고 용도 되고]하고 있다. 사람의 도(道)는 천도(天道)의 원만[○]함

본받아 원만해지며, 지도(地道)의 방정[□]함 본받아 방정해지고, 천
지와 합덕하여 하나[천지인 삼위일체, △]가 됨으로써 영원한 대광
명의 존재[太一]가 되나니, 이것이 하늘 명령[天命]이다.

음양오행은 보이는 세계 '양(陽)'과 보이지 않는 세계 '음(陰)'이 모든 만
물의 근본원리로 보는 것에 반해, 한민족의 삼원오행은 '음(陰)'과 '양(陽)'
어느 것에도 속하지 않으면서 두 세계의 조화점을 이루는 '중(中)'의 자리
가 있다고 보았다.

이 '중'의 자리를 중심으로 음과 양이 돌아가는 삼원(三元) 원리에서 뻗
어 나오는 다섯 가지의 흐름을 함께 통칭하여 삼원오행이라 한 것이다.
삼원오행은 무엇이 맞고 그르다는 논리에서 벗어난 중도(中道)의 눈으로
조화를 꾀하려는 사상이다. 그래서 선조들은 몸과 마을을 다스려 '중도
일심'을 이루어야 한다고 강조한 것이다.

우주 즉 천지인 삼재지리(三才之理)의 창조변화 원리를 전개하는 오행
(五行: 金·木·水·火·土) 원리는 본시 배달민족의 철학이며 우주 자연관이다.
단군왕검 때 부루(扶婁) 태자가 하나라의 시조 하우씨(夏禹氏)에게 9년 홍
수를 다스리도록 오행치수법(五行治水法)을 전해 줌으로써 중화 문명에
전수되었다.

그런데 은(銀)나라 때 기자(箕子)가 오행 원리를 요약한 내용이 서경(書
經)의 홍범구주(洪範九疇)에 담겨있다. 이것이 주(周)나라 무왕(武王)에게
전해진 것이다. 이 오행 원리는 본래 한민족의 우주 자연관이다. 이 '삼
재(三才)'란 개념은 유교의 경전 주역(周易)에서 처음으로 등장한다.

학계에서는 이 주역(周易)의 시원을 '복희씨(伏羲氏)의 획역(劃易)→문

왕·주공의 작역(作易)→공자의 찬역(贊易)'으로 전승되면서 완성되었다고 보고 있다. 그리고 공자가 생각하던 하늘은 인간사에 직접 관여하지 않는다.

그리고 인간은 언제가 죽을 수밖에 없다. 그 죽음은 초월적인 존재로 인해 결정되어 진다고 보았다. 그래서 인간은 하늘의 뜻을 펼쳐 삶의 기준으로 삼고, 인(仁)을 실천하여 도덕적인 사회를 만들어야 한다고 보았다.

그래서 공자(孔子)는 문자가 없던 시대에 성인이 자연의 형상을 보고 역(易)을 지은 뜻은 흉(凶)을 피하고 길(吉)을 취하게 하려는 데 있다고 밝히면서, 공자역(孔子易)이라 부를 수 있는 계사전(繫辭傳)에서 우주 만물의 생성변화에 대한 자연의 모습을 설명하였다.

① 김석진의 주역 해석서인 '대산주역강해 하경'

성인이 역(易)을 지음은 장차 성·명(性·命)의 이치에 순(順) 하고자 함이니, 이로써 하늘의 도(道)를 세움을 가로되 음(陰)과 양(陽)이오, 땅의 도(道)를 세움을 가로되 유(柔)와 강(剛)이요, 사람의 도(道)를 세움을 가로되 인(仁)과 의(義)니, 삼재(三才)를 아울러 둘로 하니라.

그러므로 역(易)이 여섯 획(畫)이 괘(卦)를 이루고, 음(陰)을 나누고 양(陽)을 나누며 유(柔)와 강(剛)을 차례로 씀이라. 그러므로 역(易)이 여섯 위(位)가 문장을 이룬다고 밝혔다.

자연의 모습을 설명하면서 이런 이론을 바탕으로 공자는 현실에 충실

해야 한다면서 최고의 도덕적 가치로 인(仁)을 주창(主唱)하였다. 인(仁)을 강조한 이유는 인(仁)이라는 것은 본심(本心)의 온전한 덕(德)이니, 이 마음을 두고 잃지 않을 수 있다면, 그 하는 바가 자연히 차례가 있고 화합이 있어서 예(禮)와 악(樂)이 될 수 있다고 본 것이다.

만약 개인마다 이익만 추구한다면 인간관계가 원만하지 못할 것이고, 건전한 가치체계가 무너져 사회가 혼탁해질 수 있기에 인(仁)의 정신을 가슴 깊이 품어야 한다는 것이다. 공자로부터 시작된 유가(儒家)의 인간관은 하늘[天]의 의향(意向)을 살펴 인(仁)을 생활 기준으로 삼고, 실천하여 도덕적인 사회를 만드는 것이라 할 수 있다.

공자의 심학(心學)은 홀로 삼가는 것에서부터 극기복례에 이르기까지, 서양의 심리학이 미칠 수 없는 심법의 요령을 제시하였다고 보인다. 그러나 공자의 논어(論語) 제9편 자한(子罕)에서 공자께서는 이익과 운명과 인(仁)에 대해서는 말씀하시는 일이 드물었다고 하여, 공자가 인(仁)이 무엇인지 구체적으로 말하지 않았다고 기록하고 있다.

이를테면 제자 번지(樊遲)에게는 '사람을 사랑하는 것'이라고 했고, 제자 중궁(仲弓)에게는 '문을 나가서는 큰손님을 뵙는 것같이 하며, 백성을 부리기를 큰제사를 잇는 것같이 하고, 자기가 하길 원하지 않는 것을 남에게 베풀지 말아야 한다. 그러면 나라에 있어도 원망이 없을 것이며, 집에 있어도 원망이 없을 것'이라고 하여, 공경한 마음가짐과 언행을 삼가는 것을 인(仁)이라고 했다.

그러나 당시 중국인들은 농경 중심의 생활로 자연의 기후변화에 민감할 수밖에 없었다. 이렇게 자연에 순응하며 생활하다 보니 그들은 땅과 대응하는 물질로서의 하늘, 상제(上帝) 또는 인격적인 제(帝)를 의미하는 하늘, 인간이 피할 수 없는 운명을 뜻하는 하늘, 자연의 운행으로서의 하늘, 우주의 최고 원리로서의 하늘이라고 받아들이게 되었다.

주(周)나라 왕조의 부패와 압정으로 백성들이 학대당하게 되었을 때 제후(諸侯)들은 천명(天命)을 권력 쟁탈을 위한 구실로 이용하게 되었다. 백성들은 학정과 전쟁의 고통 속에서 하늘에게 자신들을 구해 달라는 요청을 했지만, 참상은 계속되었다.

하늘이 학대받는 자신들을 구원해주지 않자 백성들의 하늘에 대한 원망은 높아져 갔다. 이러한 상황에서 인격 신으로 하늘·도덕적 형이상학적인 하늘의 의미로 퇴색되면서, 점차 자연적인 하늘의 의미가 등장하게 된다.

이처럼 하늘은 인간 세상과 관계를 맺는다. 하늘은 만물을 낳고 성장하게 해주었다고 봄으로써, 인간 세상의 군주(君主)도 하늘에게 그 정당성을 부여받으려고 했다. 따라서 하늘은 군주(君主)를 통해 자신의 주재(主宰)를 드러냈고, 군주(君主)는 선정(善政)을 통해 하늘[天]의 주재를 구현하려고 했다.

즉 하늘이 인간 세상의 정치적 성쇠(盛衰)를 좌우하는 존재가 된 것이다. 천명사상(天命思想)은 이런 과정을 거치면서 형성되었다. 이처럼 공자(孔子) 이전에 있어서 하늘은 최고 능력자이며, 인간과 자연계의 모든 일을 관장하며, 상벌을 주는 존재로 여겼다. 이것을 '천(天)·제(帝)·상제(上帝)'라고 불렀다고 한다.

또 다른 유교(儒教)의 경전 중 하나인 춘추(春秋)는 공자(孔子)가 창시하여 맹자(孟子)·순자(荀子)로 계승되었다가 남북조(南北朝) 때에 와서 유교는 크게 쇠퇴했지만, 송대(宋代)에 이르러 기존 유학을 재해석하여 체계화된 성리학이 등장했다.

주희(朱熹)의 태극도설(太極圖說)과 같은 여러 이론적 탐구와 실천적 지향을 거쳐 성리학(性理學)은 체계화된다. 그는 만물이 리(理)와 기(氣)가

합하여 형성되므로, 인간의 본성(本性)이 있는 곳은 기질(氣質)이다. 따라서 인간의 본성에는 기질의 영향을 받는 기질의 성(性)이 있다. 기질의 내용은 감정[정(情)]과 욕구[욕(欲)]이고, 이것이 지나치면 악(惡)의 원인이 된다.

올바른 사람이 되려면 기질을 변화시켜야 한다며, 이를 위해 사물의 이치를 탐구하여 앎을 늘려나가고, 양심을 보존하여 본성을 함양하고, 나쁜 마음이 스며들지 않도록 잘 살피며, 항상 마음을 경건하게 할 것을 수양 방법으로 제시하였다. 이를 통해 인간은 자연의 올바른 도리(道理)를 보존하면서, 인욕을 제거하여 도덕적 인간이 돼야 한다고 했다.

그리고 명대(明代)에 와서 왕수인(王守仁)은 주희(朱熹)의 '앎과 실천은 서로 영향을 주어 함께 발전해 나간다.'라는 주장을, 왕수인은 '앎은 행함의 시작이요, 행함은 앎의 완성이다.'라는 지행합일(知行合一)을 강조했다. 그가 제시한 지행합일은 앎과 실천은 구별되는 것이 아니라 근본적으로 합일되어 있으며, 애초부터 지(知)와 행(行)은 서로 포함한다는 의미이다.

청대(淸代)에 와서는 주희와 왕수인의 사상은 경험에 의하지 않고 순수한 사유(思惟)만으로 인식에 도달했다고 비판하면서 좀 더 현실적인 문제에 관심을 두고 실사구시(實事求是)적인 성격의 고증학(考證學)이 형성되었다. 청대(靑代) 때 고증학자들은 글자와 구절의 음과 뜻을 실증적·귀납적 방법으로 치밀하게 밝혀 고전 연구 방법으로 혁신되었다.

고려 때 목은(牧隱) 이색(李穡)은 부친 이곡(李穀)으로부터 유학을 이어 받았다. 이곡은 성인(聖人)의 행적을 돌아보면 요·순 이상은 자연스럽게 인의(仁義)의 길을 따랐다. 이들은 본래 하늘의 성품을 그대로 행한 성인들이다. 그러니 그들의 인(仁)의 덕(德)이 하늘과 같다고 하였다.

이색은 유교의 이론을 바탕으로 순간순간마다 힘써 행할 것을 강조했다. 그는 사람이 도(道)를 넓히는 것이지 도(道)가 사람을 넓히는 것이 아니라는 공자의 말을 강조했고, 일찍이 공자가 '만약 나를 써 주는 자가 있다면, 나는 그 나라를 동방의 주나라로 만들 자신이 있다.'라고 밝혔다.

이색은 초년에 맹자를 통해 공자의 학풍을 흠모하였노라고 밝히면서, 맹자가 부모에게 효도하고, 이것을 미루어 만민을 사랑하면, 마침내 만물을 사랑하는 경지에 이른다고 한 '공자·맹자'의 인의 사상(仁義 思想)을 계승하고 발전시켜 고려가 당면한 사회적 폐단을 극복하려는 강한 의지를 피력했다.

이색은 원나라 국자감에서 3년간 수학하여, 원나라 과거시험에 합격하고, 한림국사원편수관(翰林國史院編修官)에 임명되었다. 당시 시험관이던 구양현(歐陽玄)이 '공자 학풍이 동방에 전하였구나.'라고 격찬했다고 한다. 이색(李穡)은 유학 시절, 귀국하면 유도(儒道)를 일으켜야겠다고 다짐하였다.

이색은 주공(周公)·공자(孔子)의 문장을 늘 꿈속에서도 상상하였고, 어떻게 하면 요(堯)·순(舜)의 덕업을 이루어 볼까, 늘 생각했다고 하면서, 유교의 경전 시경(詩經) 제1편 주남(周南)은 주공(周公)이 남쪽 땅에서 채집한 노래라면서, 주공(周公)의 교화가 고려에도 이르기를 갈망했다고 한다.

이색은 성리학 이론을 구체적으로 밝혔는데, 특히 그는 '천지'에 마음이란 것이 있다. 이것을 말하여 '하늘의 밝은 명'이라고 했다. 이 마음은 선천적으로 타고났다. 그러나 그중에서도 인간이 가장 신령스럽다고 하겠다. 비록 그렇기는 하지만 인간 또한 앞에서는 기품(氣稟)에 구속받고 뒤에서는 물욕에 가리어지기도 한다.

이색은 천지에 마음이 깃들어 있다고 보았다. 그는 이 마음을 '하늘의 밝은 명(命)'이라고 한 것이다. 우주 만물 가운데 오직 사람만이 신령하여 명덕(明德)을 선천적으로 타고난 것이다.

하지만 앞에서는 기질에 구속되고, 뒤에서는 물욕에 가려지게 된다. 그래서 '본성(本性)의 명덕(明德)을 밝히기 위해서는 수양을 통해 사욕(私慾)을 극복하고 예(禮)를 회복해야 한다.'라고 밝혔다.

① 이색(李穡)의 시(詩) '백악산에 호종하여 짓다'

비서초출귀신경(祕書初出鬼神驚)
비서가 처음 나왔을 때는 귀신도 놀랐겠지
거세개의수변명(擧世皆疑誰辯明)
세인 모두 의심하는데 누가 분명히 밝힐까
독단여천부계합(獨斷與天符契合)
독단·천부 내용과도 부합하니
군관봉일풍환명(群官奉日佩環鳴)
태양 받든 뭇 관원은 패옥을 울리누나
…
공설용안신유희(共說龍顔新有喜)
용안에 새로 기쁨 있다고 모두 말하니
당년복락상주성(當年卜洛想周成)
당 년에 낙읍 점친 주 성왕이 생각나네.

이색의 '시(詩)'에서처럼 '비서(祕書)가 처음 나왔을 때 귀신도 놀랐겠지'
라는 이 시의 한 구절에 비서를 언급했다. 이 비서는 다음 구절에 나오는
'독단·천부'와 연관성이 있다고 본다.

그렇다면 '이색(李穡)'은 평소에 천부경을 가까이했을 것으로 보인다.
'이색(李穡)'은 성리학을 이 땅에 정초(定草)시킨 선구자로 평가를 받는다.
그의 성리학은 우리 민족사상과 대립, 갈등 없이 조화를 이루고 있다는
점에서도 평가를 받을 만하다.

이색의 성리학에 천부경의 논리가 배경으로 자리 잡고 있음은 주목해
야 할 것이다. 목은집(牧隱集)에 '일심(一心)'이란 말이 수없이 많이 나온
다. 이외에도 '일(一)'과 '심(心)'은 수도 없이 사용되고 있다.

이러한 단어는 대개 천부경에서 주로 언급된다. 목은집(牧隱集)에서 천
부경을 언급한 것은 지금까지 1회 발견되었다. 그러나 목은 사상에 끼
친 천부경의 영향은 목은집(牧隱集) 전체에 미치고 있다고 해도 과언이
아니다.

① 이색의 역사의식을 그의 산문에서 찾아볼 수 있다.

사람들은 여전히 '푸르고 푸른 것이 하늘이다.'라고 말은 하면서도,
사람의 양심과 사물의 법칙 모두가 하늘에서 나온 것으로서, 그 전
체가 바로 하늘이라는 사실에 대해서는 모르고 있었다. 그래서 이
번에는 '하늘이란 바로 이치다.'라는 설이 나오게 되었는데, 그 뒤에
야 사람들이 비로소 사람과 사물 모두가 하늘 아닌 것이 없다는 사
실을 인식하게 되었다.

성(性)이라는 것은 인(人)뿐만이 아니라 물(物)까지도 모두 포괄하는 개념이다. 우리가 인(人)과 물(物)을 가리켜서 인(人)이요 물(物)이라고 이름을 붙인 것은 그 모양과 자취만을 취한 것일 따름이다.

우리가 만약 그렇게 된 까닭을 추구해서 따져 본다면, 인(人) 속에 있는 것도 성(性)이라고 해야 할 것이요 물(物)속에 있는 것도 성(性)이라고 해야 할 것이다. 이처럼 성(性)을 같이 지니고 있고 보면, 천(天)을 같이 지니고 있다는 것을 또 의심할 것이 뭐가 있겠는가.

이색(李穡)이 '하늘이란 것, 바로 자연의 이치.'라고 주장하면서, 사람들이 비로소 사람과 사물 모두가 하늘이 아닌 것이 없다는 사실을 인식하게 되었다고 한다. 이처럼 오랜 세월이 지나서 학자들이 천부경에 관심을 가지고 저술한 바가 있다.

그리고 이조(李朝) 전기의 학자(學者)였던 김시습(金時習)은 수양대군(首陽大君)이 자행한 단종(端宗)에 대한 왕위 찬탈에 불만을 품고 은둔생활을 하다 승려가 되었으며, 벼슬길에 오르지 않았다. 김시습은 말년에 영해박씨 문중에 내려오던 징심록(澄心錄)을 읽어보고 나서, 소감을 기록한 글이 징심록추기(澄心錄追記)다.

① 징심록추기(澄心錄追記)

제8장 내가 일찍이 금척지(金尺誌)를 읽으니 그 수사(數辭)가 매우 어

려워서 알 수가 없었다. 대저 그 근본은 곧 천부(天符)의 법
(法)이다.

제9장 그러므로 금척 유래가 그 근원이 매우 멀고 그 이치는 매우
깊어, 그 형상은 삼태성(三台星)이 늘어선 것 같으니 머리에는
불구슬을 물고 네 마디로 된 다섯 치이다. 그 허실의 수가 9
가 되어 10을 이루니, 이는 천부(天符)의 수(數)다.

김시습은 태극즉리즉기(太極卽理卽氣)라고 하여 '음양(陰陽)이 변하는 가
운데 태극(太極)의 리(理)가 있다.'라고 표현한 것이다. 한국 유학적 논리
가 유학 원래의 모습이 없다고 할 수 없겠지만, 묘하게 어우러지면서 하
나가 되는 한민족의 정신이 담겨있기 때문일 것이다.

그리고 정약용(丁若鏞)은 신형묘합(神形妙合)의 중용적(中庸的) 심미 인
식(審美 認識)을 토대로 본원 유학(本源 儒學)의 전통적 이상과 새로운 세
계의 가능성을 회화 세계(書畵 世界)에 담아내고자 하였다. 이를 통하
여 정약용은 '신(神)' 중심적 인식으로 억압되어 온 것, '형(形)' 중심적 인
식으로 은폐되어있는 것, 그동안 들어내지 못한 마음을 그림으로 구현
하였다.
이런 의미에서 정약용의 신형묘합(神形妙合)의 심미 인식은 진취적인
미적 세계를 지향한다고 할 수 있다. 그가 사의화(寫意畵)를 그린다는 구
실로 형체가 서로 비슷함을 무시하는 문인들의 창작활동에 대해 비판하
고 있는 데서 알 수 있다.

원효대사(元曉大師)의 십문화쟁론(十門和諍論)·고구려 승려이자 대한불교삼론종의 선구자인 승랑(僧朗)의 이제합명론(二諦合明論)·서산대사(西山大師)의 삼교일치론(三敎一致論) 등은 인도나 중국의 불교와 달리 우리 불교의 특징을 잘 표현하고 있다.

유교 이념이 중국에서는 형식을 많이 강조하는 예법(禮法) 쪽으로 흘러 본질에서 약간 멀어졌으나, 한국 유학의 특징은 이율곡의 이기사칠론변(理氣四七論辨)과 실천 유학으로서의 실리주의 유학인 실학을 들 수 있는 바 특징을 요약하면 다음과 같다.

첫째는 중국의 유학은 의례적이면서 예법(禮法) 쪽으로 전례 되었지만, 한국 유학은 실질적이고 현실적이다.

둘째는 중국에서는 리(理)와 기(氣)를 분리해서 보았으나, 한국 유학은 리(理)와 기(氣)를 하나로 보면서 그 조화를 묘합(妙合)되어 있다고 보았다.

셋째는 중국에서는 수련 방법으로서 경을 인정·실천하는 것은 같으나, 홍익인간의 실천을 강조하는 대동사상(大同思想)은 우리에게만 있는 것이다.

조선의 유학적인 논리가 유학 원래의 모습에 전혀 없다고는 할 수 없겠지만, 전체적인 흐름에서 큰 하나 됨을 향한 묘합(妙合)의 원리와 대동정신을 더욱 중시하게 된 것은 우리 겨레의 얼에 '큰 하나 됨'이라는 바탕이 있었기 때문이라고 할 수 있다고 밝혔다.

조선 시대 때 남사고(南師古)는 11대 왕 명종(明宗) 때 사직서(社稷署) 참봉(參奉)을 지냈고 관상감(觀象監)에서 천문학 생도 교육을 담당하는 천문학교수(天文學教授)를 역임한 바 있다.

남사고는 젊을 때 신인(神人)으로부터 비결을 이어받고 미래를 내다보는 안목과 풍수(風水)·천문(天文)에까지 통달하였다고 한다. 그는 자신의 저서 『격암유록(格庵遺錄)』 송가전(松家田)에 '단서(丹書)의 용법이 있는 천부경에 무궁한 조화가 나타나니 천정수의 이름은 생명수요, 천부경은 진경(眞經)이다.'라고 밝혔다.

조선 시대 22대 왕 정조(正祖)는 재위 5년[1781년]에 황해남도 은율군 구월산(九月山) 소재 삼성사(三聖祠)에서 제사를 올릴 때 사용된 치제문(致祭文) 내용 중 '빛나는 단군께서 아동(我東)에 처음 나시니 덕(德)이 신명(神明)에 합하였다.'라고 밝혔다.

천지개벽을 누가 능히 열 수 있었으리. 오직 이성(二聖)이 있어 상스러움을 발하시어 크게 신명(神明)을 받으셨다. 천부 보전이 지금에 이르러서는 사실적 물증이 없으나 우리 동국 역사에서는 신성하게 일컬어지게 세세(世世)로 전해져 왔다.

위에서처럼 징심록추기(澄心錄追記)·격암유록(格菴遺錄) 송가전(松家田)·삼성사(三聖祠) 치제문(致祭文) 등에서 천부경을 언급하면서 진경(眞經)이라고 언급하고 있다.

천부경의 전문을 공개할 수 없었던 이유는 李朝 제3대 왕 태종(太宗)·제7대 왕 세조(世祖)·제8대 왕 예종(睿宗)·제9대 왕 성종(成宗) 때 고조선의 비사와 모든 천문·지리·음양서 등 관련 서적을 수납하도록 하고 숨긴 자는 처형하라고 지시하는 등 강력한 제지(制止)가 있었다.

그런데도 암암리 천부경이 유포되었다고 보인다. 일반적으로 노출되는 시정 유포는 아니고 세속을 등진 은군자(隱君子)들이 비경서(祕經書)로 인식하고 소중하게 간직하였다고 보인다. 22대 왕 정조가 천부경을 얻어보지 못함을 아쉬워하는 기록이 '삼성사 치제문'에 담겨있는 이유이다.

2) 올바른 삶의 가르침 팔정도(八正道) 사상

최초의 선조들은 생활환경의 변화, 즉 가뭄·홍수·혹한 등의 재난을 극복하려고 노력했을 것이다. 그래서 재난을 극복하기 위해 봄과 가을에 제천의식을 국가행사로 치렀다.

그리고 자연환경 안에서 삶을 영위하는 인간을 중심으로 한 내용의 천부경을 말씀으로 전했다. 그래서 종교라고 할 만한 조직적이고 체계화된 신앙 형태는 갖추지 못했고, 자연신 숭배의 테두리를 벗어나지 못했다.

배달 시대의 영고환무(迎鼓環舞)와 무천지악(舞天之樂)이 그 대표적인 사례라고 할 수 있다. 이런 상황에서 새로운 종교문화인 불교가 중국으로부터 스님이라는 매개체를 통해 들어오자, 백성들이 거부감없이 쉽게 받아들이게 된다.

불교 발생지는 인도(印度)이다. 인도반도(印度半島)는 삼면이 바다로 둘러싸여 있고 북쪽으로는 히말라야산맥이 병풍처럼 둘러싸고 있고 서북 지역 산어귀로 진입할 수 있는 통로가 있는 지형이다.

인도에 아리아인(Aryan: 인도·이란계 민족)들이 이주하면서 원주민을 평정한 다음 지배를 확고하게 하려고 세습적 계급체계인 카스트(Caste)라는 제도를 만들었다. 그리고 인도 브라만교(Brahman敎)는 창조와 지배의 신, 즉 범천(梵天)을 중심으로 한 난행고행(難行苦行)과 품행을 수행하는 희생을 중요시하였다.

당시 왕권 강화라는 지배계급의 생각과 맞물려 힌두이즘(Hinduism)이 부활하기 시작하여 사회적 신분 제도인 카스트제도를 정착시키는 계기를 만들어졌고 이 제도를 통해 브라흐만 사제들은 자신의 우월성을 보다 강화하기 시작했다.

이처럼 힌두이즘이 발달할 수 있었던 근본적인 이유는 왕권의 강화와 깊은 연관이 있다. 왕족이며 무사 계급인 크샤트리아 계급 역시 브라흐만 계급 간의 상호 협력으로 급격한 지위 향상을 이룰 수 있었다.

한편 노예계급인 수드라 역시 자신이 원하는 직업을 선택할 수 있었다. 수드라는 오늘날의 개념으로 말하자면 육체노동자에 가깝다. 따라서 그들은 주인에게 얽매이지 않고 제한적이지만 어느 정도의 자유를 누릴 수는 있었다. 이렇게 뿌리 깊게 내린 카스트제도와 브라만교에 대한 반발이 서서히 드러나기 시작하였다.

이때 석가모니(釋迦牟尼)는 히말리아(Himalia) 기슭에 있는 카필라성(迦毘羅城) 주변의 작은 나라 샤키아족(釋迦族, Sākya)의 왕 슈도다나(淨飯王, Kapilavastu)와 마야(摩耶, Maya)부인 사이에서 태어났다.

석가모니는 왕족(王族)의 태자(太子)로 출생하여 결혼하고 아들까지 있었지만, '인간의 삶이 늙으면 병들어 죽는 고통으로 이루어져 있다'라는 것을 인식하고, 29세에 출가하여 수행(修行)하던 중 35세 때 크게 깨달음을 얻었다.

석가모니는 지나친 사변적 논리를 떠나 인간현실에 주목하였다. 우선 인생의 무상과 고통과 무아(無我)를 이해하였다. 이것에 관한 그의 이야기는 허무의 밑바닥까지 관찰하고 있지만, 이것이 오히려 진실의 근거를 개시(開示)하는 것이 되었다. 그것이 다르마(Dharama)이다. 고대인도에서는 널리 '사회제도·관습·도덕·법률·종교·의무·정의' 등을 뜻하는 말로 쓰였다.

석가모니는 수행 중 생각에 잠겼다. 내가 생각하건 데 지난날 출가하기 전에 카필라성을 나와서 농부들이 고통스럽게 밭 가는 것을 보았다. 그때 한 그루의 염부수(閻浮樹) 나무가 만들어 준 시원한 그늘 밑에 앉아 있었다.

모든 욕망으로 물든 마음을 여의고 일체 고통을 주는 법을 극복하고 중생을 구제하고자 하는 마음을 일으킴으로써 적정한 상태를 얻어 초선(初禪)을 증득(證得)하였다. 나는 이제 다시 그 선정을 생각하리라. 이 길이 보리를 향하는 길이로다.

석가모니가 난행고행(難行苦行)과 조행(操行)을 버리고 찾은 수행 방법은 이후 수많은 사람에게 깨달음의 내용을 전하는 방법과 맥락이 같다. 석가모니가 깨달음을 얻고 나서 처음으로 한 브라만에게 자신이 깨달은 바를 설명했다.

그러나 석가모니의 말씀을 들은 브라만은 그 내용을 받아들이지 못하고 떠나버린다. 모든 중생의 괴로움을 해결하기 위해 찾아낸 방법인데, 정작 자신의 말을 이해하지 못하게 되자 석가모니는 고민에 빠진다. 그러면서 석가모니는 '여덟 가지 성스러운 길 팔정도(八正道)'와 '고집멸도의 네 가지 거룩한 진리 사성제(四聖諦)'를 말씀하셨다.

① 팔정도(八正道)

팔정도(八正道)는 올바른 삶을 목적으로 하는 여덟 가지의 가르침을
말함이니, 팔정도의 법칙에서 벗어난 정법이란, 한 법에도 없고 일
체에도 없는 도문(道門)으로 모든 법이 공평 정대한 질서이다.

- 정견(正見)　　：바른 안목.
- 정사유(正思惟)：정견을 갖춘 바른 생각.
- 정어(正語)　　：정사유를 갖춘 바른 말씨.
- 정업(正業)　　：앞의 삼 업을 갖춘 바른 행위.
- 정명(正命)　　：정업을 갖춘 바른 목숨.
- 정정진(正精進)：정명을 갖춘 바른 노력.
- 정념(正念)　　：정정진을 갖춘 바른 집중.
- 정정(正定)　　：정념을 갖춘 바른 마음.

② 사성제(四聖諦)

사성제는 깨우침을 의미한다. 흔히 고집멸도(苦集滅道)라고 한다. 사
법인(四法印)이 드러나면 사성제가 드러나고, 사성제가 어두우면 사
법인도 어두워지는 불가분의 관계성 법칙을 이루고 있다.

- 고체(苦諦): 인생의 고통.

- 집체(集諦): 뇌의 집적.
- 멸체(滅諦): 뇌를 멸함.
- 도체(道諦): 반에 든다.

석가모니가 깨달음으로 얻은 핵심 내용은 연기(緣起)임에도 불구하고, 그가 처음으로 가르침을 설한 핵심은 중도(中道)·사성제(四聖諦)·팔정도(八正道)이다. 석가모니는 자신이 깨달은 내용을 직접 말하지 않고, 왜 중도·사성제·팔정도와 같은 실천 방법을 말했을까.

석가모니가 깨달은 내용을 흔히 '연기'라고 표현하지만, 그것은 언어로 설명할 수 있는 성격의 것이 아니었다. 언어는 어떤 내용을 전달할 때 좋은 방법이기는 하지만, 전달하고자 하는 내용을 온전히 전달할 수 없는 근본적인 한계를 가지고 있기 때문이다. 그래서 인간의 운명이란 각자 행하기 나름이고 모든 사람은 평등하다는 가르침을 폈다.

특히 인도 마우리아 제국 제3대 왕 아소카(Asoka)는 카링가 전투[BC 261]에서의 처참함에 큰 회의를 느끼게 되어 불교에 귀의하게 된다. 이후 불교를 공식 국가종교로 받아들이면서 보편적 법치와 보편적 이익을 위한 정치를 펼쳤다.

이때 펼친 유명한 법칙 속에 나오는 '법도·정의·의무·도덕' 등을 의미하여 다의적으로 쓰였다. 불교사상이 확립되자 이 전통적인 법의 본질 규정에 반성이 일어나 그때까지 사회적·세속적인 수준에서 쓰였던 법은 점차 종교적인 의미로 사용되게 되었다.

불교에서 법(法)이라고 할 때 보통 두 종류를 말하고 있다. 첫째는 현상세계에서 변화하는 시간적 존재자의 법이며, 둘째는 이 시간적 존재자를 그 자체이게 하는 '틀' 혹은 불법(佛法)이라고 한다.

따라서 변화하고 소멸하는 시간적 존재자라는 한 사물로 해석되지만, 이러한 사물의 존재 방식을 지칭하기 때문에 초시간적으로 타당한 이법(理法)과 같은 의미로 보인다.

그래서 현상세계의 사물을 법이라 보는 자세는 일종의 소박한 '실제론'이지만, 법을 틀로 보는 방식은 추상적인 실체를 상징하고 있다는 점에서 '관념론'의 경향을 띤다. 이후 대승불교 단계에서는 모든 법이 무아(無我)이고, 공(空)이라고 한다.

이 불교는 대승불교와 부파불교라는 종파로 나누어져서 중앙아시아를 거쳐 전 세계로 퍼져 나갔다. 그리고 각국의 역사와 문화에 오늘날까지도 지대한 영향을 남기고 있다.

한민족은 불교를 받아들이기 전, 오늘날 종교 관념에서 보는 종교학적 종교를 갖고 있지 못하였다. 다른 원시 민족들처럼 자연신 숭배의 신앙만을 갖고 있었기 때문이다. 그러한 행사 중 하나가 5월 하종(下種)과 10월 농공(農功) 뒤에 하늘과 모든 신에게 바치는 제사가 있었다.

우리의 역사 기록에서 불교를 제일 먼저 받아들인 곳은 고구려 제17대 소수림왕(小獸林王) 2년[372]이다. 이후 신라 때 원효(元曉)의 십문화쟁론(十門和爭論)·고구려 때 승랑(僧朗)의 이제합명론(二諦合明論)·휴정(休靜)의 '삼교통합사상(三敎通合思想)' 등은 인도나 중국의 불교와 달리 우리 불교의 특징을 잘 나타내고 있다.

한민족(韓民族) 백성들에게는 체계화된 신앙 형태의 조직이 없었고, 단지 원시적 자연신을 숭배하는 절차만 전해져 내려오던 중, 중국으로부터 새로운 문화체계를 갖춘 불교라는 종교가 들어오게 되었다. 특히 스님이라는 매개체(媒介體)가 있었기에 백성들이 쉽게 이 불교를 신앙 형태로 받아들이게 되었다.

하늘과 햇님을 대상으로 했던 천신(天神)이나 명천(明天)을 불교적 호세(護世) 호법(護法)이 인격신(人格神)으로 정착시켰으며, 또 창공(蒼空)·영성(靈星) 등의 숭배가 인간 수명과 화복(禍福)을 주재한다는 북극(北極)·묘견(妙見) 및 칠성(七星) 신앙으로 되고, 하천(河川)·해수(海水)와 운우(雲雨) 및 농경(農耕) 관계의 제신(諸神) 숭배는 용왕신(龍王神) 신앙으로, 산악숭배는 산왕신(山王神)으로, 가옥신(家屋神)은 조왕(竈王) 신앙 등으로 정착(定着)되기에 이르렀다.

전통적 습속이 불교적으로 정리되었다. 불교는 불도(佛道)를 수행하여 진리를 깨닫는 것이 목적이기 때문에, 그 시대와 그 지방에 오래 전부터 전해져 내려오던 잘못된 생활방식을 시정(是正)하게 할 때, 자비로운 마음으로 모든 중생을 살펴 보호하면서 스스로 잘못을 고치려고 노력하였다. 조건 없이 서로를 넓게 비춰 끌어안으려는 불교 특유의 진리성이 있었기에, 모든 문화와 풍속을 융화시킬 수 있었다.

전래과정은 대륙을 통해 중국으로부터 들어와 고구려·백제·신라로 전해졌다. 이 과정에서 백성들이 쉽게 신봉하게 될 수 있었던 원인은 삼국(三國) 모두 왕실을 중심으로 불교를 신봉하였고, 또한 많은 학승(學僧)이 중국으로 가서 불법을 배우고 돌아와서 '화엄·법화·열반·금강' 등의 불교

사상 연구 결과로 백성들이 불법을 쉽게 이해할 수 있게 되었기 때문이라고 보인다.

고려 때 성리학자 목은(牧隱) 이색(李穡)이 초년기[8~19세]에 독서(讀書)할 수 있었던 곳은 사찰(寺刹)이었다. 그는 여러 사찰을 옮겨 다니면서 지낼 때 승려들이 암송하는 사여게(四如偈)를 듣고는 귀결점이 불생(不生)·부주(不住)·불이(不異)·불멸(不滅)에 있다고 생각하였다.

이색은 '꿈은 잠에서 깨어나면 그만이고, 환영(幻影)은 환각에서 깨어나면 허망하고, 물거품은 한순간에 흔적도 없이 사라지며, 그림자는 그늘로 가면 사라지고, 아침이슬은 햇빛에 말라 버리며, 번갯불도 한순간에 사라지게 된다. 이 모든 것이 실존하고 있거나, 그렇다고 실존하지 않는다고 할 수도 없다. 불교 가르침은 대체로 이와 같다.'라고 밝혔다.

불교학에서 무위대도자연(無爲大道自然)은 무심(無心) 사상의 원류이며, 발상의 시발점이 되었다. 반야바라밀다(般若波羅蜜多)가 '최고 지혜의 실천완성', '실천완성이 된 최고 지혜' 등의 뜻을 지녔으므로, 반야바라밀다심경(般若波羅蜜多心經)은 '지혜 완성에 관한 핵심[중심(中心)·마음·핵심·근본(根本)·진수(眞髓)·심장(心臟)·진언(眞言)]의 경전(經典)'이라는 뜻으로 해석되고 있다.

불멸 후(佛滅 後) 5·6백 년경에 이 반야바라밀다(般若波羅蜜多)는 곧 최고 지혜의 완성이 높이 강조되면서, 부처님의 원래 정신을 되살려 신앙하려는 운동이 세차게 일어나 대승불교가 시작되었고, 이 대승운동은 그 뒤 약 10세기 동안 줄기차게 계속되었으므로 지혜 완성에 관한 경전들 즉 반야계(般若系) 제경(諸經)들이 방대하게 그리고 다양하게 이루어졌다.

불교에서 최고 지혜의 완성을 강조한 까닭은 무엇일까? 불교의 궁극적인 목표인 성불(成佛)을 실현하게 하는 본질적인 요인이기 때문이다. 그래서 반야바라밀다(般若波羅蜜多)가 '최고 지혜의 완성'이라고 강조되고 있음을 알 수 있다. 대승불교의 특색은 법(法)에 대해서도 공(空) 함을 주장한 것이다.

아(我) 뿐 아니라 이 세상의 모든 법, 나의 것이나, 우리 주변의 모든 다른 사람들의 것이, 혹은 이 우주 세상의 모든 사람이 공유하고 있는 그 모든 것이, 원래 공(空)하다고 한다. 그리고 그 모습을 생멸하지 않으며, 더럽지도 깨끗지도 않으며, 늘지도 줄지도 않는 것이라 설명하는 것이다.

반야바라밀다심경 이론 구분표

오온(五蘊)	육근(六根)	육식(六識)	육진(六塵)	육경(六境)	사성제(四聖諦)
일체의 존재가 구성된 집합체	죄의 근본이 되는 여섯 가지의 대상	대상을 지각하는 여섯 가지의 작용	마음을 더럽히는 여섯 가지의 대상	육근으로 깨닫는 여섯 가지의 境界	出世間의 法道를 닦도록 함
색(色) 물질현상을 의미	안(眼)	안식(眼識)	색(色)	색경(色境)	고(苦) 생로병사의 괴로움
수(受) 수동적 반응	이(耳)	이식(耳識)	성(聲)	성경(聲境)	집(集) 인간 존재 원인을 밝힌 것이 執着
상(想) 대상을 파악하는 작용	비(鼻)	비식(鼻識)	향(香)	향경(香境)	멸(滅) 번뇌를 없앤 깨달음의 경계
행(行) 행위를 만드는 의지 작용	설(舌)	설식(舌識)	미(味)	미경(味境)	도(道) 깨달음 경계에 도달한 수행
식(識) 식별하는 작용	신(身)	신식(身識)	촉(觸)	촉경(觸境)	
	의(意)	의식(意識)	법(法)	법경(法境)	

※ 깨달음의 경계에 도달[得道]한 후 아래와 같이 권하고 있더라.
갔을 때, 갔을 때, 피안에 갔을 때, 피안에 완전히 갔을 때, 깨달음이 있다.
아제아제 바라아제 바라승아제 보리사바하(揭諦揭諦 波羅揭諦 波羅僧揭諦 菩揭娑婆訶)

따라서 우리가 주관적으로 볼 때 죄의 근본이 되는 여섯 가지의 대상과 객관적으로 볼 때 마음을 더럽히는 여섯 가지의 대상, 그리고 그 식(識)이 만들어 낸 세계도 이미 공(空)한 것이기 때문에 거기에 매달리거나 구속되어 어려움을 당할 필요가 없다는 것이다. 따라서 공(空)을 깨달은 사람의 의식 속에는 이미 오온(五蘊) 따위는 아무런 구실을 하지 못하는 것이다.

심명철학의 창시자 최봉수 박사는 '삼법인설(三法印設)의 논리적 근거·윤회 사상(輪廻 思想)과의 밀접성(密接性)·무아(無我)의 공(空)과 제일의(第一義) 공(空)의 이론으로 제일의공경(第一義空經)에 대한 음미(吟味)를 통해 연기 사상의 전개에 대한 보다 더 뚜렷한 초기 불교의 입장을 볼 수 있다.'라고 밝혔다.

① 삼법인설(三法印設)의 논리적 근거

제행무상(諸行無常)·일체개고(一切皆苦)·제법무아(諸法無我)로 흔히 알려져 오듯이 삼법인(三法印)은 일체법(一切法)을 대상으로 한다. 이러한 일체유위법(一切有爲法) 중에서 우리의 현실적 존재를 지칭하기도 하는 육근(六根)을 대표로 살펴보자. 육근(六根)은 무상(無常)하고, 무상하므로 고(苦)이고, 고(苦)이므로 무아(無我)라고 결론을 내리고 있다. '무상→고→무아'의 논리 전개를 엿볼 수 있는 것이다.

결국 무아(無我)에 이르는 논리 과정이다. 어떤 것이 '자아'라고 하면 상일성(常一性)과 주제성(主帝性)을 갖춰야 한다고 함은 바로 이 과정의 역설적 표현이다. 무상(無常)의 뜻은 유위삼상(有爲三相)에 집약적으로 표현되고 있다.

제법(諸法)의 생기(生氣)·멸진(滅盡)·주이(住異)가 그 세 특상으로 제시된다. 그러면 무상(無常)에서보다 더 철저한 것은 '생(生)'과 '멸(滅)'의 상(相)이다. 그러면 '생(生)·멸(滅)'의 상은 과연 어떤 것일까? 이 생멸의 모습을 제일의공경(第一義空經)은 '무(無)에서 유(有)가 되는 것이 생(生)이요, 유(有)에서 무(無)가 되는 것이 멸(滅)이다.'라고 규정하고 있다.

나타날 때 온 곳이 없고, 사라질 때 가서 모이는 장소가 없으니, 없다가 있고, 있다가 돌아간다고 설(說)해주고 있다. 따라서 무(無)에서 생(生)하고 무(無)로 멸(滅)하는 것이 '생(生)·멸(滅)'의 뜻이며 무상(無常)의 뜻이 된다.

② 윤회사상(輪廻思想)과의 밀접성(密接性)

윤회(輪廻: samsāra)는 초기 불교의 내외 어디에서건 설(說)해지고 논(論)해지는 중대사이다. 이러한 윤회에 대해서 그 실상을 참으로 잘 설(說)해주고 있는 경설(經說)이 바로 제일의공경(第一義空經)의 경설(經說)이 아닌가 한다. 사실 윤회설의 성립 근거는 업설(業)이라고 할 만하다. 업(業)에는 반드시 그에 상응하는 과보(果報)가 있다는 것을 업설(業說)이라고 한다. 그러나 우리가 관찰할 수 있는 세계 내에서 업·보의 상응이 반드시 모두 이루어지는 것은 아니다.

그래서 우리는 업인과보(業因果報)가 삼세(三世)에 윤회한다고 하거니와 부처님은 '고유고작업(苦有故作業) 아설피필수기보(我說彼必受其報) 혹현세수(或現世受) 혹래세수(或來世受)'라고 뚜렷이 설하고 계시며, 또 제일의공경(第一義空經)에서는 분명 '업(業)'이 있고 보(報)가 있다'라는 단언을 내리고 있다. 육근(六根)이 무(無)로 멸(滅)하여 버린다고 설(說)하시면서 업(業)과 보(報)는 있다고 한 것은 대조적이라고 할 것이다.

③ 무아(無我)의 공(空)과 제일의(第一義) 공(空)

일반적으로 초기 불교에서의 공(空)은 무아(無我)와 거의 동의어(同義語)로 쓰인다. 또 '공심해탈(空心解脫)은 아(我)·아소(我所)에서 공(空)한 것을 말한다.'라는 취지로 설하기도 하는 것이다. 이처럼 무아(無我)와 공(空)을 동일위상(同一位相)에 놓은 것도 충분히 이해할 만한 일이다. 그리하여 무아(無我)의 논리적 근거가 연기(緣起)이듯이 공(空)의 논리적 근거도 연기(緣起)로 이해하게 만든다.

위에서처럼 생(生)의 개념이 만약에 보이지 않는 공간에서 보이는 공간으로 이동된 것이 아니고, 또 멸(滅)의 개념이 보이는 공간에서 보이지 않는 공간으로 이동된 것이 아니라면 어떻게 될까? 어디에 있던 물체가 그곳에 나타난 것이고 또 어딘가에 가서 모이는 것이라면, 그 오고 가는 주체가 상주(常住)하는 것이 아니므로 결코 무상이라고 단언할 수 없게 된다.

그리고 천부경 첫 문장인 일시무시일(一始無始一)이 보이지 않는 공간에서 보이는 세상으로 드러날 때 한 생명체로 태어난다. 그리고 마지막 문장인 일종무종일(一終無終一)에서 '보이는 세상에서 보이지 않는 공간으로 돌아갈 때 한 생명체로 마친다는 내용을 불교에서는 '생(生)'과 '멸(滅)'의 상(相)으로 설파하였다.

생명을 현양(顯揚)하는 불교 운동을 전개하고 있는 차차석(車次錫) 박사는 '사람의 생명에 대한 정의를 율장(律藏)에서 찾아볼 수 있다'라고 하면서 다음과 같은 내용을 주장했다.

① 사분율(四分律)

사람이란 처음의 식(識)에서 마지막 식(識)에 이르기까지를 말한다.

② 남방 상좌부 율장(南方 上座部 律藏)

인체란 모태에서 최초의 마음이 생기고, 최초 의식이 나타난 이후부터 죽음에 이르기까지의 존재이다.

③ 유부율(有部律)과 율장(律攝)

사람이란 어머니 뱃속에서 육근(六根)이 갖추어진 이후를 말하고, 입태(入胎)는 모태에 들어간 최초의 시기를 말하는데, 이때는 단지 몸과 목숨과 의식이라는 세 가지만 갖추어져 있다.

④ 오분율(五分律)

사인(似人)이란 모태에 들어간 이후 49일까지이고, 이 기간이 지난 이후는 모두 사람이라 한다.

위에서처럼 어떤 상태를 보고 '사람인가·아닌가'를 판단할 방법으로는 과학적인 연구 결과를 기준으로 하는 것이 타당성이 있다고 보인다. 그리고 대승불교 최초의 경전 '숫타 니파타(Sutta Nipāta) 705 송' 내용처럼 온갖 생명을 나의 생명 가치와 동등하게 인식하고, 존중해야 한다는 것이다. 이러한 자비 정신은 진리를 알려주는 정신적 측면도 있지만, 모든 생명체를 조건 없이 사랑하는 의지를 담고 있다.

불교에서는 인간 역시 자연이므로 인간과 자연 또한 하나이기에 인간이 자연을 모방하고 자연으로 돌아가고자 하는 의식을 심어준다면 정서적인 어린이로 성장할 수 있다고 가르치고 있다.

① 불교의 생명 사상에 나타난 유아교육의 원리

- 불살생(不殺生)의 교육.
- 동일체심(同一體心)의 교육.
- 무소유(無所有)의 교육.
- 자연과 공동체가 되는 교육.
- 삶의 주인이 되도록 하는 교육.

- 주체로서 배려하는 자등명(自燈明) 법등명(法燈明)의 교육.
- 인간성 회복의 교육.
- 이타적 삶의 교육.
- 지행합일(知行合一)의 교육.
- 스스로 성숙하도록 하는 역할을 하는 교육.
- 사제동행(師弟同行)의 교육.

위에서처럼 불교 생명 사상은 자연의 모습에서 우리에게 정서적인 삶을 살 수 있도록 하는 지혜를 준다. 조건 없이 서로를 넓게 비춰 끌어안으려는 불교 특유의 풍속(風俗)은 '천부경·삼일신고·참전계경'에 녹아 있는 홍익인간 정신이 바탕이 된 것이라고 보인다.

3) 도(道) 바탕으로 한 덕(德) 사상

자연 안에는 많은 사물(事物)이 있는데, 이 만물의 근본이 무엇인가.라고 할 때, 선조들은 '하늘' 또는 '한'이라고 하였다. 우리 민족이 사용하는 언어와 문자를 살펴보면, 한나라, 한겨레, 한글이 그것이다. 신라 법흥왕 7년[AD 520]에 제정된 관등제 최고 관직을 각간(角干: 이벌간(伊伐干)·우벌찬(于伐湌)·서발한(舒發韓)·서불한(舒弗邯) 이라고 칭했다.

나라 이름으로는 1206년 몽골의 네 왕국의 명칭은 '이루한·킵차크한·타카타이한·오고타이한' 등이 있다. 이들은 전부 '크다, 높다, 우두머리'를 뜻한다. 그리고 최남선(崔南善)은 불감문화론(不感文化論)에서 '한'이 '밝'에서 온 것이다.라고 밝혔다. 그리고 최민홍(崔玟洪)·안호상(安浩相)·

이을호(李乙浩)는 이 '한'과 관련된 우리말을 열거하였다. 그 내용은 아래와 같다.

우주 삼라만상의 근본적 실재를 '한'이라고 한다. 이것은 한없이 크고 넓어 사람을 비롯한 그 밖의 모든 만물을 에워싸고 있다고 본다. 그러므로 현실 세계에서 아무리 조그마한 미생물이라 하더라도 '한'에 관계하지 않는 것이 없게 된다. '한'은 만물의 근본이 될 수 있는 크기와 능력 등을 가지고 있다.

'한'과 관련한 우리말로 ① 크다[大]. ② 동(東)이다. ③ 밝다. ④ 하나다[단일(單一)·유일(唯一)]. ⑤ 통일(統一)하다. ⑥ 꾼·뭇[대중(大衆)]. ⑦ 오래 참음. ⑧ 일체·전체. ⑨ 시초(始初). ⑩ 한나라·한겨레. ⑪ 희다. ⑫ 바르다. ⑬ 높다. ⑭ 같다. ⑮ 많다. ⑯ 하늘. ⑰ 길다. ⑱ 으뜸이다. ⑲ 위다. ⑳ 임금. ㉑ 온전하다. ㉒ 포용(包容)한다는 뜻이 있다.

'한'은 원초적으로는 수리적 '하나'에서 비롯한 것이니 유일자로서의 '하나'를 그 본질로 삼고 있음은 분명하다고 하면서, '한'을 수리적으로 분석하고 있는데, 그 내용은 다음과 같다. ① 서수(序數), 즉 차례를 가리키는 단위의 하나. ② 전수(全數), 즉 포괄적인 '수'로서의 하나. ③ 무한수(無限數), 즉 시속을 초월한 영원에의 하나.

위에서처럼 단어나 언어의 의미를, 자연은 스스로 그렇게 되는 그 무엇인가 있다는 뜻으로 보아야 할 것이다. 이와 같은 한민족의 세계관은 도가철학(道家哲學)에서 말하는 도(道)의 사상체계와 상당한 근접성을 보이기도 한다.

중국 최초의 문자학 서적인 설문해자(說文解字)에 도(道)는 곧바로 쭉
통하는 한 갈래.라는 뜻을 담고 있고, 시경(詩經)에 '사람이 통하는 길'이
라는 뜻으로 쓰였으며, 전국시대에 와서 우주의 원리와 법칙을 발견하
면서부터 천도(天道)가 등장하고, 인간의 규범을 탐구하면서 인도(人道)가
등장하였다.

중국 도교(道敎) 사상은 노자의 무위자연으로 대표되는 자연 사상으
로, 한민족에게 그 사상이 들어온 것은 확실하지만, 이론과 교리 면
에서 체계화·심화(深化)되는 과정을 갖지 못했다고 할 수 있다.
이처럼 크게 드러나지 않는 것, 이것이 한국 도교의 특징인데, 그것
은 원래 우리에게 있던 선(仙) 사상과의 유사성에 기인하는 것으로
볼 수 있다. 한국 도교가 중국 도교와 달리, 신앙이라기보다는 조정
이나 민간에서 의식 또는 수련이라는 방식으로만 유지되었다.

수련 방법 면에서도 중국은 금단(金丹=仙藥)을 만들거나 신선장생(神
仙長生)을 주목적으로 하는 외단학(外丹學) 중심이었는데, 한국 도교
는 선(仙) 사상의 흐름인 조선의 단학(丹學) 영향으로 개인의 수기양
성(修氣養性)과 내단양생(內丹養生)을 중시하는 내단학(內丹學)을 주맥
(主脈)으로 했다.

공자는 도(道)를 설명할 때, 아침에 '도(道)'를 들으면 저녁에 죽어도 좋
다. 또 나의 '도(道)'는 하나로 관통한다고 밝혔다. 첫 번째 '도(道)'는 보편

적인 진리를 뜻하고, 두 번째 '도(道)'는 대상이 인간에 한정되어 사용했다. 전국시대 말기에 와서야 '우주 만물의 존재를 도(道)'라는 용어로 사용하였다.

노자(老子)는 중국 춘추말기(春秋末期) 주령왕(周靈王) 원년에 출생하였다. 초(楚)나라 고현(苦縣) 여향(勵鄕) 곡인리(曲仁里) 사람이다. 성은 이씨(李氏), 이름은 이(耳)이며, 주(周)나라의 수장실(收藏室)의 사관(史官)으로 있었다. 노자는 중국 제자백가 가운데 하나인 도가(道家)의 창시자로, 노군(老君) 또는 태상노군(太上老君)으로 알려져 있다.

노자(老子)는 우주생성론을 설명하면서, 도(道)의 성질을 반복성과 가역성이 있다고 강조했다. 장자(莊子)는 노자의 관점을 계승하여 '도(道)'를 삶의 존재 방식으로, 인식을 초월한 존재로 주장했다. 더 나아가 한비자(韓非子)는 선진시대 이전의 '도(道)' 개념을 존재로서의 '도(道)' 생성으로서의 '도(道)' 당위로서의 '도(道)' 법칙으로서의 '도(道)'라는 개념으로 발전시켰다.

중국 철학사를 살펴보면, '도(道)'에 대한 개념은 전국(戰國)시대에 들어와서부터이다. 춘추시대에는 승정원(承政院)의 주서(注書)들에 의해 기록과 역사 편찬을 책임졌던 시기로, 음양(陰陽)에 관한 내용이 기록되었다.

특히 진한(秦漢)시대의 '도(道)' 개념은 우주생성론이 핵심(核心)으로 대두되었지만, 진한시대 이후에는 '도(道)'란 글자는 단순히 길을 의미하는 글자로 사용되었지, 철학적 개념으로 나아가지 못했다. 그 과정을 요약하면 아래와 같다.

양계초(梁啓超)는 은주시대 이전의 음양은 자연계 속의 하찮고 미세

한 현상에 불과하였으며, 어떤 심오한 의미를 담고 있는 것은 결코 아니었다고 지적하면서, 도덕경 5,000자 중에 음양을 말하는 것은 제42장에서 '만물부음이포양(萬物負陰而抱陽)'이라고 한번 언급되기 때문에 노자와도 큰 관계가 없다고 한다.

중국 역사상 가장 오래되고 순수한 정감을 담은 시가집인 시경(詩經)을 우리말로 옮긴 책이다. 시경(詩經)에서 음양 개념은 후대처럼 만물을 형성하는 원소의 음양이기(陰陽二氣)라는 의미가 포함되지 않았다. 음양의 최초 관념은 주로 햇빛의 유무를 기준으로 하여 나타나는 현상이었을 뿐이고, 그 자체가 독립적인 실체는 아니었다. 그리고 날씨의 변화를 통해 나타나는 현상과 날씨가 사람에게 주는 감각[춥거나 더운]을 표현하는 것일 뿐이었다.라고 기록하고 있다.

음양 관념의 결정적인 변화와 발전은 역전(易傳)의 발전에 따른 것으로 추정되고, 그 영향을 가장 빨리 받은 것은 오히려 도가(道家)였다. 유가 계통의 문헌인 논어(論語)·중용(中庸)·맹자(孟子)에는 음양의 관념이 존재하지 않았다. 일반적으로 선진시대의 유가는 음양 관념과 상당한 거리를 두고 있었다.

주역(周易)의 해석서 십익(十翼) 중 계사(繫辭)에 양(陽)이 한번 등장하고, 곤괘(坤卦)에 음(陰)이 한번 등장한다. 이때 음양의 의미는 어떠한 신비적인 의미도 존재하지 않으며, 허망한 술수와도 아무런 상관이 없다. 양계초(梁啓超) 주장에 따르면 음양이 철학적 개념으로 발전한 것은 '공자와 노자' 이후로 보고 있다. 단지 공자와 노자는 음양을 서로 연속된 하나의 명사로 무형무상(無形舞象)한 두 가지 성질을 가리키고 있다고 보았다.

전국시대 초기 역경(易經)에서 한 번 음(陰)하고 한 번 양(陽)하는 것, 이것을 도(道)라고 한다고 설명하면서 음양의 개념을 도입하여 우주 만물의 생멸 법칙을 파악하려고 했다. 음양을 우주에 존재하는 두 가지 상반되고 상호작용하는 기본적인 원소 혹은 동력이라고 인식하고, 그것을 통해서 여러 가지 현상을 변화법칙 혹은 근원을 설명하게 된 것은 오랜 기간의 발전과 전개를 거친 후였다. 그리고 오행이라는 말은 전국시대 초기부터 맹자·장자 시대에 이르기까지도 나타나지 않았다.

선진시대에는 오행(五行)을 가지고 만물의 생성과 변화를 설명하지 않았다. 그리고 음양과 오행을 결합하여 주역을 해석하는 후대의 방법은 모두 한유(漢儒)에서 나타난 것이며, 음양오행의 개념을 사시(四時)의 변화와 융합시킨 사람은 추연(鄒衍)으로부터 시작한다. 음양오행 사상은 전한 시대에 더욱 완전한 구조를 갖추게 되었으며, 더욱 영향력을 끼친 사람은 동중서(董仲舒)이다. 그는 음양오행을 통해 천인상응적(天人相應的) 우주론을 체계화하였다.

'도(道)'와 '음양(陰陽)' 그리고 '오행(五行)'은 주요한 본체론 개념이라는 사실을 확인할 수 있었다. 그리고 공자의 저서인 서경(書經) 감서(甘誓)와 홍범(洪範)에는 물질을 다섯 가지 종류·기능·성질을 구분하였을 뿐 철학적 의미는 담지 않고 있다.

도가(道家)에서 제일 먼저 등장하는 인물은 문헌상 황제(黃帝) 시대 때 광성자(廣成子)이다. 광성자는 공동산(空同山) 석실(石室)에서 은거하고 있다. 황제 헌원(軒轅)은 공동산을 찾아와 광성자로부터 선도(仙道)를 배워 신선이 되었다고 한다.

노자와 관련된 가장 오래된 기록은 사마천(司馬遷)의 사기(史記) 노자열전(老子列傳)에서 보인다. 한서(汉书)·후한서(後汉书)·자치통감(資治通鑑)에서도 사마천의 기록을 그대로 인용하였다.

도교 경전인 도덕경(道德經)의 저자가 노자(老子)일까? 에 대해, 현대 학자들은 도덕경이 한 사람의 손에 의해 저술되었을 가능성은 받아들이지 않으나, 도교가 불교의 발전에 큰 영향을 미쳤다는 주장을 통설로 받아들이고 있다.

자연을 벗 삼아 놀았던 노자는 청년 시절 전쟁의 환난 속에서 고향을 떠나 객지를 유랑해야 했고, 중년에는 정치의 중심 무대인 주(周)나라 때 공족(公族) 간의 불화로 외지인을 등용하면서 장서실(藏書室)을 관장하는 사관(史官)이 되었다.

도가(道家)의 이론과 기법은 스승에게 배우지 않는다면 정말 알기 어렵다. 이는 수많은 사람과 오랜 세월을 거치면서 이론과 기법이 완성되었기 때문이다. 그런데 노자(老子)에게 도가(道家)의 이론과 기법을 가르쳐 주었다는 기록이 없다. 따라서 노자에게 영향을 주었다고 하는 가설을 다음과 같이 살펴보고자 한다.

삼황오제(三皇五帝)의 첫 번째로 꼽는 중국 전설상의 제왕인 복희씨(伏羲氏)·신농씨(神農氏)·헌원씨(軒轅氏)는 최근까지 중국의 시조로 숭배되었다. 헌원씨의 성은 공손(公孫) 이름은 헌원(軒轅)이다. 그는 복희씨, 신농씨와 함께 삼황(三皇)으로 불리는데, 최근까지 중국의 시조로 숭배되었다. 헌원씨는 공동산 석실에 있는 광성자를 찾아가 선법(仙法)을 배웠다는 기록이 있지만, 노자(老子)의 기록은 없다.

노자(老子)는 고서(古書)를 관리하는 장서실(藏書室)에서 근무하였기 때문에, 이 과정에서 황제 시대부터 전해져온 음부경(陰符經), 황제내경(黃帝內經), 같은 서적들을 보고 학문과 수련의 경지를 높였다고 보인다. 노자 스스로 나는 본래 성인이 아니다. 배워서 이렇게 된 것이다. 나는 도(道)를 구하기 위하여 천 권의 책을 안 본 것이 없다고 밝혔다. 이러한 상황을 이해할 수 있는 자료들을 살펴보고자 한다.

① 황제(皇帝)의 황제내경 소문(素問)과 영추(靈樞)

모두 81장으로 구성되어있다. 영추를 살펴보면, 황제가 기백(岐伯)에게 침의 종류를 9가지로 나누는 이유를 묻자, 기백은 옛 성인들이 창안한 천지의 원리는 1에서부터 9까지의 숫자가 기본이기 때문입니다. 그래서 중국을 구주(九州)로 나누었고, 침법(針法)도 9 침(九 針)으로 하고, 이에 관계되는 이론 책인 '영추'도 구구(九九)는 81편으로 한 것입니다.'라고 답변했다.

② 황제(皇帝)의 음부경(陰符經)

'신기(神氣)가 정(精)과 더불어 상합(相合)하여 현빈(玄牝)과 옥호(玉戶) 위를 통합니다.'라는 기록이 있는데, 도덕경(道德經) 6장에 보면, '현빈의 문(門)은 천지의 뿌리이다.'라는 구절이 있다. 황제(黃帝)가 최초로 사용한 현빈이라는 말을, 몇천 년 후 노자(老子)가 다시 사용한 것은, 노자가 황제에게 영향을 받았다는 증거가 되는 것이다. 황제 이전에 지었다는 여타 서적에는 현빈이라는 단어는 없기 때문이다.

도교(道教)에서는 노자를 시조로 받든다. 노자는 스스로 장기간 수련하면서 깊은 경지에 들어 160여 세에 하늘로 올라가 신선이 되었다. 그는 대우주의 기본원리는 오랜 수련을 통해 대상을 직접 파악하려는 노력이 있을 때 깨달을 수 있다고 했다. 노자(老子)는 늘 '우주의 생성과 생명의 근원'을 찾기 위해 우주를 바라보았다고 한다. 그 내용은 도덕경 제1장 체도장(體道章)에서 찾아볼 수 있다.

우주의 근본원리는 마땅히 따르며 실천해야 한다. 항상 가르쳐서 이끌어 주어야 하지 않겠는가? 인륜·도덕에 관한 가르침은 마땅히 명심시켜야 한다. 항상 마음에 깊이 새겨 두어야 하지 않겠는가.

무(無)는 천지의 시작이라 부르고, 유(有)는 만물의 어머니라고 부른다. 그러므로 언제나 천지의 시작을 생각하면, 빅뱅의 순간 별들이 탄생하는 순간의 오묘함이 보고 싶고, 만물의 어머니를 생각하면 그 끝이 되시는 시조를 뵙고 싶다.

이 두 가지 유[有: 만물의 어머니]와 무[無: 천지의 시작]는 같은 곳, 도(道)에서 나왔으나 이름이 다르다. 이것은 불가사의하며 도(道)는 심오하여 헤아려 알 수 없으며 여러 가지 오묘한 이치가 생겨나는 곳이다.

우주의 근본원리를 알고 싶은 철학자의 화두(話頭)이다. 우주 만물의 근본원리는 알기 어렵고 불가사의하지만, 여러 가지 오묘한 이치가 생겨난다. 노자의 도가도비상도(道可道非常道)는 인륜과 도덕의 가치관 정립을 강조한 내용이다.

첫 번째 도(道)는 우주의 근본원리다.
두 번째 도(道)는 좇아서 실천한다.
세 번째 도(道)는 가르쳐서 이끌어간다.

노자는 천리(天理)를 따르면 근본을 모를 수 없다고 강조하면서, 도(道)를 깨닫는 방법에 대해서는 제14장 찬현장(贊玄章)·제21장 허심장(虛心章)·제33장 판덕장(辦德章)에서, 도(道)를 무시하거나 망가뜨린 결과에 대해서는 제18장 속박장(俗薄章)·제35장 인덕장(仁德章)·제40장 거용장(去用章)에서 자세히 설명하고 있다. 중국의 오행 기원은 한민족의 정신문화와 밀접한 관계가 있다고 볼 수 있다.

① 오행(五行)

오행(五行)이라는 글자가 문헌에 처음 등장하는 것은 서경(書經) 감서(甘誓)와 홍범(洪範)이다. 여기서 오행은 물질을 다섯 가지 종류로 구분하고 각각의 기능과 성질을 설명하는 것에 불과하고, 철학적 혹은 술수적 의미는 존재하지 않는다.
서경의 이 두 편을 제외하면 시경(詩經)·예기(禮記)·역경(易經)·역전(易傳)·도덕경(道德經)·논어(論語)·맹자(孟子)에는 모두 오행이라는 두 글자가 인용된 경우가 없다. 단지 묵자(墨子) 경하(經下)와 경설하(經說

下)에는 오행이라는 말이 나온다. 춘추좌씨전(春秋左氏傳)이나 국어를 통해서 본 춘추시대의 오행 관념은 모두 생활에 필수 불가결한 다섯 가지 실용적인 생활재료를 가리키는 것이다. 후대에서 말하는 오행의 의미를 담지 않았다.

선진시대(先秦時代)에는 오행을 가지고 만물의 생성과 변화를 설명하지 않았다. 그리고 음양과 오행을 결합하여 주역을 해석하는 후대의 방법은 모두 한유(漢儒)에서 나타난 것이며, 음양과 오행을 결합한 것은 추연(鄒衍)에서 시작한다. 그러나 추연의 학설은 일부 통치자들의 흥미를 불러일으킨 것을 제외하고, 당시 사상계에서는 흥미를 이끌지 못하였다.

음양과 오행을 결합(結合)한 문헌은 거의 모두 여씨춘추 이후 문헌이라고 볼 수 있다. 음양오행 사상은 전한 시대에 더욱 완전한 구조를 갖추게 되었으며, 따라서 그것이 커다란 영향력을 가지게 된 것은 동중서(董仲舒)로부터 시작된 것이다.

위에서처럼 오행(五行)이라는 단어는 춘추전국시대에서는 드물게 나타났다. 오행은 연나라와 제나라 시대 신선의 술법을 닦는 사람들이 사용하던 말이고, 그 이론을 설파한 사람들은 추연(鄒衍)과 동중서(董仲舒) 등으로 본다.

그러나 한민족의 정신문화 문헌 태백일사(太白逸史)에 오행설과 유사한 오제설(五帝說)·오행육정(五行六政)·오령설(五靈說)이 있다. 그리고 단군세기(檀君世紀)에 '단군왕검의 태자 부루(扶婁)가 도산(塗山)에서 우 사공

(虞司空)에게 오행치수법(五行治水法)을 전했다.'라는 기록이 있다.

도교 경전인 도덕경 제42장 도화장(道化章)에서 도(道)는 '하나'라는 실체가 나왔고 하나에서 둘이 생겼다. 둘에서 셋을 만들며 셋에 의해 세상 만물이 생겼다. 음이 양을 품어 안고 서로 부딪쳐 조화를 이루며 세상이 됐다.라며, 도(道)의 진화 과정을 설명하였다.

도덕경 제42장에 담겨있는 '음(陰)이 양(陽)을 지고 양(陽)은 음(陰)을 품어 안는 두 모습 중에서, 어느 하나를 선택하지 않고 조화를 이루며 세상이 됐다는 내용에 대해, 동양철학에서 밝힌 '물질의 작용 과정'을 과학적으로 검증한 결과를 밝혔다. 이러한 형이상학적인 도(道)의 진화 이론에 대해 현대과학이 데이터로 제시함으로써 신뢰를 높여주었다고 할 수 있다.

도덕경(道德經)의 내용을 설명해 주고 있는 듯한 문장이 천부경 전문에 담겨있다. 천부경의 첫 문장에서 세 번째 문장까지의 내용이다. 보이지 않는 텅 비어 있는 공간에서 보이는 세상으로 드러날 때 한 생명체로 태어난다.

이 생명체의 작용을 마음과 기운과 몸으로 나누어 보지만 그 근본은 변함이 없다. 생명체가 작용하는 순서는 마음이 첫 번째, 기운이 두 번째, 몸이 세 번째이다는 내용이다.

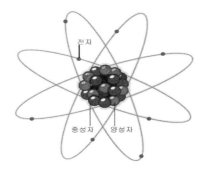

물질의 작용 과정 분석표

※ 양(陽)은 양성자이며, 음(陰)은 전자이다. 위의 그림을 보면, 전자가 양성자와 중성자를 품어 안고 있는 모습이다. 그림같이 서로 조화를 이루며 만물이 생성된다.

우주의 존재들은 '도(道)'를 바탕으로 이루어져 있고, 그래서 '도(道)'가 있어 존재하게 된다. 도덕경을 '우주 근원적 존재로서의 덕(德)·생성원리로서의 덕(德)·개별적 원리로서의 덕(德)·실천원리로서의 덕(德)'으로 구분하여 서술하였다.

① 우주 근원적 존재로서의 덕(德)

노자의 도(道)는 사회적 윤리적 개념에 그치지 않고 더 나아가 자연에 대한 통찰에서 나온 형이상학적 개념이라고 할 수 있다. 이러한 측면에서 '도'라는 것은 어렴풋하고 형체를 알 수 없는 것, 그 속에 물(物)이 있다. 따라서 '도'는 자연의 원칙에 대한 근본적인 통찰 및 인간의 순수한 내적 자기반성에 의하여 파악된다.

② 생성원리로서의 덕(德)

노자의 '도(德)'는 '기(氣)·무(無)·허(虛)'로 파악할 수 있다. 역(易)에서 '형이상자(形而上者) 위지도(爲之道), 형이하자(形而下者) 위지기(爲之氣), 일음일양지위도(一陰一陽之爲道)'라고 하였다.
이는 노자의 '도일생(道生一) 일생이(一生二) 이생삼(二生三) 삼생만물(三生萬物)'과 의미가 통한다고 할 수 있고, 이는 바로 기(氣)로서의 도(道)인 것이다. 노자의 도(道)는 기(氣)이면서 허(虛)·무(無)로 파악한다.

③ 개별적 원리로서의 덕(德)

도(道)란 만물을 생성시키는 근원이다. 이 생성 과정에서 각 사물은 이 근원적인 道로부터 그 무엇을 얻는다. 그 무엇을 덕(德)이라 한다. 덕은 힘(power) 또는 덕행을 의미한다. 이처럼 덕이란 용어 속에는 도덕적 의미와 비도덕적 의미가 동시에 포함되어 있다. 한 사물의 덕이란 자연적으로 그러한 것이다. 자연의 자발적 운동의 측면을, 도덕적 의미란 각각 존재자 측의 실천원리를 지칭한다.

④ 실천원리로서의 덕(德)

도(道)가 그것을 산출하고, 덕(德)이 그것을 기르며, 물(物)에 형태를 부여하고, 세(勢)를 주어 그것을 이룬다. 그러므로 만물은 도(道)를 존중하지 않음이 없고, 덕(德)을 귀하게 여기지 않음이 없다. 도(道)가 존중받고 덕(德)이 귀하게 여겨짐은 명(命)에 의하여 그런 것이 아니라, 항상 저절로 그러하다. 따라서 덕(德)은 개별자들이 실현하고 성취하여야만 하는 행위적 목적이며 이념이다.

이러한 덕(德)을 실행하여야 개인의 도(道)를 이룰 수 있다. 우리는 덕(德)을 쌓는다고 한다. 그러나 덕(德)은 한순간 생겨나서 사라지는 것이 아니다. 오랜 세월을 두고 새겨지는 이것이 바로 덕(德)이다.

우리가 출생하는 순간 덕(德)이 담겨있는 것이다. 이러한 이치로 볼 때 '도(道)로서의 진(眞)'과 '덕(德)으로서의 선(善)'에 가장 가까운 것은 무아지경(無我之境)의 율려(律呂)라고 본다.

중국 도교 사상은 체계적인 이론에 심화(深化)되지 않았으나, 선조들이 행하던 선도(仙道) 사상의 영향을 이어받아 개인의 수기양성(修氣養性)과 내단양생(內丹養生)의 수련을 중시하였다.

도교 사상은 노자(老子)의 무위자연(無爲自然)으로 대표되는 자연 사상이다. 그래서 그 수련 방법은 금단(金丹: 선약)을 만들어 복용하면서 신선 장생(神仙長生)을 주목적으로 삼고 따랐다.

한국 도교 사상의 흐름은 초기 배달국에서는 국가이념으로 계승되었으나, 고려에 와서는 중국으로부터 들어온 유불선 삼교(三敎)에 의해 기교적인 의식으로 변했다고 보인다.

여기에서 선조들이 자연현상을 보고 남긴 내용에만 머물러 있어서는 안 된다. 한민족은 수행으로 깨달음을 얻고 생활 속에서 실천하였음을 확인할 수 있는 기록들이 있다. 이런 전통이 천부경과 삼일신고와 참전계경에 명문화되어 내려온 것이다.

Ⅲ

천부경의 한글화와
활용방안

일정한 지역에서 기나긴 세월(歲月)을 공동생활하면서 언어와 문화의 공통성에 기초하여 형성된 사회 집단을 민족(民族)이라고 한다. 한 족속(族屬)이라고 할 때, 혈통 의식과 생활 의식 가운데 공통적 문화 의식을 '가지느냐'라는 것을 분류 근거로 삼는다.

그래서 선조들은 정신문화를 기점으로 한 의식 속에서 혈통적 순수성을 유지하면서 공동운명체로 일관된 역사성을 유지하려고 했다.

① 박제상의 부도지(符都誌) 징심록 제7장

옛날의 조선은 곧 사해의 공도(公都)요, 한 지역의 봉국(封國)이 아니며, 단씨(檀氏)의 후예는 즉 모든 종족의 심부름꾼이요, 한 임금의 사사로운 백성이 아니다.

한민족(韓民族)의 조선(朝鮮)은 하늘의 이치에 따라 존재하며, 민족의 시조(始祖)를 단씨(檀氏)로 하지만, 결코 어느 한 권력자 밑의 사사로운 백성이 아니라, 새로운 인류 미래와 그 문화를 창달(暢達)하기 위해 책임을 지닌 백성임을 천명한 것이라고 보인다.

그리고 최치원도 난랑비 서문(鸞郎碑 序文)에서 현묘지도(玄妙之道)를 설명하면서 풍류의 실체를 밝혔다. 그 배경은 배달민족이 지켜온 선(仙)의 세계와 정신의 폭을 언급하면서, 화랑들이 추구하는 근본적인 이념과 목표를 제시함으로써 수련의 원천이 되었다.

고구려 시대 을지문덕(乙支文德) 장군은 '도(道)로써 천신(天神)을 섬기고, 덕(德)으로써 백성과 나라를 감싸고 보호하라. 나는 천하에 이런 말이 있다는 것을 안다.'라고 밝히면서 다음과 같이 도통(道通)의 요체(要諦)를 기록으로 남겼다.

① 도통(道通)의 요체(要諦)

사람이 삼신일체(三神一體)의 기(氣)를 받을 때, 성품[性]과 목숨[命]과 정기[精]로 나누어 받나니, 우리 몸속에 본래 있는 조화의 광명은 환히 빛나 고요히 있다가 때가 되면 감응하고, 이 조화의 광명이 발현되면 도통한다.

도(道)를 통하는 것, 덕(德)과 지혜(智慧)와 조화력(造化力)을 몸으로 직접 체득하여 실천하고, 마음[심(心)]과 기운[기(氣)]과 몸[신(身)]의 조화를 성취하며, 느낌[감(感)]과 호흡[식(息)]과 촉감[촉(觸)]이 언제나 기쁨으로 충만하여 이루어지는 것이다.

도(道)를 통하는 요체는 날마다 염표문(念標文)을 생각하여 실천하기에 힘쓰고, 세상을 신교의 진리로 다스려 깨우쳐서, 느낌과 호흡과 촉감을 고요히 닦아 천지 광명의 뜻과 이상을 성취한 후 홍익인간이 되는 데 있다.

② 감정과 정보와 관념의 의미

감정에서 생각이 나온다. '좋다·나쁘다·싫다·행복하다' 등의 감정은 구체적인 생각의 표현이다. 이 생각에서 행동이 결정된다. 정보에서도 생각이 나온다. 정보가 동일(同一)하더라도 저마다의 가치판단에 따라 결과는 상이하게 달라진다. 관념에서도 생각이 나온다. 선

천적 또는 후천적 정보를 통해 자연스럽게 습득되어 의식이 고정
화된다.

여기에서 '정보와 관념'은 의미의 차이가 있다는 것을 알 수 있다. 우
리가 정보는 마음대로 쓸 수 있지만, 관념은 그 속에 갇히면서 습관이 된
다. 개인적인 관념은 깨달음을 가로막는 원인이 되고, 집단이나 국가는
관념의 차이에 의해 분쟁과 반목을 일으키는 원인이 된다.

우리에게 삶의 목적은 의식성장(意識成長)이다. 의식의 성장은 정보
를 받아들일 수 있는 마음의 상태에 따라 결정되며, 무엇보다 법과 원리
를 알고 공적 기준을 세움으로써 가능해진다. 의식성장은 정충(精充)·기
장(氣壯)·신명(神明)·견성(見性)·성통공완(性通功完) 과정을 거치면서 이루
어진다.

정충(精充)	하단전의 내단(內丹)이 완성되어 기(氣)가 충만한 상태이다.
기장(氣壯)	중단전(中丹田)이 완성되어 '가슴이 열린 상태·마음이 열린 상태'를 의미한다.
신명(神明)	상단전의 완성되면 정신이 밝아져서 세상의 이치를 바르게 직관할 수 있게 된다.
견성(見性)	본성(本性)이나 우주 의식을 알게 된다는 차원이다.
성통(性通)	본성을 자각할뿐더러 자유로이 통하여 활용할 수 있게 되어, 그 깨달음으로 끝나는 것이 아니라, 공심(公心)을 가지고 세상에 이로움을 주는 공완(功完)으로 완성되어야 한다.

이러한 의식을 바탕으로 한 삶의 방향을 제시하기 위해 '한글화의 필
요성·활용방안·어울림의 한마당' 순으로 살펴보고자 한다.

1. 한글화의 필요성

동양철학은 득도(得道) 과정을 통해 깨달음으로 알게 된 자연현상을 학문적으로 기록했다. 이것을 경세사관(經世史觀)이라고 한다. 경세사관은 기상예보와 같이 과거·현재·미래의 역사를 관찰하는 학문이다.

기상학의 발달로 미래의 기상을 예보하듯이, 경세철학사관(經世哲學史觀)으로 미래의 인류 역사를 투시하면서 성숙한 인류의 문명 생활을 영위할 수 있도록 배려한 것이다.

보이는 물질은 알면서도 보이지는 않지만 생동하고 있는 질서를 모른다는 것은, 곧 자연계의 원리와 이치를 모르는 것과 같다. 따라서 한글 전용 세대에게 알리기 위해 자연계의 원리와 이치가 담겨있는 천부경을 한글화하는 것이 필요하다.

1) 동양 우주관에 대한 재인식

동서양을 막론하고 사리에 밝은 사람들은 눈으로 볼 수 없는 불가시(不可視)의 영역을 살피려고 노력했다. 우주의 변화와 역사, 인간의 심리와 미래의 상황, 이런 형이상학적인 학문을 역학(易學)이라고 한다. 역(曆)은 곧 우주 운동의 시간과 공간을 측정하는 척도이자 자연의 운행 도수와 변화원리를 비추어 주는 거울이다.

① 고대 그리스 철학자 탈레스(Thales)

모든 것의 근원은 물이며, 땅은 물 위에 있다. 우주가 무엇으로 구성되어있는가에 대한 답을 내놓은 첫 번째 철학자라고 할 수 있다.

② 고대 아테네 철학자 소크라테스(Socrates)

영원히 변화되지 않는 우주 본질의 관념을 덕(德)에 두고, 이 덕을 공자의 인(仁)과도 같은 치도(治道)의 근원이라고 주장하였다.

서양철학은 맨 처음부터 우주실체(宇宙實體)를 밝힐 때 명백한 증거가 결여(缺如)되어 있다. 후자가 전자의 이론을 부정(不定)하거나 비판할 수밖에 없게 되어있다. 이런 이유는 우주의 실체를 철학적으로 확고하게 정립하지 못한 데 있다.

선조들은 자연현상을 통찰하면서 얻은 깨달음을 통해 우주 현상계는 지극히 엄격한 법칙운동을 하고 있음을 알고 나서, 우주 본체를 하도(河圖)·낙서(洛書)로 구분하여 설파하면서, 태극(太極)·음양오행(陰陽五行)·팔괘(八卦)·60 갑자(甲子) 등을 만들어 후손들이 쉽게 우주의 변화에 적응할 수 있도록 알려준 것이다.

① 최초 역(曆)

배달국 5세 태우의(太虞儀) 환웅의 12째 아들인 태호(太皞) 복희(伏
羲: 중국 전설상의 제왕)로부터 최초의 역(曆)이 나왔다. 당시 복희는
우사(雨師)라는 관원으로 육축(六畜)을 길렀다. 이때 복희는 신룡(神
龍)이 태양을 따라 하루에 열두 번 색이 변하는 모양을 보고서 환역
(桓易)을 지었다.

배달국 14세 자오지(慈烏支) 환웅 때 '공공(共工)·헌원(軒轅)·창힐(倉頡)·
대요(大撓)'들이 자부(紫府) 선생에게 찾아가 환역(桓易)을 배웠다. 이때
윷놀이를 만들어 환역(桓易)을 자세히 설명하였는데, 대체로 초대 환
웅 때 신지(神誌) 혁덕(赫德)이 기록한 천부경이 전하는 취지이다.

현재 우리가 사용하고 있는 일반 역(曆)은 일월(日月)의 변화, 사시(四時)
와 계절의 구분, 연월일시(年月日時)의 배정, 조석(潮汐)과 일식(日蝕)과 월
식(月蝕)의 예고 등 평범한 시간 생활을 알려주고 있다.

그런데 심명철학(心命哲學)을 창안한 최봉수(崔鳳洙) 박사는 '천문(天文)
과 주역'의 학자 서석구(徐錫九) 선생과 함께 주역을 바탕으로 한 황극경
세서(皇極經世書)와 역법의 근원인 혼원수(混元數)를 근거로 우주의 변화
를 계산하였다.
계산 방법은 자연 현상계의 변화를 그대로 그려낼 때 기본이 되는 혼원수
(混元數)를 이용하여 우주(宇宙)의 원년을 계산해 낼 수 있다는 것을 확인한 후,
소강절(邵康節)의 저서 황극경세(皇極經世)의 우주 대순환주기에 대입하였다.

① 을해(乙亥) 시대의 한반도 현재와 미래

갑술운(甲戌運;1684년~2043년)　　　│　　　을해운(乙亥運;2044년~2403년)

을해세(乙亥世; 2014~2043년)

우주 1년(年)을 원(元)이라고 하는데 지구에서는 129,000년, 우주 1월을 회(會)라고 하는데 지구에서는 10,800년, 우주 1일은 운(運)이라고 하는데 지구에서는 360년, 우주 1시간은 세(世)라고 하는데 지구에서는 30년이다.

우주 시간에 해당하는 을해세(乙亥世; 2014~2043년)의 우주 1년(年)은 임오년(壬午年)에, 우주 1월은 병오년(丙午年)에, 우주 1일은 갑술년(甲戌年)에, 우주 1시간은 을해년(乙亥年)이다.

우주의 하루에 해당하는 을해운(乙亥運; 2044~2403년)의 우주 1년은 임오년(壬午年)에, 우주 1월은 병오년(丙午年)에, 우주 1일은 을해년(乙亥年)에, 우주 1시간은 병자년(丙子年)이다.

③ 을해시대(乙亥時代)의 특징(特徵)

가. 동서(東西)가 융합된 새로운 사상을 바탕으로 인간 존중·가치 중심의 문화 시대가 시작됨.

→ 물질에 대한 가치의 재정립으로부터 시작, 가치 중심으로 발전.

→ 동서 문물의 균형 발전으로 상생 조화의 시기가 된다.

⇒ 물질 중심에서 인간 가치 중심의 시대가 된다.

나. 인간 인식과 생명공학·우주과학의 시대.

　→ 인간의 마음을 알고 헤아리는 시대로 발전.

　→ 생명의 근원을 파악하고, 본격적 우주발전시대 시작

다. 자연재해 빈도가 심해지고, 인위적인 항공·해상 폭발사고로 인명
　피해 증가.

혼원수(混元數)는 금시(今時) 세계의 원년을 밝힌 수(數)로 주역의 괘나 명리의 천운지기(天運地氣)는 시간의 기준점이 된다. 먼저 대한민국의 자리는 간괘(艮卦: 축(丑)·인(寅))에 위치하는데, 인(寅)에 해당한다. 그리고 혼원수로 환산했을 때, 갑술세(甲戌 世: 1984~2013)는 성장[갑(甲)]과 쟁취[술(戌): 편재(偏財)]의 시대였다.

따라서 이를 풀이해 보면, 대한민국과 '갑술세'는 인·술(寅·戌)과 지지삼합(地支三合)이 되며, '인(寅)'의 정기(精氣)가 천운(天運) '갑(甲)'을 상생(相生)하여 국운(國運)이 도약하는 시기다. 그래서 6.25 전쟁 이후 국운이 상승하여 세계 경제 10위권·88 올림픽 개최·2002 월드컵 4강 진출·한류 전파 등 지원국으로 승격되었다.

대한민국은 지금 갑술세(甲戌世)를 지나 을해세(乙亥世)에 들면서, 인(寅)의 정기(精氣)가 을해(乙亥)의 천간(天干) 을목(乙木)의 왕기(旺氣)로 표출되면서, 을해(乙亥)의 핵심인 문명·문화의 뿌리가 인(寅)에 있다. 따라서 우주의 기운이 쟁취를 위한 도전과 전쟁에서 조화와 순응 및 평화로 바뀔 것이다.

더구나 을해세(乙亥世: 2014~2043)와 을해운(乙亥運: 2044~2403)'이 겹

쳐서 오기 때문에 우주의 기운이 더욱 활발해져서 동서 문물의 균형 발전과 지구촌의 세계평화 정착을 위한 시기가 될 것이다. 특히 물질과 정신의 조화로 인간성 회복에 힘을 얻게 될 것이다.

을해세(乙亥世: 2014~2043)는 문명·문화가 꽃을 피우고 우주 자연의 진리가 펼쳐지는 시대가 온다. 한반도에서는 미래세계를 이끌어갈 새로운 정치·사상·문화가 창달될 것이다. 특히 인간의 마음을 알고 헤아리는 시대로 생명의 근원을 파악하면서 본격적인 우주과학의 시대로 전개된다.

그리고 2044년부터 본격적으로 시작되는 을해운(乙亥運: 2044~2403)과 함께 작용하는 병자세(丙子世: 2044~2073)와 정축세(丁丑世: 2074~2103)는 과도기적 기간으로 천재지변으로 피해가 심해질 수 있다. 그러나 굳건히 극복하여 미래 시대를 열어가야 한다. 우리 모두 이루어야 할 과제임을 알아야 한다.

① 우주 현상계 순환도

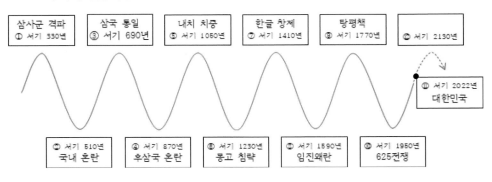

위에서 보여준 우주 현상계 순환도의 학술적 근거는 동양역법(東洋曆法)의 근원인 우주 혼원수(混元數)와 중국 철학자 소강절(邵康節)의 저서 황극경세서(皇極經世書)를 기반으로 하였다. 혼원수가 중요한 이유는 주

역(周易)의 괘(卦)나 명리(命理)의 천운지기(天運地氣)에서 시간적 기준점이 되기 때문이다.

혼원수는 금시 세계의 원년을 밝힌 수(數: 시간적 시점)로 예를 들어서 서기 2022년은 10,155,939년[甲午]으로, 동양경세철학(東洋經世哲學)으로 볼 때 현재 인류의 운동 시작을 10,155,939년 전으로 본 것이다.

필자가 제시한 우주 현상계 순환도는 330년부터 2130년까지 지정하였다.

첫 번째 국운(國運) 상승기인 330년을 정점(頂點)으로 시작한 후, 180년 동안 국운이 하강(下降)된다. 다시 하강점(下降點)에서 다시 180년 동안 국운이 상승하는 과정이 반복된다. 이런 과정을 2130년까지 그려 보았고, 고대 역사서를 토대로 상승 정점과 하강 저점(底點) 년도 기록을 찾아 명시하였다.

위에서 살펴본 '우주 현상계 순환도'를 참조하여 상승 정점과 하강 저점의 연도에서 한민족의 역사 기록을 대조해 본 결과를 아래와 같이 요약하였다.

① 서기 330년경은 상승 정점이다. 이 시점은 고구려 제15대 왕 미천왕(美川王: 재위 300~331) 시대이다. 미천왕은 재위 중에 중국 진나라가 와해(瓦解)되는 국제적 격동기를 맞아 대외 팽창정책을 적극적으로 추진했다. 낙랑군과 대방군을 병합했고 현도성을 공격하는 등 남방으로 급속한 팽창을 도모했다. 선비족 일파인 모용부와 요

동지방을 두고 오랫동안 치열한 공방전을 벌이기도 했다.

② 서기 510년경은 하강 저점이다. 이 시점은 고구려 제21대 왕 문자명왕(文咨明王: 재위 491~519) 시대이다. 문자명왕은 광개토왕·장수왕의 위업을 이어받아 고구려의 전성기를 지속시킨 인물이다. 그러나 문자명왕 사후 귀족 세력들의 상쟁(相爭)이 이어지고 그 과정에서 여러 국왕이 피살되는 등 국내 혼란이 발생하여 왕권이 크게 약화(弱化)되었다.

③ 서기 690년경은 상승 정점이다. 이 시점은 신라 제31대 신문왕(神文王: 재위 681~692) 시대다. 즉위하던 해에 일어난 귀족 세력의 반란을 진압하고 철저히 숙청함으로써 왕권을 공고히 했다. 이를 바탕으로 소경제(小京制)·군현제(郡縣制) 완성 등 지방통치체제 정비를 통해 전제왕권 중심 통치 질서를 완비했다. 서당제(誓幢制)로 군사 조직을 완성했고, 녹읍(祿邑)을 폐지하고 조세 등급의 차이를 두어 경제적 기반을 마련했다.

④ 서기 870년경은 하강 저점이다. 이 시점은 통일신라 제48대 경문왕(景文王: 재위 861~875) 시대이다. 불교에 관심이 많아서 낭도 중에는 승려가 많았다. 그리고 국선 출신의 지도적 인물들도 왕의 통치에 적극적으로 협력했지만, 진골 귀족 간의 오랜 분쟁을 바로잡지는 못했고 반란이 끊이지 않았다.

⑤ 서기 1050년경은 상승 정점이다. 이 시점은 고려 제11대 문종(文宗: 재위 1046-1083) 시대이다. 이때는 고려의 황금기라 할 정도로 문물제도가 크게 정비된 시기였다. 양반 전시과가 다시 정비되고 관제가 개편되었으며, 백관의 서열과 녹과(祿科)가 제정되는 등 지배체제 확립을 위한 정치·경제 제도가 완비되었다. 몇 차례 동여진(東女眞)의 침략도 모두 격퇴하고 여진과 대체로 평화로운 관계를 유지했다.

⑥ 서기 1230년경은 하강 저점이다. 이 시점은 고려 제23대 고종(高宗: 재위 1213~1259) 시대이다. 46년간 재위하는 동안 최씨 독재 정치로 실권을 행사하지 못했고, 잦은 민란과 거란·몽고 침입에 대한 항쟁 등으로 국가적 위기를 겪었다. 1231년부터는 몽고 침입에 대항해 강화도로 천도하여 28년간 항쟁했으나 막대한 인명 손실과 문화재의 손실을 낳았다. 1259년 태자를 몽고에 보낸 이후 원나라의 속국으로 전락했다.

⑦ 서기 1410년경은 상승 정점 시대이다. 이 시점은 조선 제3대 태종(太宗: 재위 1400~1418) 시대이다. 태조의 다섯째 아들로서 조선 건국 과정에서 결정적인 고비마다 몸을 사리지 않고 나선 인물이다. 건국 후 신진 개혁 세력과 갈등을 겪었지만, 정도전 일파를 제거하여 국권을 장악하고 정종의 양위를 받아 즉위했다. 육조를 직접 통제하면서, 왕 중심의 정치를 펼쳤고, 왕권을 강화하기 위해 공신과 외척을 무더기로 제거했다.

⑧ 서기 1590년경은 하강 저점이다. 이때는 조선 제14대 선조(宣祖: 재위 1567~1608) 시대이다. 명종이 후사 없이 죽자 즉위했다. 즉위 초부터 이황·이이 등을 중용하여 정치의 국면을 탈피하려고 노력했다. 하지만 신하들은 파벌로 갈라져 당쟁이 극심해졌고 국력은 더욱 쇠잔해졌다. 이 와중에 정여립의 모반사건도 일어났다. 1592년에 발발한 임진왜란과 뒤이은 정유재란으로 나라 전체가 황폐해지는 수난을 겪었다.

⑨ 서기 1770년경은 상승 정점이다. 이때는 조선 제21대 영조(英祖: 재위 1720~1776) 시대이다. 즉위 과정과 즉위 후에 왕위 자체를 부정당하는 당쟁의 폐해를 몸소 체험하고, 이를 타파하기 위한 탕평책을 적극적으로 추진하여 국정 안정을 도모했다. 나아가 '균역법' 실시 등 국정운영을 위한 제도 개편과 문물 정비 등에 뛰어난 업적을 남겼다. 조선 후기 사회경제적 변화에 대응하여 민생안정을 통해 민심을 추스르는데, 노력하였다.

⑩ 서기 1950년은 하강 저점이다. 광복 후 한반도에는 냉전체제 속에서 남북에 별개의 정부가 수립되었다. 이 과정에서 막강한 군사력을 갖춘 북한이 통일을 명분으로 전면적인 남침을 개시했다. 1950년 6월 25일 새벽에 북한군이 불법 남침하였다. 유엔의 결의에 따른 국제사회의 개입으로 역전되던 전황은 다시 중공군의 개입으로 교착상태에 머물다가 1953년 7월 27일 휴전협정이 이루어지면서 전쟁이 중지되었다.

⑪ 서기 2025년은 상승 시점이다. 을해(乙亥; 2014~2403) 시대는 을목(乙木)인 주체가 해수(亥水)를 정인(正印)으로 봄으로써 하늘의 진리에 순응하고, 인간 중심의 가치로 전환하게 된다. 즉 물질의 소유를 넘어 인간관계를 중심으로 한 가치로 바뀌면서 본격적인 우주과학의 시대가 열린다. 반면에 자연재해의 정도가 심해지고 이로 인한 피해는 더욱 증가할 것이다.

위에서처럼 국운의 변화과정이 우주 현상계 순환과정과 일치하고 있다는 점이었다. 따라서 물질 중심의 시대에서 가치 중심의 시대로 변화되는 시점[2014~2403]에서 인간의 능력으로 이 우주의 기운을 거스를 수 없는 것이다. 그래서 우주의 환절기에 해당하는 이때 인간이 어떻게 적응해야 하는지를 살펴보고자 한다.

① 우주의 삼신(三神)과 인간의 생성원리를 보라.

삼신일체(三神一體)의 도(道), 즉 삼신이 한 몸이 되어 계시는 도(道)의 조화세계는 '무한히 크고, 원융무애(圓融無礙)한 조화로운 통일' 정신에 있으니, 조화신(造化神)이 내려 나의 본성이 되고, 교화신(敎化神)이 내려 나의 목숨이 되며, 치화신(治化神)이 내려 나의 기운이 된다. 그러므로 오직 인간만이 만물 가운데 고귀하고 존엄한 존재가 되는 것이다.

② 성·명·정(性·命·精)을 통해 천지와 역사를 보라.

사람의 성품이란 신(神)이 존재하는 뿌리이다. 그러나 신(神)이 성품에 근본을 두고 있다고 하여 성품이 곧 신(神)은 아니다. 기(氣)가 훤히 빛나 어둠이 전혀 없는 것이라야, 바로 진정한 성품이다. 사람이 본성 자리에 대한 깨달음을 구하려는 자는 하늘의 신과 더불어 생명의 근원을 함께하고, 목숨이 생명으로 드러나는 것은 산천(山川)과 더불어 그 기(氣)를 함께하며, 정기(精氣)가 영원히 지속되어 자손들이 계속 이어짐은 창생과 더불어 천지 역사의 과업을 함께하는 것이다.

③ 자아 인식의 중요성을 보라.

오호라! 정치는 그릇과 같고, 사람은 도(道)와 같으니, 그릇이 도(道)를 떠나서 존재할 수 없듯이 정치는 사람을 떠나서 존재할 수 없다. 나라는 형체와 같고 역사는 혼과 같으니, 형체가 그 혼을 잃고서 보존될 수 있겠는가. 도(道)와 그릇을 함께 닦는 자도 나요, 형체와 혼을 함께 키워나가는 자도 나다. 그러므로 천하만사는 무엇보다 먼저 나를 아는 데 있다. 그러한즉 나를 알려면 무엇부터 시작해야겠는가?

이처럼 인간의 내면에는 완전무결한 본성(本性)이 있는데, 그 본성은 우주에서 부여한 것이다. 이런 입장에서 살펴보면 자연은 끝이 없으나 인간은 잠시 왔다가 돌아가는 손님에 지나지 않는다고 보았다.

그 때문에 자연을 사적 소유의 대상으로 삼지도 않으면서 인간의 욕망에 맞게 자연을 개조하려고 하지 않았다. 자연과 인간을 모순과 대립하는 관계로 보지 않고 공존과 공생하는 관계로 생각했기 때문이다.

그런데 인간은 과학기술문명을 획기적으로 발전시키면서, 모든 동·식물들을 지배할 수 있도록 하는 힘을 가진 존재가 되었다. 이러한 힘은 인간의 지적 우월성으로 보아야 할 듯하다.

그래서 동양철학에서는 자신의 주체성을 확립하기 위해서는 먼저 나를 알고 남을 도와주어야 한다고 가르쳐준 것이다. 또 다른 주장을 한 사람은 춘추 전국시대 때 유학자인 순자(荀子)이다. 그는 공·맹(孔·孟) 사상을 가다듬고 체계화했으며, 사상적인 엄격성을 통해 이해하기 쉽고 응집력 있는 유학 사상의 방향을 제시한 바 있다.

순자(荀子)는 힘은 소만 못하고, 달리기는 말보다 못한데, 소와 말은 어째서 사람에게 부림을 받는가? 그것은 사람들은 모여 살 수 있고, 소와 말은 모여 살 수 없기 때문이라고 밝혔다.

인간의 육체적 능력은 소나 말에 비교할 수 없지만, 그러함에도 인간은 이들을 이용할 수 있었던 것은, 바로 인간은 공동체 생활을 유지할 수 있기 때문이다. 이러한 공동체는 단순히 개체의 모임이 아니며, 개체마다 자신의 역할을 지니면서 서로 협력하여 목표를 완성해나가는 집단이기 때문이다.

인간만이 집단을 구성하고 노동을 통해, 자신의 욕망에 적절한 방향으로 물질들의 모양이나 형태를 바꿀 수 있다는 점은 동·식물에서는 발견할 수 없다. 동·식물들은 자연 상태 그대로를 섭취하지만, 인간은 자연의 물질들을 변형하고 가공해서 활용하고 있다는 것이다. 즉 인간은 주체적이면서 능동적인 존재라는 인간 중심적 삶의 태도를 보여주고 있다.

맹자(孟子)는 성선설(性善說)의 사단(四端)을 말하며, 백성의 본성이 선하니 패도정치가 아닌 왕도정치를 해야 한다고 주장했다.

① 성선설(性善說)의 사단(四端)

- 측은지심(惻隱之心): 측은하게 여기는 마음.
- 수오지심(羞惡之心): 부끄러워할 줄 아는 마음.
- 사양지심(辭讓之心): 겸손히 사양할 줄 아는 마음.
- 시비지심(是非之心): 옳고 그름을 가릴 줄 아는 마음.

우환의식(憂患意識)에는 실제로 일종의 건강한 의지와 분발하는 정신이 속 깊이 담아 둔다. 우환의식이 약동할 때 자기 자신의 행위를 신중히 하고 또 성실히 노력하려는 방향으로 옮겨간다. 인간은 생활 속에서 생존을 위한 갈등을 겪게 된다. 이런 갈등을 극복하기 위해 주역(周易)이 말하는 우환의식을 살펴보고자 한다.

① 우환의식(憂患意識)

은·주(殷·周)나라의 전화(戰禍)와 민란(民亂) 그리고 해이해진 도덕관 등 생명 활동의 위축에서 비롯되었다고 보고 있다. 당시 무사(巫史) 계층의 정치·사회적 득세와 점복(占卜)의 사회문화적 팽창에서 공자는 인간 생명 활동에 대한 우환의식(憂患意識)을 가지게 되었다. 자신의 생명 활동에서 자신이 주체임을 자각한 다음에서야 우환의식(憂患意識)이 생겨난다. 우주 만물과 함께 생을 공유하는 과정에서 발생하는 인간의 도덕적인 책임감의 표현, 즉 정신적인 면에서 일어나는 인간의 지각에 대한 표현이다.

그래서 인간의 주체적 생명 자각 의식 속에서 신(神)의 개념보다 군자(君子)라는 개념으로, 점(占)보다는 도덕으로의 지향을 꾀했다. 자연에 대한 막연한 두려움의 기우(杞憂)나 개인적 욕망에 따른 두려움이 아닌 우국충정(憂國衷情)에서 일어나는 도덕성이 바로 은(殷)·주(周) 때의 우환의식(憂患意識)이었다.

인간의 행위는 나름대로 사고체계 속에서 구체적으로 드러난다. 그리고 사고의 구체화·현실화는 자신의 창조적 생명 활동을 구성한다. 미래에 대한 막연한 두려움이나 개인적 욕망이 아닌 우국충정(憂國衷情)에서 일어나는 도덕성이 바로 우환의식(憂患意識)인 것이다.

주역(周易)에서 말하는 자강불식(自彊不息)은 바로 스스로 창조적 생명 활동을 주목한 것이다. 역리(易理)에 대한 자각과 실천으로 이어지는 자기 창조는 종일 노력하고 배우고 실천하는 군자(君子)의 덕목으로 규정된다. 주역(周易)에서 군자는 우환의식 속에서 자신의 도덕·생명을 자각하며, 스스로 삶을 창조해 간다.

그 창조는 바로 생명력으로 나타난다. 역(易)의 생명력, 음양의 생명력, 그리고 각 괘에 담긴 우환의식 속에서 도덕·생명의 동력을 키워가는 생명 활동은 지금 우리에게 필요한 자기 창조의 실천이다. 미래에 대한 막연한 두려움이나 개인적 욕망을 벗어던지고 우국충정의 마음을 담아 도덕성을 일깨워야 한다는 것이다.

자연환경 속에서의 생명력·음양의 조화 속에서의 생명력·우환의식(憂

患意識) 속에서 자신의 생명력을 키워줄 수 있는 활동은 중도일심(中道一心)의 의지로 일어서야만 한다. 이러한 진리를 어떻게 준비해야 할지를 살펴보고자 한다.

2) 한글세대를 위한 천부경의 한글화

인간들은 자신이 살고 있던 환경에 적응하며 생활하고 있다가 문득 이 환경을 변화하도록 작용하고 있는 그 무엇인가 있다고 생각하게 되었다. 이 삶터는 하늘과 땅 사이 광대한 우주 안에 펼쳐져 있고, 시간의 흐름에 따라 질서가 생겨나면서 무생물·식물·동물들과 함께 어우러져 있다는 것을 알게 된다.

이 내용을 개념상으로 구분해 보면, 우주는 무형적 본질과 유형적 현상을 동시에 바라보는 철학적인 관념이라면, 자연은 유형적인 현상만을 바라보는 과학적인 관념이다. 우주를 공간·물질·시간으로 구분해 보지만 본질에 있어서 뿌리는 하나이고, 자연은 공간과 물질의 상대적 결합에 의한 유형적 현상을 말한다.

그래서 공간과 물질이 구조적이라면 시간은 질서적이라고 할 수 있다. 그러나 구조에는 시간적인 질서가 내포되어있고 질서에는 공간적 물질적인 구조가 내포되어있다. 이러한 구조와 질서의 상대적 관계에 따라 우주~자연이라는 유기체가 성립된다고 보는 것이다.

동양사상이 함축(含蓄)된 천부경에는 대자연의 법칙과 질서를 담고 있다. 질서(秩序)란 생명의 완성을 위한 법칙일 뿐이며, 더 높은 차원을 향한 발전적 전개이다. 모든 형상은 구조와 질서의 관계에서 존재한다. 구조에 의해 질서가 생(生)하고, 질서에 의해 구조가 성립된다.

선조들은 이 오묘한 진리를 아리랑이라는 민요에 담아 전달하기도 했다. 아리랑은 단순한 민요가 아니다. 한 맺힌 노랫가락도 아니다. 언젠가는 이 슬픔을 딛고 일어선다는 소망이 담겨있다. 선조들은 슬픔에 잠긴 백성들을 위해 아리랑이라는 민요를 통해 '한민족의 얼'을 일깨워 준 것이다.

이처럼 자연의 섭리(攝理)와 이치(理致)를 깨우친 한민족(韓民族)은 '가치관·자연관·인간관'을 함축(含蓄)해서 천부경과 민요에 담아 알려준 것이다. 그래서 천부경은 종교적 신앙·철학적 사유·과학적 분석 등 여러 측면에서 총체적으로 파악해야만 완전한 이해가 가능하다.

우주만물의 이야기

① 보이지 않는 공간에서 보이는 세상으로 드러날 때 한 생명체로 태어난다.

인간은 '마음과 기(氣)의 흐름이 만들어내는 일시적인 생명현상'이라고 봤다. 우주에 보이지 않는 공간과 물질이 보이는 공간이 있다면, 기(氣)는 보이지 않는 공간에서 머물다가 보이는 공간으로 태어날 때, 몸체에 의지해서 머무는 여정에서 마음과 기와 인체의 균형과 조화로 깨달음을 얻어 인간완성이 되도록 하는 성장 과정의 역할을 하는 것이다.

② 이 생명체의 작용을 마음과 기운과 몸으로 나누어 보지만 그 근본은 변함이 없다.

우주의 창조와 변화의 모습을 어떤 시점으로 보고 표현하느냐에 따라 여러 방법이 있을 수 있다. 동양철학에서는 천지인(天地人)을 삼극(三極)·삼령(三靈)·삼원(三元)·삼의(三儀)·삼재(三才)라고도 한다. 이것을 현대과학의 눈으로 보면 이 세상의 모든 존재를 결정해 주는 것은 시간과 공간과 질량이다.

③ 생명체가 작용하는 순서는 마음이 첫 번째 기운이 두 번째 몸이 세 번째이다.

생명체가 작용하는 순서는 '마음이 첫 번째, 기운이 두 번째, 몸이 세 번째'이다. 과학에서 말하는 시간의 인자(因子)를 천일(天一)로, 공간의 인자를 지일(地一)로, 그리고 질량의 인자를 인일(人一)로 표현했다. 그리고 순서로 볼 때 시간과 공간과 질량 순으로 작용한다고 봤다. 한 존재가 생성되기까지는 시간이라는 요인과 공간이라는 요인과 질량이라는 요인이 상호작용한다.

④ 초승달이 떠오르고 나서 매일 조금씩 커져 보름달이 되고 나면 보름달은 조금씩 일그러져 그믐달이 되는 한 달의 과정이 반복된다.

생명체들의 생활에 직간접적으로 영향을 주는 것이 해와 달이라는 것을 알고, 쉽게 살필 수 있는 달의 변화를 관찰하여 '초승달 상현달 보름달 하현달 그믐달'로 순환되고 있음을 알게 되었다. 초승달[一]이 뜨고 난, 다음날부터 조금씩 자라면서 보름달[十]이 된다. 보름달이 되면 그 순간부터 서서히 이지러지면서 그믐달이 된다.

⑤ 마음은 선악으로 기운은 청탁으로 몸은 후덕함과 천박함으로 각각 작용하면서 균형과 조화를 이루고 있다.

시간과 공간과 질량이라는 인자의 상호작용을 설명하는 것으로 시간의 요인[天]과 공간의 요인[地]과 질량의 요인[人]은 모두 음양[二]이라는 두 개의 조건 아래 각기 상호작용하여 조화를 이룰 때 새로운 존재가 탄생한다. 이처럼 하늘도 음양 운동 3수로 돌아가고, 땅도 음양 운동 3수로 순환하고, 사람도 음양 운동 3수로 살아간다.

⑥ 균형과 조화를 이룬 건강한 남자와 여자가 결혼하여 자손을 출산하는 가정들이 계속 이어진다.

내가 지니는 3이라는 숫자와 상대가 지니는 3이라는 숫자를 합치면 자연 6이라는 숫자가 된다. 이를 가리켜 대삼합육(大三合六)이라 한 것이다. 이러한 과정이 반복되면서 나타나는 현상을 가리켜 생칠팔구(生七八九)라 한 것이다. 따라서 균형과 조화를 이룬 남자와 여자가 결혼하여 자녀를 낳고 자녀들이 결혼하여 자녀를 낳는 것을 이어간다고 보았다.

⑦ 3개월마다 계절의 변화가 생기고 계절은 봄과 여름과 가을과 겨울로 순환된다.

'운삼사(運三四)'는 3개월마다 한 계절의 변화가 오고, 4번의 계절변화가 반복 순환한다. '성환(成環)'은 순환을 이룬다. '오십(五十)'은 음양의 조화 속에 이루어진다고 해석된다. 이렇게 해[陽曆]와 달[陰曆]과 별[五星]들의 움직임을 관찰하여 음양오행의 원리를 알고서, 생수(生數) '5토(土)'와 성수(成數) '10토(土)'의 음양배합(陰陽配合)으로 설명한 것이다.

⑧ 1년의 순환과정이 변화무쌍한 것 같지만 계절이 순환되는 법칙 그 근본은 변함이 없다.

'일묘연(一妙衍)'은 1년이 묘하게 퍼진다, '만왕(萬往)'은 많은 것이 온다, '만래(萬來)'는 많은 것이 간다, '용변(用變)'은 쓰임이 변화한다, '부동본(不動本)'은 그 근본은 변함이 없다고 해석된다. 일 년의 계절변화가 변화무쌍한 것 같지만, 계절마다 변화되는 삼라만상의 온갖 모습, 이런 우주의 변화가 일정한 순환의 질서와 변화법칙이 있다는 것을 알게 되었다.

⑨ 스스로 다스려지는 그것을 우주심(宇宙心)이라 하는데 태양을 이고 사는 생명체 중에 인간만이 이러한 진리를 깨칠 수 있다.

선조들은 사람들의 몸 안에 머무는 마음이 있고, 이런 인간 마음이 한결같은 우주심(宇宙心)을 계승했는데, 태양을 이고 사는 생명체 중에서 인간만이 우주심을 이어받았다는 것을 깨달았다. 우주심은 자연 그 자체이다. 순수한 진리이다. 그래서 사람만이 이 진리를 깨우치기 위해 정신수련을 한다. 그래서 으뜸이라고 하는 것이다.

⑩ 보이는 세상에서 보이지 않는 공간으로 돌아갈 때 한 생명체로 마친다.

현대의학자들은 죽어가는 인간의 뇌에서 일어나는 신경생리학적 과정은 아직 보고되지 않았는데, 이는 사망에 이르는 완전한 표준 EEG 활동을 포착하는 것은 드문 것은 실험적으로 계획할 수 없기 때문이라고 밝혔다.

그런데 인간을 실험대상으로 할 수 없던 상황에서 2022년에 미국 '노화신경과학회지'에 미국 루이빌대학교 의과대학 연구진에 의해 "죽어가는 인간의 뇌에서 신경의 일관성과 결합의 상호작용 강화"라는 주제로 발표하였다.

한 명의 뇌 질환 환자 연구 결과인 만큼 이를 전제로 일반화할 수 없다면서, 연구팀은 심장박동이 멈춘 이후에도 30초간 뇌파 전달이 이어진 점에 대한 이해를 위한 연구가 더욱 필요하다고 밝혔다.

위에서처럼 필자는 81자(字) 천부경을 설명할 때 보이는 현상계는 과학적 이론과 통계 자료를 바탕으로 했으며, 보이지 않는 본 체계는 동양철학적 이론을 바탕으로 접근하려고 노력하였다.

그래서 천부경을 해설할 때 문자의 뜻에 중점을 두지 않고 그 본질과 참뜻을 이치적으로 이해하려고 노력하면서, 현대과학이 어디까지 어떻게 연구되었는지를 확인하려고 했다.

천부경은 일시무시일(一始無始一)로 시작하여 … 일종무종일(一終無終一)로 마친다. 태어나고 죽음도 그 본체는 '하나'일 뿐이다. 있음과 없음을 포용하는 근원적 본체가 '한'인 것이다. 여기에서 '나'라고 하는 존재적 자아(自我)는 '한'에서 왔으므로 '우주와 나'라는 관계를 설명할 수 있다.

하나는 없음에서 시작하였다가, 없음으로 가지만, 다시 새로운 하나로 시작되니, 없음은 시작과 끝이 마주치는 하나의 끝과 끝, 양쪽이 된다. 모든 있음은 없음에서 비롯되나 그 본원은 뿌리가 하나이다. 있음도 아니며 없음도 아닌 것에, '한'의 자리가 있다. 다시 말하면 있음과 없음을 포함하는 근원적 본체가 '한'인 것이다.

'한'을 과학적으로 설명하면 공간과 물질과 시간은 본질에 있어서 뿌리가 하나의 통일체로서 총체적인 개념이 우주이다. 자연은 공간과 물질의 상대적 결합에 의한 유상적(有相的) 현상을 말하며, 시간은 자연의 결과이지 자연 그 자체는 아니다. 이것이 각각 분리하여 존재할 수 없는 것은 원인과 뿌리는 하나이기 때문이다.

우리는 선조들이 자연현상을 보고 남긴 내용에만 머물러 있어서는 안 된다. 자연의 존재 그 자체를 말로 표현하거나 문자로 표기하면 그 순간 그것은 관념적인 뜻이 되고 만다. 이처럼 관념적으로 표현된 내용을 먼저 그 본질과 참뜻을 이치적(理致的)으로 구명할 때, 그 참뜻을 올바로 이해할 수 있게 된다.

우리 스스로 한민족 역사에 관심을 가지고 배우고자 하는 마음을 지녀야 한다. 역사는 과거의 이야기가 아니라 현재와 미래를 가늠하게 하는 뿌리다. 뿌리에서 현재라는 줄기와 가지와 잎이 무성하게 자라고, 미래라는 열매를 맺게 된다. 자신의 뿌리인 역사를 배우는 민족은 흥하고, 역사에 눈감는 민족은 쇠할 수밖에 없다.

그래서 사람들이 삶의 목적과 가치를 인간완성에 두어야 하는데, 삶을 사는 과정에는 수많은 분쟁과 갈등이 생기게 된다. 이것은 우리가 살아가는 하나의 유형이며, 삶이란 그렇게 이루어진다. 이런 분열적 삶속에서 나를 고차원적으로 완성하고, 세상을 구원할 수 있도록 노력해야 한다.

그리고 신세대들은 정통적으로 이어져 온 학교 교육과정에 인성과 지식을 배우고 있고, 다른 한편으로는 스스로 인터넷을 활용하여 전문지식을 얻고 있는 상황으로 바뀌었다. 따라서 지금 가장 효과적인 방법은 사이트를 이용하여 '우주 만물의 이야기'를 알려, 마음속에 담긴 한민족의 얼을 드러낼 수 있게 하고자 한다.

3) 한글 천부경의 미래 가치 함양

앞장에서 우주의 일정한 순환 질서와 변화법칙을 살펴보았듯이, 자연계에서는 모든 존재가 생존본능이라는 형태로 생명을 유지하기 위해 있는 힘을 다하고 있다. 이 존재 중에서 천지의 기운과 가장 잘 조화를 이룬 생명체가 인간이다. 인간은 영적인 완성을 이루는 조건을 가지고 있다.

인간은 성장하면서 가치 있는 대상을 찾아가는데, 아이는 엄마를 찾게 되고, 성인이 되면 이성을 찾고, 어른스러워지면서 절대적인 완성을 갈구하여, 생명의 실상을 찾게 된다. 선조들은 이러한 과정을 오랜 세월 동안 뛰어난 예지력과 통찰력으로 살펴, 삶의 처세방법을 알려주었다.

인간완성과 전제완성의 관계는 어떻게 되는 것일까? 지금까지는 홍익인간 이화세계라고만 알려져 있었다. 그런데 선조들은 수행하는 방법을 기록으로 남겼다.

전래과정을 살펴보면, 환국 시대 때는 삼신(三神)의 진리로 백성을 가르치고 이끌어서 올바른 방향으로 나아가게 하고, 인간을 널리 도와주라는 인간 구원 정신을 폈다.

배달국 시대 때는 홍익인간의 대도 이념을 열여섯 자[일신강충, 성통광명, 재세이화, 홍익인간]로 정리하고, 오랜 세월이 지나서 고조선 시대 때는 하늘·땅·사람의 창조 정신과 목적을 염표문(念標文)에 담아 완성하였다.

고조선 시대 때 국자랑(國子郞)의 사부 유위자(有爲子)가 단군 도해(道奚)께서 건의한 기록이 있다. 그 내용은 "배달국 환웅께서 백성들에게 선인(仙人)의 도(道)로써 계율을 세워 교화하였습니다.

역대 성조들이 천부경과 삼일신고를 기록으로 남기면서, 의관(儀觀)을 정제(整除)한 후 대검을 지니고 다니는 풍속을 백성들이 즐거이 본받았습니다."이다. '외모를 단정히 한다.'라고 할 때, 그 의미는 마음을 가다듬고 행동할 때는 예의를 갖춘다는 결의(決意)가 담겨있는 것이다.

사회를 이롭게 하기 위해서는 먼저 일신강충(一神降衷) 성통광명(性通光明)을 통해 홍익인간(弘益人間)으로 완성되어야만 한다. 이러한 정신문화를 담은 내용이 있다. 이 내용을 고구려 시조(始祖) 동명성왕(東明聖王)인 고주몽(高朱蒙)과 을지문덕(乙支文德) 장군의 기록에서 확인할 수 있다.

① 고주몽(高朱蒙)의 조칙

하늘의 신이 만인(萬人)을 한 모습으로 창조하고 삼진(三眞)을 고르게 부여하셨느니라. 이에 사람은 하늘을 대행하여 능히 이 세상에 서게 되었다. 하물며 우리의 선조는 북부여에서 태어나신 천제의 아들이 아니더냐!
슬기로운 이는 마음을 비우고 고요하게 하며 계율을 잘 지켜 삿된 기운을 영원히 끊으니, 그 마음이 편안하고 태평하면 저절로 세상 사람과 더불어 매사에 올바르게 행동하게 되느니라. 군사를 쓰는 것은 침략을 막기 위함이며, 형벌의 집행은 죄악을 뿌리 뽑기 위함이니라.
그런고로 마음을 비움이 지극하면 덕이 높아지느니라. 따라서 마음을 비워 가르침을 듣고, 고요한 마음으로 사리를 판단하고, 지혜로 만물을 다스리고, 덕으로 사람을 건지느니라.

② 고구려 26대 영양왕(嬰陽王) 때 명장 을지문덕(乙支文德)

도(道)로써 천신을 섬기고 덕(德)으로써 백성과 나라를 감싸고 보호
하라. 나는 천하에 이런 말이 있음을 나는 안다.
사람이 삼신일체(三神一體)의 기운을 받을 때 성(性)·명(命)·정(精)으로
나누어 받으니, 우리 몸속에 본래 있는 조화의 대광명(大光明)은 환
히 빛나 고요히 있다가 때가 되면 감응하고, 이 조화의 대광명(大光
明)이 발현되면 도(道)를 통한다.
도를 통하는 것은, 삼물(三物)인 덕(德)·지혜·조화력을 몸으로 직접
체득하여 실천하고, 삼가(三家)인 마음·기운·몸의 조화를 성취하며,
삼도(三途)인 느낌·호흡·촉감이 언제나 기쁨으로 충만하여 이루어지
는 것이다.

위에서처럼 수행의 경지가 높았으니, 수많은 대군이 침략한다고 하더
라도 어찌 당할 수가 있겠는가. 한 개인이 자아완성(自我完成)을 이루고
나서 이지러짐이 없이 협력하며 이치에 맞게 대처한 것이다. 이와 같은
과정을 거치며 사회의 진화를 이루게 된다.
　그렇다면 이 수행공부(修行工夫)를 어떻게 해야만 할까? 수행에 앞서
깨달음의 법(法)과 원리(原理)를 알아야 한다. 법(法)은 모든 조화의 근원
으로 만물이 의지하는 곳, 생명의 본질을 말하는 것이다.
　원리(原理)는 사물의 기본이 되는 이치나 법칙을 말한다. 원리가 바로
서면 사상이 나오게 되고, 사상이 바로 서면 신념이 나온다. 명확한 신념
에서 부정적 정보를 정화(淨化)시키는 힘이 나온다. 수행이란 몸과 마음

이 하나가 되도록 하는 것이다. 올바른 수행 방법을 터득하기 위해 '도통(道通)의 관문(關門)'을 살펴보기로 한다.

① 도통(道通)의 관문(關門)

성품과 목숨과 정기는 삼신(三神)과 합일(合一)되기 위해 반드시 굳게 지켜내야 할 '세 가지 관문'이니, 관문이란 신(神)을 지키는 가장 중요한 길목을 말한다. 성품은 타고난 목숨과 분리될 수 없고, 목숨은 타고난 성품과 분리될 수 없으니, 성과 명의 중심에 정기가 있다.

마음과 기운과 몸은 삼신(三神)이 머무는 '현묘한 방'이니, 방(房)이란 변화를 지어내는 근원을 말한다. 기(氣)는 마음을 떠나 존재할 수 없고, 마음은 기(氣)를 떠나있을 수 없으니, 마음과 기의 중심에 우리의 몸이 있다.

느낌과 호흡과 촉감은 신의 조화세계에 들어갈 수 있는 '삼문(三門)'이니, 문(門)이란 삼신의 도(道)를 실행하는 영원불변의 법도이다. 감각은 호흡 작용과 분리되지 않으며, 호흡 작용은 감각과 분리되지 않으니, 촉감이 그 가운데에 있는 것이다.

성품은 진리를 체험하는 으뜸 관문이요, 마음은 참신이 머무시는 현묘한 안식처요, 느낌은 삼신상제님의 성령이 감응하는 오묘한 문이다.

그러므로 이치를 탐구할 때 너의 성품에서 구하면 삼신의 참 기틀이 크게 발현되고, 삼신의 보존을 마음에서 구하면, 참 진리의 몸인 너의 참모습이 크게 드러나고, 삼신 성령에 응하여 서로 느끼게 되면 천지 대업을 크게 이루리라.

체험하는 데는 깨달음의 특정한 그때가 있고, 경지가 펼쳐지는 데는 특정한 문화의 공간이 있으니, 인간은 그 가운데 있다. 만물 속에 정신과 물질이 일체로 깃들어 있는 이것은 오직 일기(一氣)일 따름이다.

여기에는 다함이 없는 수(數)의 법칙과 피할 수 없는 변화 이치와 감히 막을 수 없는 창조력이 깃들어 있다. 그리하여 선악을 막론하고 그 응보가 영원토록 작용하게 되고, 그 보답을 저절로 받게 되며, 그 응보가 자손에게까지 미치느니라.

위에서처럼 인간의 몸에 생긴 '세 가지의 참된 것'을 우리는 삼진[三眞: 성(性)·명(命)·정(精)]이라고 한다. 하늘에서 부여받은 인간의 성품이 본래 선하고, 생명은 본래 맑고, 정기는 본래 두터운 까닭이다. 이런 '성(性)·명(命)·정(精)'을 온전히 지켜 진리를 성취하기 위해서는 마음에 빈틈이 생기지 않게 해야 한다.

성(性)의 모습은 원(圓:○), 명(命)의 모습은 방(方:□), 정(精)의 모습은 각(角:△)이며, 원·방·각을 이름하여 삼묘(三妙)라고 한다. 원[○]은 밖이 둥글고 안이 빈 것을 나타내니 높은 하늘의 모습이며, 방[□]은 면이 바르고 곧은 것을 나타내니 땅의 평평한 모습이며, 각[△]은 위가 하나이고 아래는 둘을 나타내니 사람의 모습이다. 이것이 곧 천(天), 지(地), 인(人)이다.

양자역학을 바탕으로 원(圓)·방(方)·각(角)을 설명한다면, '원(圓)'은 모든 것이 하나로 존재하는 양자 상태를 상징하며 파동의 모습이기도 하다. '방(方)'은 둘로 나누어져 분리된 상태로 존재하는 입자를 상징하며, '각(角)'은 그 사이에서 선택함에 따라 그 모습이 드러나는 것을 표현한 것이다.

선택하는 위치에 따라 파동과 입자 특성이 선택한 위치에 해당하는 만큼 서로 뒤섞인 모습으로 세계가 그 모습을 드러낸다. '원'은 파동이며, '방'은 입자이다. 원(圓:○)과 방(方:□)의 중간에서 사람이 선택하기 때문에 각(角:△)은 사람[人]을 뜻한다.

'원'은 절대의 세계이며, '방'은 상대의 세계이다. '원'은 체(體)이며 그 실체는 파동으로서 스스로 존재한다. '방'은 용(用)이며 그 실체는 입자로서 상호작용으로 그 존재가 파악된다. '원'은 무한한 창조이기에 그 선택이 가능하다. 따라서 자유 의지 상태이다. 그러나 '방'은 입자로서 그 경계가 지워진 것이며 따라서 운명이 결정되어 있고 타율적인 상태이다. '원과 방'을 하나로 아우른 상태가 양자 상태이며, 사람은 그 가운데서 선택하며 산다.

수행이란 '원'의 상태, 즉 하나가 되는 것이다. 달리 말하면 상호작용이 빚어내는 망상에서 벗어나 이것이 망임을 관(觀)하고 체로서의 절대 존재를 인지하는 것이다. 체와 용으로서의 관점 모두를 두루 갖추게 될 때 양자 상태, 즉 선택 작용이 일어나기 전의 모습이 된다. 양자 상태의 의식으로 가려면 입자 세계의 경계를 넘어서야 한다. 몸과 마음은 하나이기에 정신만 집중해서는 경계를 넘어서기가 어렵다.

우리 몸에서 존재하는 마음과 기(氣)는 역동적으로 작용한다. 그리고 몸에 영향을 미친다. 지속적인 신진대사를 통해 변화된다. 이 방향이 상향으로 가느냐? 아니면 하향으로 가느냐? 어느 쪽을 선택하느냐는 결정은 내가 해야 한다. 우리가 좀 더 나아지게 하기 위해서는 몸과 마음이 조화를 이루어야 한다. 의식은 생체 전류의 빛이다.

의식은 정신 에너지의 모양이 바뀌었을 뿐 정신과 물질의 근본 바탕은 같다. 깨달은 사람은 우주 의식을 통해 천지를 영원히 소유하며, 의식이 병들면 몸과 마음을 병들게 한다. 사람이 사는 목적은 의식의 진화에 있다. 의식이 건강해지기 위해서는 천지의 마음을 알아야 한다.

현대 신경과학자들에 의해 오랜 세월 동안 과학적 방법으로 태도와 감정들의 수준을 정확한 숫자로 나타낼 수 있었다. 여기에서 가장 주목할 만한 점은 눈에 보이는 힘과 인간 내부에 들어 있는 진실한 힘을 구분할 수 있다고 한다.

만약에 의식의 지도를 본 후, 명상하면 좀 더 빠른 경지에 이를 수 있다는 통계가 나올 수 있기를 기대해 보면서 연구 과정을 살펴보고자 한다.

의식혁명의 저자 호킨스(David R. Hawkins) 박사는 근육이 육체에 이롭지 않은 자극을 접할 때면 순간적으로 기운이 저하(低下)된다는 사실을 발견했다. 그는 '최첨단과학의 빛'으로 동양의 옛 성인들이 말하는 진아(眞我)의 본질을 확인할 수 있음을 밝힌 것이다.

① Kinesiology[(신체) 운동학; 운동요법]

호킨스 박사의 운동요법(Kinesiology) 이론은 과학적 학문을 통해 발전되었다. '운동요법'은 신체의 조건에 따라 적용되는 근육과 그 움직임에 대한 학문이다. '운동요법'은 20세기 후반에 조지 굿 하트(George Good heart) 박사에 의해 처음으로 과학적 조명을 받았다. 박사는 인체의 근육은 어떤 것이 몸에 좋고 나쁜지를 '이미 알고 있음'을 증명하였다.

존 다이아몬드(John Diamond) 박사는 1970년대 말 물질적인 자극뿐만 아니라 감정적이고 지적인 자극에도 근육이 강화되거나 약해진다는 놀라운 사실을 발견했다. '행동 운동요법' 실험을 통해 인간의 의식 레벨을 수치화시킬 수 있었으며, 인간의 다양한 태도·생각·느낌·상황·인간관계 등의 상대적 강도를 다수의 수치로 측정했다는 것이다.

사람이 성장한다고 해서 내면에 깃들어 있는 의식도 나이와 같이 성장하는 것은 아닐 것이다. 때문에 '의식의 지도'로 인해 가장 괄목할만한 점은, 단순히 눈에 보이는 힘(force)과 인간에게 내재(內在)된 진실한 힘(power)을 구분할 수 있었다는 데에 있다. 이러한 구분을 통해 우리의 태도와 감정을 수치화한 것이다.

　뇌과학자 수전 그린필드(Susan Greenfield)는 의식의 중요성을 "의식
은 마음에 생명을 부여한다. 신경과학자에게 의식은 궁극의 수수께끼이
다. 의식이 무엇인지 서서히 드러나고 있으며 기대하던 해답이 어떤 것
인지 조금씩 깨닫고 있는 과정이다. 1970년대 이후로 놀라운 발전이 이
룩되고 있다. 그러나 우리의 연구는 이제 막 시작되었을 뿐이다."라고
밝혔다.

　① 의식 시험 결과

　수치화시킨 1부터 1,000까지의 한정된 숫자는 비선형 동역학의 수
학과 관계되어 있다. 1부터 600까지의 범위는 인간 경험의 주요한
부분을 거의 망라하고, 600부터 1000까지의 수준은 통상적인 진
화의 영역이 아니라, 깨달음·영적인 상태라 할 수 있다.

　단순히 살아 있기만 한 상태가 1이라는 수치라면, 사랑의 힘은 500이
라는 수치에 있다. 이러한 수치 중에서 200 이하의 수준은 개인이든 사
회이든 파괴적인 부정적 삶을 뜻하며, 200 이상의 수준은 건설적인 잠
재력의 긍정적 표현이다. 그리고 500이라는 수치에 이르면 다른 사람
의 행복을 고려하게 되어 그 사람을 움직이는 필수적인 요소로 자리 잡
게 된다.
　의식 수치는 감정이나 인식·태도·세계관·영적 믿음 등을 통해 나타나
는 특정한 의식 세계와 서로 상응한다. 의식의 지도로 인해 역사의 진

행 과정에 대해서도 새로운 조명이 가능하게 되었다. 가장 괄목할만한 점은 '눈에 보이는 힘'과 '인간 내면의 진실한 힘'을 구분할 수 있었다는 데 있다.

외부 의식 속에서의 참회만으로는 마음을 정화하기 어렵다. 기운과 의식은 밀접하게 연관되어 있어, 기운이 맑으면 의식도 맑고, 기운이 탁하면 의식도 탁하다. 정기가 진기가 될수록 의식도 함께 진화되는 경향이 있다. 기운을 느낄 수 있는 육감이 계발되면서 의식의 진화도 구체적으로 이루어질 수 있는 계기가 마련된 것이다.

선조들은 이러한 이치를 깨닫고 마음공부를 강조한 것이다. 모든 일은 마음먹기에 달려 있다는 말이 있다. 삶 속에서 만들어진 불안감·미래에 대한 걱정 등이 엉켜 자신을 힘들게 한다.

그래서 마음공부를 하기 위해서 먼저 육체를 다스리라고 했다. 육체보다 마음이 상위 개념이지만 육체가 없으면 마음은 아무 일도 하지 못한다. 그래서 함께 다스리라고 한 것이다.

의식의 여러 측면은 그동안 전통적인 철학에서 수없이 다루어져 왔으며, 마음·감정으로 표현되는 의식이 과학의 주제가 되어 연구된 결과가 있다. 뇌 과학에서 밝혔듯이 뇌 작용 결과가 드러나는 것은 바로 행동이다. 달리 말하면 행동은 뇌 안에서 일어나는 신경세포와 연계되어 있다는 것이다.

'의식의 출현'을 이해하기 위해서는 생명이라는 현상 속에 있는 뇌를 이해해야 한다. 뇌도 자연의 한 부분이기에 그 생명을 가능케 한 우주 차원으로 시야를 넓혀 의식에 접근해야 한다.

미국의 생물학자 제럴드 모리스 에덜만(Gerald Maurice Edelman)은 1972년 면역계에 대한 공로로 노벨 생리학·의학상을 받은 바 있다. 그는 면역계의 구성요소가 개인의 삶에 따라 진화하는 방식이 뇌의 구성요소가 진화하는 방식과 유사하다고 밝힌 바 있다. 그는 이런 의식을 열두 가지 속성으로 구분하였다.

① 일반적 속성

통일성·일원성	어떤 풍경을 볼 때 그림으로 통합적으로 인식한다.
다양성·분화성	다양한 정보를 쫓아 끊임없이 분화된 것을 받아들인다.
순차성·변화성	인간에게는 시간에 대한 개념이 있다.
감각 양식 통합	시각·청각·체감 각각 정보가 내측두엽에 하나로 모인다.
구성적(채워 놓기)	풍경 속에서 실제로 존재하지 않는 얼굴을 만든다.

② 정보적 속성

지향성·추상적	추상적 공간·물리적 공간이든 의식이 향하는 곳이 있다.
접근성·연합성	의식은 의도와 상관없이 기억저장영역에 접근·연결한다.
중심·주변	중심과 주변을 구분하는 경계가 있다.
집중·분산	집중과 분산으로 의식의 집중도가 조절될 수 있다.

③ 주관적 속성

퀄리아(qualia)	타인에게 전달하기 힘든 각자의 영역이 있다.
위치·상황에 민감	'물리적 위치'나 '조직의 서열'에 민감해진다.
친숙한 상태	어떤 사람은 친밀하게, 어떤 사람은 서먹하게 느껴진다.

이처럼 열두 가지 속성을 보면, 의식이 어떤 것인지 어렴풋하게 느낌이 온다. 우리가 무언가를 의식한다는 것은 인간만이 갖는 고유한 뇌의 능력일 수 있다. 생각과 내용과 시간적 변화를 유지하는 의식상태이다. 그렇다면 의식은 어떻게 만들어질까? 의식이 있으려면 우선 몸, 즉 신체적 자아가 존재해야 한다.

의식은 감각·감정·기억·생각 같은 뇌 현상이 발현되는 바탕이다. 의식이 바다라면 나머지 뇌 작용들은 의식의 바다 위 물결에 불과할 수 있다. 텅 빈 그릇, 잔잔한 바다처럼 의식도 내용 없이 그 자체로 존재할 수 있다. 그래서 의식은 무의식보다 더 광범위하게 통합된 가변적 상태이다.

잠에서 깨어나는 순간은 무의식에서 의식상태로 전환되고, 처음 생성된 의식은 상태만 존재하고 내용은 채워지지 않아서 속이 빈 나무에 비유될 수 있다. 의식을 설명하는 가설들은 무척 많다.

이 자아는 생존에 필요한 신호를 보내는 '교감신경·자율신경계·뇌간 그리고 시상하부(hypothalamus)'의 활동을 유지한다. 식욕과 자손을 남기고 싶은 욕구에서 항상성을 유지하려는 본능적 자아가 생긴다. 그리고 어른이 되면서 타인을 가족과 사회구성원으로 의식하며 점차 사회적 자아가 형성하고 공고해진다.

뇌 과학 분야의 전문가인 박문호 박사는 자신의 저서 『뇌 생각의 출현』 '5강 의식으로 가는 길'에서 행동은 뇌 안에서 일어나는 여러 가지 신경세포의 연결망과 연계되어 있다고 아래와 같이 밝혔다.

신체적 자아(自我)는 뇌의 작용을 통해 행동으로 표현된다. 언어가 생성되기 전에 형성되는 1차 의식에서 언어를 매개로 기억이 생성되는 고차 의식으로 연결되면서 하나하나의 장면들이 모여 우리의 과거·현재·미래가 형성된다. 1차 영역에서 나온 정보들은 다시 한번 종합적으로 처리되면서, 2차 영역이 측두엽 안에 있는 여러 뇌 기관들과 연결된 신경회로와 만난다.

생존을 위한 내부의 가치 신호가 외부의 감각 신호와 연계되어 전두엽·두정엽·측두엽에서 가치에 물든 범주(範疇) 기억을 만든다. 인식 작용이 일어난 측두엽 안쪽의 편도나 해마에서 감정이 묻게 된다. 즉 내가 산 찻잔에 대한 애착 기억 등이 감정에 물든 정보에 마구 묻어 들어가는 것이다. 여기서 감정의 미묘한 속성 중 하나가 사람을 움직이게 한다는 것이다.

인간의 의식은 대뇌피질이 진화한 결과이다. 그리고 인간 뇌의 일부인 시상(視床)도 감각과 운동 결과를 대뇌피질로 중계한다. 그래서 진화 초기에는 시상(視床)이 대뇌피질과 비슷한 기능을 한 것으로 추정되고 있다.

시상(視床)은 뇌의 중앙에 위치하여 대뇌피질에 투사되는 주요 감각계의 최종 중계소 역할을 한다. 후각을 제외한 '시각·청각·촉각·미각'의 감각들이 시상을 거쳐 대뇌피질에 투사되어, 모든 감각 신경이 이곳에 모였다가, 다시 해당 감각 신경으로 전달되어 진다.

그런데 신경 철학 영역을 개척하게 된 철학자 패트리샤 스미스 처칠랜드(Patricia S. Churchland)는 자신의 저서인 『마음-뇌 통합 과학을 향하여』에서 주의 집중 탐색이 있다고 짐작하고서, 근육경련은 신경계가 어떻게 탐색 작용 효과를 낼 수 있을지라는 의문을 제기하면서, 근육경련에 대한 가설은 다음 네 가지 기초 요소들을 합친 것과 같다고 밝혔다.

  - 주의 집중 탐색은 시상의 망상 복합체에 의해 조절된다.
  - 주의 집중 탐색에 의한 결과는 하부 활동성 시상 뉴런들의 빠른 격발 발생으로 표현된다.
  - 주의 집중 탐색에 따라 발생된 연결은 시냅스(Synapses)에 의해 중재되며, 특별히 그 시냅스에 빠른 집단 격발 활동으로 중재된다.
  - 연결은 세포 집단으로, 특히 다른 피질 영역의 세포 집단으로 표현된다.

위에서처럼 근육경련의 가설은 신경생물학적·심리학적 질문을 불러일으킨다며, 그 가설의 첫 문장은 결실 많은 상호 진화 변화의 시작에 불과할 것이다. 지금의 단계에서는 완결에 가까운 어느 것도 기대할 수 없지만, 어쩌면 그 가설이 충분히 결실을 얻어낼 실험적 잠재력을 가지고 있다.

물론 심리학적 탐색 가설과 근육경련의 신경생물학적 설명 모두가 틀린 것일 수 있지만, 모두 탐구할 만한 가치를 뚜렷하게 가지고 있다고 설명하였다.

이런 인식 작용은 불교에서 말하는 '색(色)·수(受)·상(相)·행(行)·식(識)' 등 다섯 가지의 감각 작용과 정신작용으로 구성된 오온(五蘊) 중에서 상온(想蘊)에 해당한다. 상온은 '의자다. 책상이다.'라 하고 무엇인가 지각되고 그것이 무엇인지 인식된다는 것이다.

여기서 감정에 물들었다는 것, 그것은 판단의 근거가 된다. 우리가 하는 모든 행위는 무엇에 근거해서 나올까? 그것은 감정이다. 감정의 미묘한 속성 중 하나가 사람을 움직이게 한다.

선조들은 사람과 만물이 다 같이 삼진(三眞: 성품·목숨·정기)을 부여받았으니, 오직 사람만이 지상에 살면서 미혹되어 삼망(三妄: 마음·기운·몸)이 뿌리를 내리고, 이 삼망이 삼진과 서로 작용하여 삼도(三途: 느낌·호흡·촉감)의 변화 작용을 짓게 된다고 밝혔다.

그러면서 백성들에게 '감정을 다스리고, 호흡을 고르게 하며, 촉감과 자극을 억제하여, 오직 한뜻으로 매사를 행하고 삼망을 바로잡아 삼진으로 나아가 인간의 근본 마음자리를 밝힘으로써, 성품이 열리고 공덕을 완수할 수 있다고 가르쳤다.

그런데 '정신문화'가 공동체의 문화에서 개인주의 문화로 바뀌고 있다며, 김난도(金蘭都)는 자신의 저서 『트렌드 코리아』에서 공동체에 있던 개인들은 ① 조각조각 흩어졌다가 ② 비슷한 끼리끼리 모여 ③ 서로 메아리치며 자기 목소리를 높이는 특징을 지닌다고 밝혔다.

① 조각조각 흩어진다.

초연결 사회를 살아가는 현대의 사람들이 모래알처럼 흩어지고 있다. 영국의 전 총리 마거릿 대처는 1987년 인터뷰에서 '사회란 없다. 그저 한 개인의 남녀와 가족이 있을 뿐'이라고 말한 바 있다. 국가에서 개인의 위상을 강조한 이 발언은 2022년 한국 사회에서도 유효하다.

② 끼리끼리 관계 맺는다.

인간은 사회적 동물이다. 지진이나 폭설 같은 자연재해가 발생했을 때 가장 치명적인 사태는 바로 고립되는 것이며 구조대는 그 고립 상태를 해결하기 위해 생사를 건 필사적인 노력을 기울인다. 그렇다. 아무리 고독을 사랑한다고 해도, 기술이 발달하고 전염병이 가로막아도, 결국 사람은 서로가 연결되기를 원하고 있다.
문제는 어떻게 연결되느냐. 그 만남의 방식도 예전과 다르다. 개인적 욕구가 공동체의 결속력보다 중요해진 세상에서는 집단적 정체성보다 개인적 취향이 더욱 중시된다. '오이를 싫어하는 사람들의 모임'과 같은 너무 과한 정보로 자신을 규정하려는 경향이 좋은 예다.

③ 내 편끼리 공감한다.

하고 싶은 마음이 생기는 방향으로 뭉친 집단에서는 서로 선호하는 정보만을 주고받기 때문에, 자기 확증적(確證的) 성향이 강조되기 쉽다. 매체와 플랫폼이 이러한 편향을 다양성과 상호 이해를 보완하는 방향으로 선도해주면 공동체의 순기능이 해당 집단을 넘어 사회 전반에 긍정적 영향을 줄 수 있을 것이다.

그러나 다양한 집단만큼 미디어(Media)들은 막강한 추천 기능을 기반으로 사람들이 선호하는 성향을 반영함으로써 '봐야 할 이야기'가 아닌 '보고 싶은 이야기'만 더 집중적으로 접하도록 설계되어 있다. 결국은 같은 의견의 메아리 속에서 사람들은 자신 생각이 '옳고' 주변 사람들도 다 같은 생각을 하고 있다고 믿게 된다. 이를 반향실(反響室) 혹은 에코 체임버 효과라고 한다.

위에서처럼 김난도(金蘭都)는 자신의 저서 '트렌드 코리아 2022'에서 위기는 역사를 통해 되풀이되는 자연스러운 현상이라며, 혹독한 시련을 이겨내고 살아서 남는 조건, 그것은 회복탄력성에 있다고 강조했다. 그러면서 '내러티브(Narrative) 자본'이라는 키워드를 제안했다.

네러티브(Narrative) 어원은 자세히 말하다·이야기하다 라는 의미의 라틴어 '내러트(Narrare)'에서 유래된 '내러티브'는 '알다(Gnarus)와 말하다(Narro)'에서 파생됐다.

단순히 말하는 그 자체를 넘어 내용을 알기 위한 것임을 강조하는 단어. 삶의 과정에서 다가오는 시련을 이겨내려면 세상사와 자신의 삶이 어떤 관계에 있는지를 자세히 알아보는 과정이라고 할 수 있다.

미국의 영문학자 존 닐(Jhn, Niels)은 '호모 나랜스(Homonarrans)'에서 자연과학적인 발견조차도 학문적 성공에 관한 흥미로운 '내러티브'로 완성된다고 말했다.

> 이 세상 모든 것은 '내러티브'에서 시작되고 완성되는데, 심지어 전
> 세계에 존재하는 종교들조차 방대한 '내러티브'의 향연을 통해 강
> 력한 전파력을 갖게 된다는 것이다. 이처럼 '내러티브'는 소통하는
> 인간들에게 원초적이고 본질적인 문제다.

'나만의 내러티브는 무엇인가?'를 물었을 때, '내러티브'에는 한계가 없
다고 한다. 어쩌면 우리는 상상력으로 가득한 어린 시절의 자연스러운
모습을 잃어버렸는지 모른다. 일상 속 관습에 젖어 살다 보니 감각이 무
뎌지고, 넘치던 호기심은 어디론가 사라지고 말았다.

'이상한 나라의 앨리스'에서 따분한 일상에 지쳐 있던 앨리스가 시계
를 보며 두 발로 뛰어가는 토끼를 쫓다가 이상한 나라로 들어간 장면을
떠올려보자. 우리의 삶도 앨리스의 모험만큼 멋지고 신비로운 '내러티
브'를 간절히 기다리고 있는 것은 아닐까?

남들이 그려놓은 정해진 틀에만 얽매여서는 새로운 서사(敍事)를 창
조할 수 없다. 2022년을 새로운 도약의 원년으로 삼고자 하는 사람이
라면, '나만의 내러티브는 무엇인가'라고 반드시 자신에게 물어야 할
것이다.

'내러티브'의 뿌리는 무한한 상상력이다. 이는 창의력과 닿아 있다. 모
두가 엉뚱한 생각이라고 느껴지다가도 어느 순간 우리 곁에 다가와 있
음을 종종 목격하게 된다는 것이다. 이처럼 우리는 더 나아가 인간이 추
구하는 물질과 정신의 조화로 주변 사람의 마음을 헤아려주려는 자세를
갖추어야 할 것이다.

전염병 사태가 지속하면서 재택근무가 빠른 속도로 확산(擴散)되었고, 기업 분위기 역시 '당신이 언제 어디서 일하든 상관하지 않는' 방향으로 변화되면서, 업무환경의 자유도가 높아졌다. 외부에서 정해진 타율적 계획표가 아닌, 자신의 일상을 스스로 설계해야만 하는 시대로 변화되고 있다는 것이다.

외부의 통제가 현저히 줄어든 상황에서 자기만의 일상을 지키려고 노력하는 사람들을 '바른생활 루틴(Routine)'이라고 하자. 이 '루틴'은 매일 행동하는 습관을 의미한다.

'공부 루틴·운동 루틴·업무 루틴'처럼 특정 시간대에 하는 일련의 행동 묶음을 루틴이라고 부르기도 한다. 그러나 루틴은 습관과 유사하지만, '삶의 방향성을 스스로 통제하려는 의식적인 노력'이라는 점에서 습관과는 차이가 있다.

① 목표에 나를 꽁꽁 묶어라. '자기 묶기'

'루틴'을 일상화하기 위해 바른생활 '루틴'들이 사용하는 첫 번째 방법은 스스로 '루틴'을 실천할 수밖에 없는 환경 속에 처하도록 강제하는 자기 구속 전략, '셀프-바인딩(Self-Binding)' 혹은 '자기 묶기'이다.

셀프 바인딩은 보통 특정 행동에 중독되어 있을 때, 나와 중독 행동 사이에 장애물을 만들어냄으로써 자신을 구속하는 전략을 뜻한다. 부정적 행동이 발행하지 않도록 미리 프레임을 씌우는 것이다. 긍정적인 행동을 독려하는 '루틴'을 실천하지 않을 수 없도록 강제하는 틀을 만드는 것이다.

② 일상에도 페이스메이커가 필요해, '도장 받기'

마라톤 같은 운동경기에서 다른 선수들의 기준점이 되어 옆에서 함께 뛰어주는 조력자를 '페이스메이커'라 부른다. 조력자들의 목표는 본인이 좋은 기록을 내는 것이 아니라, 본인이 담당한 선수가 좋은 기록을 낼 수 있도록 지원하는 것이다. '바른생활 루틴'들이 사용하는 두 번째 방법은 바로 조력자들을 찾는 것이다.

앞서 소개한 유튜브 댓글 창의 '좋아요'와 '대댓글'을 자극 요소로 활용한 예시처럼, 루틴에 집중하도록 타인의 힘을 빌려 강제하는 전략이다. 선생님이 감시할 때 왠지 공부에 집중이 잘 되고, 부장님이 옆에서 지켜볼 때 보고서를 쓰는 척이라도 하는 것처럼, 타인이 나의 루틴을 지켜보며 '참 잘했어요' 도장을 찍어주는 것과 같다는 의미에서 이를 도장 받기'라고 할 수 있다.

③ 하루하루에 의미를 부여하라, '되돌아보기'

최근 IT업계 직원들 사이에서는 '리뷰(Review)'라는 단어 대신 '되돌아본다'는 의미의 '레트로스펙트(Retrospect)'가 자주 쓰인다. 라틴어로 '뒤'를 뜻하는 'Retro'와 '본다'라는 뜻의 'Spectare'가 합쳐진 영어 '레트로스펙트'는 본래 '회상·회고·추억'이라는 의미인데, 한국어 관점에서는 어감상 리뷰와 유사하다.

하지만 '리뷰'와 '레트로스펙트'는 다르다. 한국어로 '검토'로 번역되는 리뷰는 목표 대비 성과를 돌아보는 평가가 핵심이다. 반면 '레트로스펙트'는 말 그대로 '회고', 즉 '되돌아봄'을 말하는 것이다.

위에서처럼 '스스로 일상을 잘 설계하겠다'라는 가치관이 보편화되어 진다는 것이다. 왜 우리 사회에 '바른생활 루틴'들이 늘어나고 있을까? 인간은 '자기 향상을 도모하는 존재이며, 나태 속에서 스스로 일으킬 추진력을 구하는 본성을 기본적으로 가지고 있다'라는 믿음이 있어야만 한다. 이 믿음을 바탕으로 새롭게 쓰일 때, 새로운 문화가 형성될 수 있다는 것이다.

따라서 선조들이 진리를 바탕으로 홍익인간 이화세계를 이루어낸 과거의 경험을 바탕으로, 현재의 우주 환경변화와 인간 의식변화 속에서 어떻게 대처해야 할지를 살펴보고자 한다.

2. 활용방안

천부경은 환인의 환국 때부터 구전되어 온 경문(經文)이다. 배달국 초대 환웅 거발환(居發桓)이 신지(神誌: 직책명) 혁덕(赫德)에게 지시하여 녹도문(鹿圖文)으로 기록하여 고조선까지 전해왔다.

그러다가 고조선 단군 47대 고열가(古列加)을 마지막으로 천부경을 비롯한 선법이 끊어졌다. 이후 최치원이 전고비(篆古碑)를 보고 다시 첩(帖)으로 만들어 세상에 전해지게 되었다.

환웅에게 천부(天符)와 인(印) 세 개를 주며, 세상에 보내어 다스리게 하였다. 환웅께서 무리 3천 명을 거느리고 처음으로 태백산 신단수 아래에 내려오니, 이곳을 신시(神市)라 했다.

또한 풍백(風伯)·우사(雨師)·운사(雲師)를 거느리고, 농사·왕명·형벌·질병·선악을 다스리게 하고, 인간의 360여 가지 일을 주관하며 교화를 베풀어 인간을 널리 이롭게 하니, 이분이 바로 환웅 천황이다.

① 천부경

천부경은 조화경(造化經)으로 세상 만상이 생성·변화·완성·소멸하는 이치와 원리가 담겨있다. 천부경의 본뜻을 쉽게 풀이해서 삶에 적용한 기록이 삼일신고(三一神誥)와 참전계경(參佺戒經)이다.

② 삼일신고

삼일신고는 교화경(敎化經)으로 일신강충(一神降衷)·성통광명(性通光明)·재세이화(在世理化)·홍익인간(弘益人間)의 원리를 담고 있다. 사람과 만물을 교화하고 다스림에 대한 것을 가르치고 있다.

③ 참전계경

참전계경은 치화경(治化經)으로 재세이화(在世理化)·홍익인간(弘益人間)을 구현하는 방법을 366사(事)로 제시한 것이다. 참전계경의 가르침은 내 마음으로 미루어 남의 마음을 헤아리는 것이다.

천부경 이념과 생활 지침이 담긴 삼일신고와 참전계경의 덕목을 실천하기 위한 홍익인간 정신은 역사 흐름에 따라 점차 기능이 쇠약(衰弱)해졌다. 그러다가 1941년에서야 '대한민국 건국 강령'에 홍익인간 정신은 건국이념으로 정립되었고, 1946년에는 교육이념으로 채택되었다.

대한민국의 건국·교육이념으로 천명된 후부터 지금까지 홍익인간의 의미는 인재 육성을 위한 담론으로 이어지기는 했지만, 정작 홍익인간 정신을 정립하는 문제, 즉 현실에서 구체적으로 실천할 수 있도록 하는 노력이 거론되지도 못하고 있다.

우리 스스로 눈먼 상황에 대한 자비심이 우러나와야만 자신을 용서하는 법을 배울 수 있을 것이다. 그때야 처음으로 평화가 우리의 미래가 될 수 있다. 이 지상에서 우리의 목적은 불분명하다. 그렇지만 우리가 나아갈 길은 명백하다.

인간의 의식 수준이 마침내 의식의 수치가 200 lux 이상이 된 오늘날, 우리가 생활하고 있는 환경, 이 환경을 동양철학 방법으로 살펴본다면 '정치를 심(心)·인간은 기(氣)·사회를 신[身]'으로 보고 접근할 수 있다.

우주와 인간은 집일함삼(執一含三)의 원리로 이루어져 있다. 우주는 하나이지만, 그 속에 깃든 우주의 조화는 세 갈래로 작용을 한다. 또 회삼귀일(會三歸一)의 원리는 세 가지로 작용하지만, 조화 기운은 하나로 존재하는 것이다.

따라서 '경제적인 문제로 나라가 망했다'·'사회윤리가 타락하고 기강이 무너져서 나라가 망했다'·'나라 이념이 무너지면서 폭정이 있게 되어 망했다'라는 내용을, 동양철학 방법으로 살펴본다면, 세 가지 요소 중에서 어느 것이 작용했느냐를 논하는 것과 같다.

세계적인 시스템이론가이자 미래연구가 어빈 라즐로(Ervin Laszlo) 박사는 『인류의 내적한계』·『인간의 미래는 행복한가』·『World Shock』등의 저서를 발간한 바 있다. 그는 새로운 생각, 새로운 가치와 인식을 수용할 수 있는 진화된 의식을 가진 인간의 기준을 다음과 같이 제시하였다.

- 다른 사람의 욕구 충족 기회를 빼앗지 않으면서도, 자신의 욕구를 충족하며 더불어 살 수 있는 방식을 선택한다.
- 거주지·민족·성별·시민권·생활 수준·신념 등의 체계와 무관하게 '생존·경제·문화'적인 권리를 존중한다.
- 지구에서 살아가는 모든 존재가 나름의 삶과 그 생명을 지탱하는 환경을 누릴 권리를 존중한다.

~생략~

- 자신보다 불우한 사람들이 비참한 가난으로 인한 고초와 굴욕에
  서 벗어나 존엄성 있는 삶을 살도록 돕는 여유를 가진다.
- 자신의 자녀와 젊은이들이 자신의 미래를 결정지을 때 나름의 윤
  리적인 결정을 내릴 수 있도록 배려하고 격려한다.
- 비슷한 생각을 지닌 사람들과 함께 이웃·지역·국가 등의 지구 전
  체에 관심을 가지고 환경의 근본적인 균형을 보존하거나 복구하
  기 위해 일한다.

위에서처럼 인간이 그의 삶을 지탱하려는 환경을 더불어 살 수 있는
방식으로 윤리적인 결정을 한다는 내용은 홍익인간 정신을 현대적으로
풀이한 듯하다. 홍익인간 정신을 펼치기 전에 먼저 수련을 통해 자신의
본성을 발견하고 조화의 원리를 자각하면서 진화된 의식을 깨우칠 때
새로운 정신문명을 펼칠 수 있을 것이다.

1) 열린 마음의 완성

선조들은 인간의 삶은 인간완성을 위한 수단이라고 밝혔다. 인간완성
을 위해 먼저 건강해야 한다. 그리고 의식주 문제를 해결해야 한다. 몸이
병들면 정신 건강을 유지하기 어렵다.

그리고 의식주를 해결하지 못하면 정신적인 가치에 관심을 둘 수 있는 여유가 없게 된다. 기쁨과 쾌락을 추구하는 삶에 집착하는 것이 삶의 목적이 될 때 인간은 타락한다며, 인간이 추구해야 할 가치는 인간완성(人間完成)이라고 했다.

인간의 도리에 대한 설명을 한 고서(古書)들을 찾아보니, 한민족의 선조들은 모든 진리의 가르침은 '하늘이 법'에 근본을 두고, 만물을 기르는 '땅의 덕성'에 부합(符合)하니, 인사(人事)에도 절실한 도리가 있다.

이에 정치를 시행함에는 화백(和白: 회의제도)보다 앞서는 것이 없으며, 덕(德)으로 다스림에는 책화(責禍: 마을의 경계를 침범하지 않는 제도)보다 더 좋은 것이 없다고 밝혔다.

그리고 중국 청나라 때 역서(曆書)인 적천수천미(滴天髓闡微) 통신송(通神頌)에서는 '만물은 천지 사이에서 오행을 얻지 않고 존재하는 것은 없다'라며, 인간의 도리를 강조했다. 그 내용은 아래와 같다.

① 천도(天道: 欲識三元萬法宗 先觀帝載興神功)

삼원(三元)이 만법(萬法)의 근본임을 알고자 한다면, 먼저 하늘이 어떻게 실어놓았는지, 즉 하늘이 의도한 바와 그것들이 어떤 힘을 지니고 있는지 봐라. 천간 지지의 구성과 어떠한 힘을 지니고 있는지 살피라.

② 지도(地道: 坤元合德機緘通 五氣偏全定吉凶)

곤원(坤元)은 덕을 합하여 기틀을 만들고, 그 기틀 안에서 봉합되거나 유통된다. 이로 인해 다섯 가지 기운이 온전해지기도 하고, 편중되기도 하면서 길과 흉이 정해진다.

③ 인도(人道: 戴天履地人爲貴 順則吉兮凶則悖)

위로 하늘을 이고, 아래로 땅을 밟고 있는 것 중에 오직 사람만이 오행 전부를 얻었으니 고로 귀하다. 그 길흉(吉凶)이 한결같지 않은 것은, 얻은 오행이 순리에 맞는 것과 거스른 것으로 인한 까닭이다. 순응한다는 것은 서로 상생(相生)하여 이어져 있는 것이고, 거역한다는 것은 서로 어그러져서 흉(凶)하게 되는 것이다.

인도(人道)에서 중화(中和)는 가장 귀한 것이며, 편고(偏枯)에는 마침내 손해가 있다고 밝히고 있다. 따라서 인간의 도리(道理)에 맞는 일을 할 때는 공평하고 올바름에서 찾아야 하고, 기이(奇異)한 일은 근거로 삼아서는 안 된다고 밝히고 있다.

인간완성은 인간의 근본 마음자리를 밝힘으로써 이루어진다. 인간의 본래 성(性: 인간 속에 있는 마음)을 여는 것, 이것을 개인(開人)이라고 한다. 사람의 마음자리를 열어 주기 때문에, 몸과 함께 영혼이 성숙해진다는 것이다. 개인(開人)이 완성되려면, 삼 단계를 거쳐야만 한다.

① 개인 완성의 3단계

- 육체의 건강이다. 육체가 병들어서는 인간완성을 이루기 힘들다.
  몸이 병들면 정신 건강도 유지하기 어렵다.
- 정신완성이다. 정신완성은 너와 내가 하나며, 우주와 내가 하나로
  통함을 체율체득(體律體得)할 때 이루어진다. 이것은 조화 정신을
  바탕으로 깨닫고 느껴야 한다. 외적으로는 홍익인간, 내적으로는
  조화의 원리를 깨달아야 한다.
- 조화의 자리를 확실히 깨달아 몸과 마음을 토대로 한 인간의
  가치를 실현하는 것이다. 앎과 행함이 일치할 때 완성을 이룰
  수 있다.

이러한 정신문화를 꽃피운 역사적 인물은 고구려의 을파소(乙巴素)·광
개토대왕(廣開土大王)·을지문덕(乙支文德)·연개소문(淵蓋蘇文)이 있다. 그리
고 조선 시대에는 이순신(李舜臣)으로 이어졌다.

이순신(李舜臣)은 조부 이백록(李百祿)이 기묘사화(己卯士禍)의 참화를
당한 뒤로 집안 형편이 어려워졌다. 늦은 나이인 32세 때 무과(武科)에
급제하였으나, 가문의 뒷받침이 없어 지방으로 전전해야 했다.
당시 좌의정이었던 유성룡(柳成龍)은 왜적 침략에 대비해야 한다는 의
지로 정읍 현감(縣監)인 이순신을 천거하여 진도 군수로 발령한 뒤 다시
고사리진(高沙里鎭) 병마첨절제사(兵馬僉節制使)를 거쳐 전라좌도수군절
도사(全羅左道水軍節度使)로 전격 발령 조치했다. 이순신은 임진왜란 발발
14개월 전인 1591년 2월 10일 전라좌도수군절도사로 임명되면서 역사

의 전면으로 급부상하게 되었다.

① 이순신 장군의 성장·활동 과정을 살펴보면 다음과 같다.

- 이순신은 몰락한 집안에 태어나 어려운 환경에서도 어머니의 엄
  격한 가정 교육하에 성장했다.
- 이순신은 28세에 '훈련원별과'에 낙방하고, 4년 후인 32세의 늦
  은 나이에 무과에 급제했다.
- 이순신은 귀양지로 여기던 함경도 동구비보(童仇非堡)의 권관(權
  官)으로 시작하여 14년 동안 변방 오지에서 근무했다.
- 이순신은 1582년 발포 수군만호로 근무 당시 서익(徐益)의 무고
  상소로 파직되는 등 여러 차례 파면과 불이익을 받았다.
- 이순신은 왜군의 침략으로 나라가 위태로워진 후에야, 한산대첩
  의 공로(功勞)로 정헌대부(正憲大夫)로 승격(昇格)되었다.
- 이순신은 조정의 지원이 전혀 없던 상황에서 스스로 군자금으로
  마련하여 거북선을 건조하는 등 군비 확충에 힘썼다. 23번의 해
  전을 전승으로 이끌었다.
- 이순신은 끊임없는 임금의 오해와 의심으로 전공을 빼앗겨야 했
  고, 투옥되기도 했으며, 백의종군을 두 번씩이나 해야만 했다.
- 이순신은 1597년 7월 22일 통제사로 복직된 후, 명량해전에서
  13척의 낡은 함정으로 133척의 왜(倭) 수군을 물리쳤다.
- 이순신은 1597년 아산 마을 전투에서 셋째 아들 이면(李葂)이 전
  사하는 슬픔을 겪으면서도, 1598년 노량해전에서는 장남 이회(李
  薈)와 함께 왜적과 싸웠다.

- 이순신은 노량해전에서 왜적들이 후퇴하는 마지막 순간, 스스로
　　　죽음을 선택하는 지혜를 폈다.

　이순신 장군은 무관 출신이면서도 늘 명상과 함께 많은 병법서를 탐독하여 전투 지역의 특성과 해상 변화를 이용한 작전을 전개했다. 그는 어떤 열악한 상황에서도 부하들을 격려하며 스스로 선봉에 나서서 전투에 임하였다.

　이처럼 이순신 장군이 스스로 본성을 밝히고 자기 희생정신으로 솔선수범하면서, 뛰어난 통솔력(統率力)과 철두철미한 용병술로 지휘하였다. 이런 과정을 지켜본 조선 수군들은 그때야 사생결단(死生決斷) 정신으로 전투에 임했다고 한다.

2) 문화 공동체 형성

　공동생활을 영위하는 모든 형태의 인간집단. 마을·조합·교회·계급·국가·정당·사회 따위가 그 주요 형태를 사회라고 한다. 지금까지 다양한 사회문제가 과학·종교·정치·경제·의학·예술 등으로 해결될 줄 알고, 기대하고 있었다. 그러나 이 같은 문제들은 어느 한두 가지로 해결되는 것이 아니라, 모든 물질 분야가 연계되어서 한마음으로 정신문화로 지향할 때 가능해진다.

　우주에는 생명의 흐름을 관장하는 경이로운 질서가 있다. 우주 자체에서 발원하는 '빛과 소리와 파장'의 어우러짐에서 인간이 존재하는 것이

다. 우주 안에서 집단을 이루고 있는 인간은 이러한 질서를 벗어날 수 없는 것이다.

이런 사회를 사람에게 비유하면 몸[身]에 해당한다. 건강한 몸을 유지하려면 정신도 함께 건강해야 한다. 이처럼 사회가 강건하게 '유지되는가·아닌가'를 평가하는 기준은 아마도 응집력(凝集力)이 될 것이다. 사회의 효과성을 높이려면 집단 응집력과 함께 지도자의 자질도 동시에 갖추어져야만 한다.

① 응집력이 높은 집단

- 집단의 목표와 구성원의 목표가 서로 일치하고,
- 집단의 목표가 명백히 구체적으로 갖추어져 있고,
- 카리스마적인 지도자가 집단 내에 존재하고,
- 집단에 주어진 과업을 성공적으로 달성시키며,
- 집단의 규모가 작지만, 구성원들의 신뢰를 바탕으로 개방적인 관계 속에서 의사소통을 원활하게 수행하고,
- 구성원들이 상호 협조함으로써 자신들의 성장과 발전에 장애가 되는 요소들을 효과적으로 극복한다는 등의 특성을 갖추고 있다.

위에서처럼 사회의 발전을 향상(向上)시키기 위해서는, 공산주의와 자본주의로는 상향구조로 발전하기에는 적합하지 않은 모델임을 알게 된다. 그 이유는 모두가 구성원들을 서로 화합하게 하여 하나 되게 하는 기본적 필수요건을 갖추지 못하고 있기 때문이다.

공산주의는 기(氣)의 흐름과 연관이 있는 분배에 지나치게 중점을 하다 보니 몸체가 허약해질 수밖에 없고, 자본주의는 이윤 추구에만 집중하다가 보니 하나로 뭉칠 수 있게 하는 선(善)에 대한 동기 부여가 약해질 수밖에 없다.

그런데도 오늘날까지 자본주의가 지탱할 수 있었던 배경에는 청교도적인 윤리의 힘이 크게 작용하였다고 보아야 할 것이다. 따라서 국민 개개인의 공감대를 바탕으로 하는 합의가 우선되어야 하는 이유가 여기에 있다.

또 다른 사례는 미국 과학기술 전문지 'MIT 테크놀로지 리뷰'에서는 매년 세계적인 혁신기업을 발표하는데, 50대 스마트 기업에 유일하게 이름을 올린 한국의 기업이 있었다. 이들이 뽑는 혁신기업의 조건은 굉장히 까다롭다.

① 선발 조건

- 깜짝 놀랄 만큼 세상을 바꿀 만한 기술이 있는가.
- 기업의 비즈니스 모델이 혁신적인가.
- 압도적인 창의적 기술로 시장의 근본 틀을 바꿀 기업인가.

위에서의 선발 조건을 충족시킨 기업은 어디일까? 그 기업은 44위에 오른 쿠팡이었다. 삼성이나 엘지 같은 대기업이 아닌 국내 신생 기업이 어떻게 세계적인 혁신기업들과 어깨를 나란히 할 수 있었을까? 이 기업은 2013년만 하더라도 소셜커머스 업체들 사이에서 고전을 면치 못했다.

그런데 2년 뒤 매출이 무려 23배나 상승하는 놀라운 일이 벌어졌다. 쿠팡 관계자는 쿠팡 물류센터의 업무 시스템을 '데이터'화(化)했기 때문이라고 밝히면서, 데이터 시스템을 기반으로 상품을 진열하고 배치한 덕분에 업무 효율을 최대한 높여 로켓배송이 가능했기 때문이라고 했다.

사회활동에서 가장 필요한 것은 경제와 관련한 문제다. 인간 생활에 필요한 의식주 문제, 즉 재화나 서비스를 만들고·나누고·쓰는 모든 활동과 그 활동을 둘러싼 질서나 제도를 경제(經濟)라고 한다. 경제의 흐름을 동양철학에 비교해 본다면, 기(氣)의 흐름에 청탁(淸濁)이 있듯이 자금의 흐름에도 청탁(淸濁)이 있다.

그래서 국가가 발전하려면 자금의 흐름을 투명하게 하는 것이 중요한 이유다. 우리나라가 1997년 외환위기를 겪으면서 자금 흐름의 유동성이 중요함을 새삼 인식하게 되었다.

우리나라의 경제는 이러한 관점에서 본다면 자금의 회전속도가 매우 빠른 편에 속한다. 같은 돈을 가지고도 그 흐르는 속도를 높임으로써 흐르는 양이 많아지는 것과 같은 효과를 거둘 수 있다. 더 나아가 자금이 흐르는 과정의 투명성이 높아진다면, 그 효과는 배(倍)가 된다.

최근 들어 우리나라 기업들이 기업문화, 즉 '무엇 때문에 기업이 존재하는가'라는 대해서 관심을 기울이는 것도, 이러한 경향을 나타내는 것이다. 이윤 추구에서 더 나아가 공동체를 위한 가치 창출이라는 경제학을 자본주의 체제에서 실천할 수 있는지에 대해 의구심이 들 수도 있다.

대한민국 ㈜이오시스템은 1979년 창립되어 광학장비 분야에서 국내 최고 기술력을 가진 업체로 성장했으며, 그 결과 1984년 방위산업체로 지정되어 광학부품류와 광학장비를 생산하고 있는 중소기업이다.

한정규 대표는 "어느 건물 청소부에게 어떤 일을 하시느냐고 묻자, 그 청소부는 내가 깨끗한 환경을 만들어줌으로써 상쾌한 기분으로 근무할 수 있도록 하는 일을 한다."라고 답변했다면서, "우리 회사 직원 모두 같은 마음으로 회사 제품을 생산하고 있다는 자부심으로 근무한다."라고 설명해 주었다.

㈜이오시스템에서는 직원과의 관계에서 서로 도움을 주고받는다는 마음으로 근무하면서, 그런 마음을 담아 생산한 제품으로 다른 사람의 생명을 지켜주고 있다는 자부심을 품도록 했다면, 이런 기업을 "홍익인간의 삶터"라고 할 수 있을 것이다.

언어는 그 민족정신이 담겨있는 그릇이라고 할 수 있다. 즉 언어에서 그 민족 정서를 엿볼 수 있다는 뜻이다. "돕다"의 의미는 인간사의 필연이다. 도움도 없이 살아가는 사람은 지구상에 한 사람도 없을 것이다.

그리고 방글라데시 그라민 은행(Grameen Bank)에서의 사례를 살펴보면 생각이 달라질 수 있다. 무하마드 유누스(Muhammad Yunus) 박사는 1979년 11월 '그라민 실험 은행' 팀을 이끌고 무담보 대출업무를 시작했다.

정부는 토지가 없는 농민 생활 수준 향상에 효과적이었다는 평가 하에 1982년 3월 24일 '그라민 은행(Grameen Bank) 조례'를 제정한 뒤, 1983년 10월 2일 '그라민 은행'으로 출범하도록 했다.

신용을 담보로 대출했는데도 그 회수율이 90% 이상 되었다고 한다.

'서양 경제학에는 마음이 없다'라고 비판한 그라민 은행 총재인 유누스의 마음을 주목할 필요가 있다. 이것이 곧 '心[정치]·氣[경제]·身[사회]'의 삼 요소 중에서 심(心)에 대한 요소를 중시하기 시작하였음을 의미하는 것이기 때문이다.

3. 어울림의 한마당

과거의 경험을 되돌아 살펴보면, 흑사병이 세계를 휩쓴 이후 인쇄기가
발명되고, 1차 세계대전 이후 급속한 자동화 시스템의 진전으로 전화교
환원 대신 자동응답기가 나타난 것처럼, 학자들은 전염병이 전 세계적
으로 크게 유행하는 현상이 우리 사회의 의식 전환 속도를 앞당기고 있
다는 주장을 하고 있다.

배달국 14세 치우천황 때 자부 선생(紫府 先生)에게 공공(共工)·헌원
(軒轅)·창힐(蒼頡)·대요(大撓)가 찾아와 배웠다. 이때 자부 선생이 윷
놀이를 만들어 환역(桓易)을 자세히 설명하였는데, 초대 환웅 때 신
지 혁덕이 기록한 천부경이 전하는 취지라고 밝혔다.
고조선 1세 단군왕검은 나라를 위한 길에는 선비의 기개보다 앞서
는 것이 없으며, 사학(史學)보다 더 급한 것은 없다. 왜냐면 사학이
분명하지 않으면 선비의 기개를 진작시킬 수 없고, 선비의 기개가
진작되지 못하면 국가의 근본이 흔들리고 나라를 다스리는 법도가
갈라진다며, 사학과 자아 인식의 중요성·인간 탄생의 원리를 강론
하며 국통(國統)을 바로 세우는데 게을리하지 않았다.

선조들이 제시하는 삶에 대한 지혜를 오랜 세월이 지난 지금, 어떻게
공유(共有)해야 할까. 현대사회에서 '공유'라고 할 때, 그 개념과 범위가
매우 넓다. 이는 시대적·문화적 환경의 차이에서 기인하기 때문이다. 대

략 '공유 형태를 유형별'로 구분해 보기로 한다.

- 자연적 공유: 태양·대기·지구 등의 자연환경.
- 문화적 공유: 언어·문화·인간의 지식과 지혜.
- 가상적 공유: 페이스북·트위터·소셜 미디어.
- 사회적 공유: 평화·자유·인권·생명 유전자 구성요소.

　위에서 제시하고 있는 내용 중 어느 하나 또는 전부를 공유하려면, 서로 도와주며 편익을 주고받는 시각에서 볼 때, 서로 이해와 욕망의 조절이 따라야 하는데, 금은보화 등 경제적 이익만을 추구하는 한, 공유 그 존재는 위협받을 수밖에 없기 때문이다. 현재 우리는 이러한 진리들을 소홀히 여기며 지내왔다. 이제라도 우리에게 필요한 그 요소, 삶의 가치를 깨달아 자아완성(自我完成)을 이루어야 한다.

　우리 한민족 얼을 일깨우기 위해서 '문화적 공유와 가상적 공유' 방법을 통해 '한글 천부경과 천부가'를 알리고자 한다. 평상시 '한글 천부경과 천부가' 의미를 새기며 마음을 안정시킬 때 삶의 목적을 달성할 수 있기 때문이다.

1) 시각적으로 표현된 한글 천부경

　동양에서의 자연은 스스로 존재하거나 저절로 이루어지는 존재, 우리는 이 현상을 자연이라고 한다. 서양에서는 '자연'을 영어로 '내츄럴

(Natural)'이라고 하고, '인공(人工)'을 '아티피셜(Artificial)'이라고 한다.

서양에서 말하는 '아티피셜'이란 인공이 가미된 것을 말하고, 그 상대개념으로서의 '내츄럴'은 인공이 가미되지 않은 상태를 말하는 것이다. 단순히 인공이 가미되지 않은 상태를 자연으로 본 것이다.

그러나 동양에서의 자연은 '아티피셜'의 상대개념으로서의 자연이 아니라 '스스로 그러하다'라는 뜻이 담긴 자연을 말한다. 이처럼 아무 일도 하지 않으면서 다스리는 것을 가리켜 자연의 섭리(攝理)라고 한다. 그리고 자연의 섭리대로 이뤄지는 것을 자연의 이치(理致)라고 하였다.

이런 자연현상을 노자(老子)는 있음과 없음은 서로의 관계에서 이루어진다고 했다. 사과가 생기는 순간 사라질 운명도 동시에 가지고 태어난다고 보았다. 그렇게 보는 이유는 사과가 생겨나는 순간 그걸 원래대로 돌릴 반작용 에너지가 시간 속에 생기기 때문이다.

의상대사(義湘大師)는 화엄일승법계도(華嚴一乘法界圖)에서 하나[一]를 자연수의 첫 번째 수로 이해하기보다는 한 법(法), 만상의 대일법성(大一法性)으로 보았다. 여기에서 '하나'는 시작과 마지막이며, 이 마지막은 새로 시작하는 '하나[一]'로 달리 변수 없는 시종(始終)의 진본수(眞本數)라고 했다.

탄허(呑虛)는 천지(天地)보다 먼저 하되 그 시(始)가 없고 천지보다 뒤에 하되 그 종(終)이 없으니 공(空)한 것이냐? 있는 것이냐? 그 소이(所以)를 알 수 없는 것이다. 이것이 불교 전체(全體)를 축소(縮小)한 말이라 하여도 과언(過言)이 아닐 것이라고 설파했다. 이러한 천부경에는 세상 만물이 생겨나고 성장하면서 완성되었다가 없어지는 과정의 원리가 담겨있다.

예를 들어 음악에서 사용되는 용어(用語)로 균형이 '모노폴리

(monopoly)'의 개념이라면, 조화는 '포노포니(phonophony)'의 개념이다. '모노폴리'란 오케스트라 악기가 각각 제소리를 내는 것을 말하는 것이고, '포노포니'는 오케스트라의 악기가 각각 제소리를 내면서 화음을 내는 상태를 말하는 것이다. 전체의 소리에 묻혀버려서도 안 되고 튀어서도 안 된다. 조화란 이런 것이다.

공동체 정신문화를 변화시키기 위해서는 먼저 의식구조를 알아야 한다.

과거에는 개인적인 정체성은 그들이 태어난 공동체와 연관되어 형성되었다. 그 공동체에서 지배적인 가치·지배적인 생활양식·지배적인 인종이라는 고정된 삶의 방법을 얻었다.

최근에는 과학의 발달로 자신들의 삶을 새롭게 변화시켜줄 방법을 인터넷 등을 통해 쉽게 얻어 생활하고 있지만, 공동체 생활에 필요한 개인적인 정체성은 느슨해져 있는 상황이다.

따라서 전통문화의 쇠퇴에 따른 영향으로 입게 되는 손해가 뒤따를 수밖에 없지만, 사람들과 함께 공동체 생활하고 있다는 사실로 위안을 받고 있다. 스스로 느끼지 못하고 있는 사회적 변화를 바꿀 방법은 무엇일까?

그 방법으로 하나가 위축(萎縮)된 삶터의 정체성을 털어내고, 흥겨운 어우러짐의 장(場)으로 이끌어 가야 한다. 우리가 선택해야 하는 방법은 자연스럽게 '우주만물의 이야기와 천부가'의 의미를 널리 알리는 것이다.

한글 천부경 삽화 ①

보이지 않는 공간에서 보이는 세상으로 드러날 때
한 생명체로 태어난다.

한글 천부경 삽화 ②

이 생명체의 작용을 마음과 기운과 몸으로 나누어 보지만

그 근본은 변함이 없다.

한글 천부경 삽화 ③

생명체가 작용하는 순서는
마음이 첫 번째 기운이 두 번째 몸이 세 번째이다.

한글 천부경 삽화 ④

초승달이 떠오르고 나서 매일 조금씩 커져 보름달이 되고 나면
보름달은 조금씩 일그러져 그믐달이 되는 한 달의 과정이
반복된다.

한글 천부경 삽화 ⑤

마음은 선악으로 기운은 청탁으로 몸은 후덕함과 천박함으로
각각 작용하면서 균형과 조화를 이루고 있다.

한글 천부경 삽화 ⑥

균형과 조화를 이룬 건강한 남자와 여자가 결혼하여
자손을 출산하는 가정들이 계속 이어진다.

한글 천부경 삽화 ⑦

3개월마다 계절의 변화가 생기고
계절은 봄과 여름과 가을과 겨울로 순환된다.

한글 천부경 삽화 ⑧

1년의 순환과정이 변화무쌍한 것 같지만
계절이 순환되는 법칙, 그 근본은 변함이 없다.

스스로 다스려지는 그것을 우주심이라 하는데

태양을 이고 사는 생명체 중에

인간만이 이러한 진리를 깨칠 수 있다.

보이는 세상에서 보이지 않는 공간으로 돌아갈 때

한 생명체로 마친다.

2) 청각적으로 표현된 천부가(天符歌)

배달 시대와 단군조선 시대의 제천가(祭天歌)인 어아가(於阿歌)는 기쁨과 흥에 겨워 내는 감탄사 '어아(於阿)'를 음악으로 삼고, 감사함을 근본으로 하여 하늘과 사람을 조화시키니 모두 이를 본받았다는 기록이 있다. 저자는 천부경의 진리를 노랫말에 담아 흥겹게 즐기면서 이해할 수 있도록 하고자, 천부가(天符歌)를 구성하였다.

천부가

작사:조한석
작곡:조은별

3) 풍류가 담긴 삶터

선조들은 자연스러운 생명의 리듬, 즉 율려(律呂)의 상징을 나뭇잎 모양에서 발견했다고 한다. 이러한 순환의 법칙을 나뭇잎 법칙이라고 한다. 인간이 이 법칙을 따를 때 율려의 삶을 사는 것이라고 한다.

율려는 음악에 쓰이는 용어로 알려져 있으나, 원래 율려는 창조의 원음으로 우주 조화의 근원을 뜻하며, 음양의 어울림 체계를 가리키는 뜻이 있다. 사람이 춤과 노래를 통해 기뻐하고 즐거워하는 것은 율려를 조금씩 느끼기 때문이다. 이 율려를 통해 인간 의식의 완성을 추구하는 것을 풍류도라고 한다.

배달국 시대 이후로 천제(天祭)를 지내면서 부르던 노래가 어아가(於阿歌)이다. 신시 개천 이래, 매년 하늘에 제사를 지낼 때 나라에 큰 축제를 열어 모두 삼신상제님의 덕을 찬양하는 노래를 부르며 화합하였다.

어아(於阿)를 음악으로 삼고 감사함을 근본으로 하여 하늘의 신명과 인간을 조화시키니 사방에서 모두 이를 본받았다고 한다. 이 '어아가'는 고조선·고구려 때에는 온 백성이 한마음이 되어 불렀다.

① 어아가(於阿歌)

어아 어아
우리 대조신의 크나큰 은덕이시여!
배달의 아들딸 모두
백백천천 영세토록 잊지 못하오리다.

어아 어아

착한 마음 큰활이 되고 악한 마음 과녁되네

백백천천 우리 모두 큰 활줄같이 하나 되고

착한 마음 곧은 화살처럼 한마음 되리라.

어아 어아

백백천천 우리 모두 큰활처럼 하나 되어

수많은 과녁을 꿰뚫어 버리리라

끓어오르는 물 같은 착한 마음속에서

한 덩이 눈 같은 게 약한 마음이라네.

어아 어아

백백천천 우리 모두 큰활처럼 하나 되어

굳세게 한마음 되니 배달나라 영광이로세

백백천천 오랜 세월 크나큰 은덕이시여!

우리 대조신 이로세.

우리 대조신 이로세.

  고조선·고구려 때에는 온 백성이 한마음이 되어 부른 '어아가'가 있었다. '도리가(兜里歌)'도 이러한 노래의 하나로 백성이 둥글게 모여서 함께 기쁜 마음으로 노래를 불렀다고 한다.

고조선 34세 오루문(奧婁門) 단군 재위 원년(단기 1539년)에 오곡이 풍성하게 잘 익어 만백성이 기뻐하며 '도리가(兜里歌)'를 지어 불렀다. 그 가사는 다음과 같다.

① 도리가(兜里歌)

하늘에 아침 해 솟아 밝은 빛 비추고
나라에 성인이 계셔 후덕한 가르침 널리 미치도다.
큰 나라 우리 배달 성조여!
많고 많은 사람이 가혹한 정치 당하지 않아
즐겁고 화평하게 노래하니 늘 태평성대로세!

위의 가사는 신라 시대 3세 유리왕 때 지어진 도솔가(兜率歌)로 우리 가락의 시초라고 삼국사기에 기록하고 있다. 그러나 민족 음악은 배달국 시대에 시작되었으며, 당시의 명칭은 공수(貢壽)였다.

한민족은 기쁘거나 슬프거나 아리랑(我理朗)을 불렀다. 이런 아리랑은 언제 누가 작사·작곡한 것인지를 알 수 없다. 누구라도 이 아리랑을 흥겹게 부르면 잔칫날 불러도 어울리고, 슬프게 부르면 장송곡으로 불러도 어울린다. 아리랑은 큰소리로 단전을 통해 힘껏 부르는 노래다. 그런데 아리랑을 소리를 내어 부르는 것보다는 마음속으로 부를 때 더 큰 명상과 기도가 된다고 한다.

① 아리랑(我理朗)

아리랑 아리랑 아라리요 아리랑고개를 넘어간다.
나를 버리고 가시는 임은 십 리도 못 가서 발병 난다.

얼이랑 얼이랑 얼아리요 얼이랑 고개를 넘어간다.
얼을 버리고 가시는 임은 십 리도 못 가서 발병 난다.

울이랑 울이랑 울아리요 울이랑 고개를 넘어간다.
울을 버리고 가시는 임은 십 리도 못 가서 발병 난다.

아리랑을 흔히 남자에게 버림받은 여인의 한 맺힌 슬픔을 표현한 것
이라고 알고 있는데 원래의 참뜻은 '깨달은 이가 부르던 오도송(悟道頌)'
으로 그것은 본성을 아는 기쁨이며, 깨달음을 위한 노래이며, 성통(性通)
의 환희를 표현한 노래이다. 이런 아리랑이 우리의 말과 노래 속에 전해
져 왔기에 우리 민족의 찬송가이기도 하다.

아리랑을 다시 풀어보면 '아리랑고개를 넘어간다.'라는 뜻은 내가 깨
닫는 고개를 넘어간다는 뜻이 있고, '나를 버리고 가시는 임은 십 리도
못 가서 발병 난다.'에서 말하는 십(十)이라는 수(數)는 조화·화합·완성을
뜻한다. 아리랑의 이치와 도리를 모르기 때문에 발병이 나서 얼간이로
살다 간다는 것이다. 그래서 우리는 얼을 키워야 하고, 얼에 대한 자각이
필요하다.

만해(萬海) 한용운(韓龍雲)은 조국을 외면하고 무심해 버리면 마음이 편

안해질 수 있지만, '임을 사랑하는 밧줄'을 끊을 수가 없다. 그래서 더 고통스럽더라도 임을 사랑하는 줄을 곱들여서 언젠가는 잃어버린 임을 되찾겠다고 힘차게 부르짖었다.

① 선사의 설법

- 나는 선사의 설법을 들었습니다. 선사는 "너는 사랑의 쇠사슬에 묶여서 고통을 받지 말고 사랑의 줄을 끊어라. 그러면 너의 마음이 즐거울 것이다."라고 큰 소리로 말하였습니다.
- 그 선사는 어지간히 어리석습니다. 사랑의 줄에 묶인 것이 아프기는 하지만, 사랑의 줄을 끊으면 죽은 것보다도 더 아픈 줄을 모르는 말입니다. 사랑의 속박은 단단히 얽어매는 것이, 풀어주는 것입니다. 그러므로 대해탈(大解脫)은 속박에서 얻는 것입니다.
  임이여, 나를 얽은 임의 사랑의 줄이 약할까 봐서 나의 임을 사랑하는 줄을 곱들였습니다.

선사는 설법을 통해 '사랑의 쇠사슬에 묶여 고통받지 말고, 그 색(色)에 대한 집착을 끊어버리면 해탈을 얻을 수 있다'라고 말한 것이다. 만해는 사랑의 줄을 끊는 것, 그것은 또 다른 집착을 가져오기 때문에, 그 고통은 더 크며, 대해탈(大解脫)이 오히려 속박을 통해 얻은 것이라고 하는 역설적인 논리를 통해 '공즉시색(空卽是色)'의 깨달음을 설파한 것이다.

이런 정신문화는 세월의 흐름에 따라 시련을 이겨내면서 새롭게 변모(變貌)된다. 이런 과정은 변모되기 직전, 왜? 라고 하는 호기심으로 시작된다. 인류 역사에서 놀라운 발명들은 '왜 이런 현상이 일어났지'라는 호기심의 이유를 파고 들어갈 때 새로운 진리를 알게 되는 것이다. 개인의 호기심 차이가 삶의 질을 결정하고, 호기심을 어떻게 대하느냐에 따라 국가 운명이 결정된다고 한다.

일본 에도시대에 크게 유행한 '산가쿠[算額]'라는 놀이가 있다. 수학 문제를 나무판에 새겨 걸어놓은 것이다. 시가현(滋賀県) 오오츠시(大津市)에 위치한 미이사(三井寺)는 1300년이 넘는 유서 깊은 사찰인데, 여기에는 200년 전에 봉납(奉納)된 '산가쿠'가 걸려있다.

누군가가 문제를 내면 누구든 문제 풀이에 도전할 수 있었는데, 문제를 풀면 관세음보살에게 알리고 감사를 전하기 위해 나무판에 새겨 사찰에 걸어놓은 식이었다고 한다.

이 절에는 현대식 '산가쿠'도 전시되어있다. 교토에 있는 두 개의 중학교에서 '산가쿠' 대결을 펼친 뒤 봉납한 것으로, 모두 학생들이 독자적으로 만든 문제들이다. 지금도 일본 사람들은 순수한 호기심으로 '산가쿠'를 즐기고 있다. 골치 아프기만 할 것 같은 '산가쿠'가 왜 이토록 인기가 많았을까.

독일인들에게 과학은 어렵고 복잡한, 나와는 거리가 먼 학문이 아니다. 독일은 기초과학에 대한 투자가 결코 눈먼 돈이 아니라고 생각하기에, 자연과학 수업에 대한 국가적 지원이 유치원부터 고등학교까지 이어진다. 이런 지원으로 이루어지는 일 가운데 '학생을 위한 실험실'이 있다.

초등학교 학생들이 학교 밖에서 색다른 방식으로 과학을 만날 수 있게 한 것으로, 독일 전역에 330여 개가 활발히 운영 중이며 70만 명의 학생들이 참여한다. '학생을 위한 실험실'은 어릴 때부터 기초과학에 대한 흥미와 중요성을 일깨워주는 독일의 특별한 교육법이다.

일본과 독일의 사례를 살펴보았다. 두 나라 모두 호기심에 불을 지피는 쪽으로 환경을 만들어주고 있었다. 그러면 한국인은 어떨까? 개화기 한국을 방문한 서양인들의 기록을 보면 한국인들의 특징을 이야기할 때 호기심이 빠지지 않았다. 그런데 우리 사회가 이끌어 온 방향은 우리 안에 숨어 있는 호기심을 짓누르고 있다고 보고 있다.

한국 과학자들의 실력과 열정은 세계적으로도 인정을 받고 있다. 한국인 과학자들을 만나 본 외국인들은 한국에서 아직 노벨 과학상이 나오지 않았음을 의아해하기도 한다. 그 이유로 우리 사회에서는 '기초과학을 하면 돈이 되나? 연구의 기대효과는 무엇인가? 몇 년 안에 당장 성과가 나올 수 있는가?'라는 '쓸모 있음에 대한 증명'하는 것에 더 관심이 많다는 것이다. 이제는 당장 '쓸모없어 보이는 것'들일지라도 장기적인 안목을 가지고 지켜보는 여유를 가져야 할 것이다.

세계경제포럼(WEF)이 2016년 1월 스위스 다보스에서 '4차 산업혁명의 이해'라는 주제로 열렸다. 4차 산업혁명을 '디지털 혁명에 기반하여 물리적 공간, 디지털적 공간 및 생물학적 공간의 경계가 희석되는 기술 융합의 시대'로 정의한 바 있다.

우리가 경험한 1, 2, 3차 산업혁명은 원료를 투입해서 제품을 만드는 하드웨어 혁명이라고 하면, 4차 산업혁명은 상상력과 데이터를 투입해 거대한 혁신을 일으키는 소프트웨어 혁명이다. 우리가 의식하지도 못하는 사이 매일매일 엄청난 데이터를 쏟아내고 있다.

엄청나게 쏟아지는 데이터의 홍수 속에서 우리에게 필요한 재원을 찾아내는 일은 더욱 중요해질 것이다. 새로운 '데이터 자본'을 선도적으로 활용하고 있는 나라 '에스토니아(Estonia)'의 사례를 살펴보기로 한다.

세계 최대 인터넷 화상통신 스카이프, 적은 비용으로 해외송금 서비스의 혁신을 일으킨 금융회사 와이즈(Wise)는 전 세계를 주름잡고 있다. 이 기업들이 탄생한 나라 '에스토니아(Estonia)'는 남한의 절반 크기의 영토에 전체 인구가 서울 인구의 '8분의 1'인 130만 명 정도이다.

지정학적 위치 때문에 덴마크·독일·스웨덴·러시아의 식민 지배를 받았던 '에스토니아'는 1991년 구소련에서 독립할 때까지만 해도 대부분 집에 전화기조차 없을 정도로 가난했다. 그런데 지금은 '에스토니아를 발트해의 호랑이·IT 강국·북유럽의 실리콘밸리'라고 부른다.

'에스토니아'가 디지털 혁신을 통해 지난 20여 년 동안 연간 1인당 GDP를 열다섯 배 늘리며 4차 산업혁명의 중심에 선 비결은 무엇일까? 그 비결은 세계 최초로 '인터넷 접속권'을 인권으로 선언했다. 모든 시민은 전자 서명을 기초로 한 아이디 카드인 'e-레지던시'를 사용하는데, 이것을 사용하면 금융 통신 교육 사업 등 모든 디지털 시민이 될 수 있다.

'세계 최고의 편리함과 투명한 디지털 환경' 때문이라고 한다. 2015년 '에스토니아'는 '디지털 국가'를 선언했다. 100유로[한화 12만 원]만 있으면, 심사를 거쳐 'e-레지던시'를 발급받게 되면 누구나 '에스토니아'의 디지털 서비스를 내국인과 똑같이 이용할 수 있게 했다. 참정권을 제외한 모든 권리를 누린다고 봐도 무방하다.

좁은 국토의 한계를 디지털로 확장하겠다는 기발한 발상으로 디지털 국가를 향해 나아가고 있는 '에스토니아'는 독립 직후부터 IT를 국가 기간산업으로 정해 소프트웨어 인재 양성에 사활을 걸었다. 1988년에 모든 학교에 컴퓨터를 보급하는 등 전 국민 소프트웨어 교육에 총력을 기울였다. '에스토니아'의 교육정책 전문가들은 교육 개혁의 핵심을 '코딩과 수학을 통해 컴퓨터적 사고를 익히는 것'이라고 밝혔다.

- 유치원에서 기초 코딩 교육을 하고 있다. 어린아이들이 장난감 꿀벌이 출발지점에서 도착지점까지 잘 움직일 수 있도록 경로를 설계하는 놀이를 하고 있다. 어린아이를 위한 기초 코딩 교육도 한다. '비봇'이라는 코딩 교육용 로봇의 방향 버튼을 누르면 꿀벌이 움직인다. 아이들은 처음에는 단순하게 로봇을 직진시키지만, 좀 더 시간이 지나면 로봇의 길을 앞뒤, 좌우로 프로그래밍하는 단계로 나아간다.
- 초등학생들의 로봇 공학 수업 시간에는 아이들이 로봇에 내릴 명령을 짜고 직접 로봇을 만들어 본다. 어떤 요소들을 결합해야 하나의 기계가 완성되는지, 또 그 기계가 움직이려면 어떤 명령을 내려야 하는지 스스로 프로그램을 짜고 실행해 보기도 한다. 이 수업 역시 재미있는 놀이처럼 진행된다. 이 과정에서 아이들은 로봇 공학뿐 아니라 수학을 배우고, 협동하는 방법과 문제를 해결하는 방법을 익힌다.
- 고등학교는 어떨까? 고학년의 필수 과목은 수학 분야의 통계다. 학생들은 컴퓨터로 수많은 데이터를 조직, 정렬하고 분석하는 방법을 배운다. 다양한 표본 값을 입력하면 달라지는 결과들을 바로 확인할 수 있기에 원리를 쉽게 이해하고 오류를 빨리 깨달을 수 있다.

학생들은 수학 시간에 종이와 연필을 거의 사용하지 않는다. 계산할 일이 생기면 컴퓨터나 계산기를 두드린다. 학생들은 문제 풀이 대신 수학적인 사고 즉, 컴퓨터적 사고 훈련을 한다.

'에스토니아'는 열약(劣弱)한 지정학적 위치임에도 불구하고, 국가 정책 방향을 '디지털 혁신' 계획을 수립·추진하여 4차 산업혁명의 중심국으로 자리를 잡았다.

정부에서는 '복잡한 계산이나 문제 풀이는 컴퓨터를 활용하도록 하고, 수학적인 개념을 탐구하고, 문제를 구성하는 요소를 깊이 이해하면서 창조적 사고와 분석하고 활용하는 방법을 연구하도록 지원하였다고 한다.

만약에 과학자의 꿈을 꾸고 있던 학생들 앞에 닥친 팍팍한 현실에 머물렀다면, 이들의 꿈도, 열정도, 호기심도 사라졌을 것이다.

한민족의 후손들은 불가시권(不可視圈)의 정신문화 유산을 물려받았다. 오랜 세월이 흐르면서 마음속 깊이 드러나지 않고 담아 둔 이 정신문화를 어떻게 밖으로 드러낼 수 있을까?

우리도 '에스토니아 학생들이 즐기면서 집중했던 것처럼, 과학의 개념을 과학 글쓰기를 통해 이해를 쉽게 할 수 있던 것처럼, 한글 천부경·천부가를 우리 민족의 핏속에 흐르는 흥과 함께 일깨워 새로운 '문화혁명'을 이끌어가고자 한다.

선조들은 정신문화를 기점으로 한 의식 속에서 혈통적 순수성을 유지하면서 공동운명체로 일관된 역사성을 유지하려고 했다. 그리고 한민족(韓民族)은 하늘의 이치에 따라 존재하며, 민족의 시조(始祖)를 단씨(檀氏)로 하지만, 결코 어느 한 권력자 밑의 사사로운 백성이 아니라, 새로운 인류 미래와 그 문화를 창달하기 위해 책임을 지닌 백성임을 천명하였다.

그리고 삶의 목적은 의식성장(意識成長)에 있다며, 이 의식성장은 정충(精充)·기장(氣壯)·신명(神明)·견성(見性)·성통공완(性通功完) 과정을 통해 완성되었을 때 우아일체(宇我一體)를 이룬다고 밝혔다.

현재 우리가 어떤 환경에 있는지를 살펴보면, 우주의 환경은 가을의 기운으로 들어서는 환절기(換節期)에 있다. 그리고 동양 역법 혼원수(混元數)와 황극경세서(皇極經世書)를 기반으로 우주 현상계 순환도(循環圖)를 참조하여 한민족의 역사 기록을 대조해 볼 때, 과학기술문명의 발달로 상승 기운을 타고 있다.

이제는 우리가 한민족의 뿌리를 찾아서 개인(開人) 완성을 위해 노력해야 한다. 개인 완성이 이루어졌을 때 우아일체를 이루고 널리 세상을 이롭게 할 수 있게 되는 것이다.

홍익인간 이념은 일연(一然)의 저서 '삼국유사(三國遺事) 권 1 고조선(古朝鮮) 조(條)'에 '환국(桓國) 7세 지위리 환인(桓仁)이 배달국 초대 환웅(桓雄)에게 전수한 가르침'이라는 기록이 있다.

우주의 진리로 백성을 가르치고 이끌어서 올바른 방향으로 나갈 수 있게 하여 인간을 널리 이롭게 한다는 한민족의 인간 구원 정신은 수천 년 이어지며 민족의 가슴속 깊이 아로새겨져 면면히 이어져 왔다.

선조들이 인간은 우주의 조화로 태어나서, 함께 살아가야 한다며 종전지도(倧佺之道)를 강조하였다. 종(倧)이란 인도(人道)의 정신에 뿌리를 둔

도맥(道脈)이다. 전(佺)이란 인간은 하늘의 완전성[佺＝亻＋全]을 이룰 수 있는 존재라는 것이다. 도(道)란 마땅히 지켜야 할 도리를 말한 것이다.

마음과 기운과 몸, 균형과 조화 이뤄 무해유익(無害有益)한 사람이 되자.

홍익인간은 심신(心身)이 밝아진 사람을 말한다. 이 경지에 이르게 되면, 너와 내가 하나임을 알게 되고, 전체를 먼저 생각하며 무해유익(無害有益)한 사람이 된다. 다시 말하면 인간 본래의 감각과 본성(本性)을 회복하고 근본을 지킬 줄 아는 정상적인 사람이라는 것이다.

본성은 무의식의 세계이다. 이 무의식 세계와 통하려면 내부의식이 맑아져야 한다. 이 현상은 욕망과 관념을 버렸을 때 깨닫게 된다. 이 깨달음을 효충도(孝忠道)로 설명하였다. 집안에서의 효(孝)에서 조직의 구심점으로 모으는 충(忠)으로 발전하여 우주와의 사랑인 도(道)에 이르게 된다.

효의 사랑보다 충의 사랑이 크고, 충의 사랑보다 도의 사랑이 크다. 효(孝)와 충(忠)은 자아를 깨우치지 않아도 가능하지만, 도(道)는 깨달음을 통해 가아(假我)에서 벗어남으로써 가능해진다.

효충도는 관념적인 것이 아니라, 인간의 생명현상을 바탕으로 이루어지는 구체적인 영적 현상이다. 그러므로 마음과 몸이 기운 속에서 조화되어야 한다. 선도(仙道)에서는 효충도의 완성은 단전의 완성되었을 때부터 시작된다고 보았다.

단전을 이룸으로써 육체와 기체가 건강해져서 영적 작용을 뒷받침할 수 있다는 것이다. 그래서 단전(丹田)의 기능이 약한 사람에게 효충도는 말일 뿐이고, 관념일 뿐이다.

선조들은 단전(丹田)을 단련시키는 방법을 내단전(內丹田)과 외단전(外

丹田)으로 구분하여 설명하였다. 몸에는 기(氣)의 작용이 있기에 내단전
은 마음을, 외단전은 몸을 다스릴 수 있다고 밝힌 바 있다.

① 내단전은 하단전(下丹田)·중단전(中丹田)·상단전(上丹田)으로 구분

- 하단전은 배꼽 아래 약 3㎝ 되는 자리에 있는 기적 시스템이다.
  하단전에서 양기와 음기가 합일되어 정(精)이 기(氣)로 바뀐다. 기
  (氣)는 하단전에서 시작되어 중단전·상단전으로 이어졌을 때 인간
  완성이 되었다고 보았다.
- 중단전은 가슴 부위에 있는 단중혈(丹中穴)을 중심으로 형성된 기
  적 시스템이다. 중단전이 막히면 에너지 순환이 역류하여 신경계
  와 순환계에 영향을 주어 각종 질병이 발생하지만, 중단전이 열
  리면 생명력이 활성화된다.
- 상단전은 두개골 속에 있는 기적(氣的) 상태의 조직으로 해부학적
  으로는 나타나지 않는다. 그러나 머리 부위의 여섯 혈 자리[百會·
  前頂·印堂·眉間·太陽·玉枕]를 중심으로 상호작용이 이루어지는 기
  적 시스템이다.

② 외단전은 양 손바닥 장심혈(掌心穴)과 양 발바닥 용천혈(湧泉穴)
로 구분

- 선조들은 손바닥 중앙에 있는 장심혈을 자극하여 생성된 진기(眞
  氣)를 뇌로 전달한다. 뇌로 전달된 진기는 기혈 순환이 활발해지
  도록 역할을 한다. 과학자들이 손바닥은 뇌(腦)와 연결되어 있다

고 밝힌 바 있다.

- 발가락 엄지와 중지 사이 아래에 사람인[人] 자형으로 오목하게 들어간 부위를 용천혈이라고 한다. 기운이 샘물처럼 솟아난다고 하여 붙여진 이름이다. 용천혈을 자극해 주면 심장과 신장 기능이 활성화된다.

사람들은 몸이 하고 싶은 대로 행동하는 사람들을 보고 '짐승 같은 놈'이라고 하고, 마음이 하고 싶은 대로 말을 하는 사람을 보고 '미친놈'이라고 했다. 그런데 스스로 몸과 마음을 다스려 중심을 유지하면서 이웃과 즐겁게 지내는 사람을 보고 홍익인간이라고 했다.

이 홍익인간 사상은 개인이나 어느 단체 또는 국가를 중심으로 삼지 않고, 홍익 이념을 중심으로 삼을 때 진정한 가치를 드러낼 수 있다고 했다.

Ⅳ

맺음말

맺음말

■ 어떤 삶을 선택해야 할까?

삶의 지혜가 담긴 천부경·삼일신고·참전계경은 한민족의 3대 경서(經書)이다. 천부경에는 인간을 중심으로 설명된 자연의 섭리와 이치가 담겨있고, 삼일신고에는 우아일체(宇我一體)의 깨달음을 얻고 나서, 널리 이롭게 하려는 사람이 넘쳐나는 세상을 만드는 원리가 담겨있고, 참전계경은 배달 시대의 오사(五事)와 팔훈(八訓)을 중심으로 제시한, 인간이 지켜야 할 삶의 지혜가 담겨있다.

동양철학에서 말하는 자연을 다스리는 기본원리를 어떻게 설명하고 있을까? 그것은 음·양(陰·陽)의 균형(均衡)과 조화(調和)라고 할 수 있다. 균형은 상대적이고 정적(靜的)이라면 조화는 '동적(動的)'이다.
'정(靜)'에서 '동(動)'으로 움직여야 한다. 하나를 지향해 움직일 때 조화가 생긴다. 조화가 깨지면 균형도 깨지고 균형이 깨지면 조화도 깨지기 때문이다. 이 균형과 조화를 받치는 힘은 원심력(遠心力)과 구심력(求心力)이다.

선조들은 원심력과 구심력의 작용으로 우주가 지탱되고, 그 속에서 세상만사가 이루어진다고 본 것이다. 자연의 섭리와 이치는 보이는 현상만 있는 것이 아니다. 보이지 않는 세계도 함께 포함되어 있다.

천부경은 중앙아시아의 천산(天山)에서 살았던 환국 시대 때부터 입에서 입으로 전해오던 우주의 원리를 표현한 경서이다. 배달국 시대에 신지(神誌) 혁덕(赫德)에게 녹도문(鹿圖文)으로 기록하게 하여 고조선으로 전해졌다. 이후 신라 시대 최치원은 묘향산 석벽에 갑골문 천부경을 새겨 세상에 전해지게 했다.

원형적인 경서 천부경을 연구할 때는 보이는 세계는 도구와 이성을 통하여 합리적으로 추구하고, 보이지 않는 세계는 명상과 이성을 통하여 예리하게 꿰뚫어 보아야 한다. 고사성어에 하나를 보면 열을 안다는 말은 개체를 알면 전체를 알 수 있다는 뜻도 되며 나를 앎으로 우주를 아는 것이다.

천부경은 일시무시일(一始無始一)로 시작하여 … 일종무종일(一終無終一)로 마친다. 태어나고 죽음도 그 본체는 '하나'일 뿐이다. 있음과 없음을 포용하는 근원적 본체가 '우주'인 것이다. 여기에서 '나'라고 하는 존재적 자아(自我)는 '우주'에서 왔으므로 '우주와 나'라는 관계를 설명할 수 있다.

하나는 없음에서 시작하였다가, 없음으로 가지만, 다시 새로운 하나로 시작되니, 없음은 시작과 끝이 마주치는 하나의 끝과 끝, 양쪽이 된다. 모든 있음은 없음에서 비롯되나 그 본원은 뿌리가 하나이다. 있음도 아니며 없음도 아닌 것에, '한'의 자리가 있다. 다시 말하면 있음과 없음을 포함하는 근원적 본체가 '한'인 것이다.

'한'을 과학적으로 설명하면 공간과 물질과 시간은 본질에 있어서 뿌리가 하나의 통일체로서 총체적인 개념이 우주이다. 자연은 공간과 물질의 상대적 결합에 의한 유상적(有相的) 현상을 말하며, 시간은 자연의 결과이지 자연 그 자체는 아니다. 이것이 각각 분리하여 존재할 수 없는 것은 원인과 뿌리는 하나이기 때문이다.

선도(仙道)에서는 천지인이 발현된 자리를 '한'이라고 표현한다. '한'은 시작도 없고 끝도 없으며, 모든 생명이 창조되는 곳이고, 모든 생명이 되돌아 들어가는 곳이라며, '한'에 대한 의미를 자각할 때 인간의 영혼은 그 속에서 정화될 수 있다. 그러나 인간의 타락·외로움·괴로움은 '한'을 상실하게 된다고 밝히고 있다.

여기에서 우리는 선조들이 자연현상을 보고 남긴 내용에만 머물러 있어서는 안 된다. 자연의 존재 그 자체를 말로 표현하거나 문자로 표기하면 그 순간 그것은 관념적인 뜻이 되고 만다. 이처럼 관념적으로 표현된 내용을 먼저 그 본질과 참뜻을 이치적(理致的)으로 구명할 때, 그 참뜻을 올바로 이해할 수 있게 된다.

우리 스스로 한민족 역사에 관심을 가지고 배우고자 하는 마음을 지녀야 한다. 역사는 과거의 이야기가 아니라 현재와 미래를 가늠하게 하는 뿌리다. 뿌리에서 현재라는 줄기와 가지와 잎이 무성하게 자라고, 미래라는 열매를 맺게 된다. 자신의 뿌리인 역사를 배우는 민족은 흥하고, 역사에 눈감는 민족은 쇠할 수밖에 없다.

그래서 사람들이 삶의 목적과 가치를 인간완성에 두어야 하는데, 삶을 사는 과정에는 수많은 분쟁과 갈등이 생기게 된다. 이것은 우리가 살아가는 하나의 유형이며, 삶이란 그렇게 이루어진다. 이런 분열적 삶 속에서 나를 고차원적으로 완성하고, 세상을 구원할 수 있도록 노력해야 한다.

그러나 사람들은 삶의 의미를 의식하지 않고 살기 때문에, 기쁨과 쾌락만을 추구하며 산다. 자신의 삶 속에서 일어나는 모든 일은 유한(有限)

한 데, 삶에만 집착하면서 삶의 목적을 잃어버릴 때 타락하게 된다. 따라서 인간의 삶은 목적이 아니라, 인간완성을 위한 수단이어야 한다.

▣ 나를 먼저 균형과 조화를 이루어야 한다.

인간에게는 몸에 대한 생명과 영혼에 대한 생명이 존재하며, 부모를 통해 몸을 받아 한 생명체로 탄생한다. 지금에 이르기까지 생명을 자신의 육체와 동일시하는 견해가 일반적이었다. 그래서 생명을 몸에 있는 심장의 수명으로 보고 심장박동이 멈추면 생명은 끝나는 것이라고 봐왔지만, 이것은 몸에 대한 생명일 뿐, 영혼에 대한 생명은 생각하지 못한 견해이다.

선조들은 인간의 실체를 살펴볼 때 육체[身]와 마음[心] 그리고 이 둘을 연결하는 기(氣)로 구분하여 보면서, 육체와 마음 가운데 기(氣)가 있어, 세 가지 기능을 하나로 연결하여 조화를 이룬다고 밝힌 것이다. 마음[心]에 따라 힘[에너지]이 생기고, 분위기에 따라 마음이 생긴다. 그래서 마음과 기운과 육체의 균형과 조화가 절대적으로 필요하다.

마음[心]은 인간의 몸속에 깃들어 지식·감정·의지 등의 정신 활동을 한다. 인체를 구성하는 구성체의 상호작용이 마음이라는 환경을 만들어내며, 이 마음을 변화시키는 요인 중 어느 하나가 변화되어도 전체에 변화를 주어 결국 마음을 변화시킨다. 그러나 마음이 열린 사람·깨우친 사람은 어떤 상황에도 변하지 않는다.

기(氣)는 활동의 근원이 되는 힘[에너지]이다. 이 기(氣)의 근원은 마음이며 마음의 힘으로 조절된다. 모든 생명체는 하나로 통일된 우주 에너지를 이루는 개별적 구성인자들이다. 사람 또한 그 개별적 구성인자로써 우주의 미세한 입자와 에너지가 모여 이루어진 존재이다.

육체[身]는 크게 보이는 질서와 보이지 않는 질서의 결합으로 이루어져 있다. 보이는 질서는 골격·근육·피부를 근본 구조로 하고, 혈관과 신경망들을 통해 혈액과 산소를 유통하고 있다. 보이지 않는 질서는 경혈과 경락을 통한 기적 시스템을 이루어 기운과 정서적 정보가 유통되는 유동적 체계를 이루고 있다.

인체에는 기운이 합성(合成)되고 저장되는 곳이 있다. 이곳을 단전(丹田)이라고 한다. 인체에는 내단전(內丹田)과 외단전(外丹田)으로 나눌 수 있다. 내단전은 하단전(下丹田)·중단전(中丹田)·상단전(上丹田)이 있고, 외단전은 양 손바닥에 있는 장심(掌心)과 양 발바닥에 있는 용천(湧泉)이 있다.

단전은 혈 자리처럼 어느 한 지점을 말하는 것이 아니며, 해부학상으로도 나타나지 않는다. 단전에서 합성되고 조절된 기운은 그물처럼 뻗어 있는 기맥(氣脈)을 통해 전신으로 유통되어 인체 생명 활동을 유지하고 있다. 수련자들이 기 에너지를 느끼는 민감성의 정도에 따라 각기 단전을 다르게 느낀다.

내단전(內丹田) 수련 방법

코를 통해 호흡하고 있으면서도 하단전에 마음을 모으고 호흡한다. 들숨에 감사하고 날숨에 감사한 마음을 담아 하단전에 기(氣)를 축적한다.

하단전 명문혈(命門穴)로 기운이 들고 나는 감각을 가지고 한다. 호흡에 집중함으로써 잡념을 없애고 정신이 맑고 마음이 밝아지면서 중단전을 통한 단중혈(檀中穴)과 상단전을 통한 옥침혈(玉枕穴)로 수승화강이 저절로 이루어진다.

호흡이 고르면 마음이 안정되고, 흥분하거나 놀라면 호흡도 가빠진다. 호흡이 가빠질 때 단전에 의식을 집중하고 숨을 고르게 쉬되, 억지로 참거나 길게 해서는 안 되고 자연스럽게 하는 것이 중요하다. 호흡의 목적은 진기 발생에 있다. 진기를 만들어 정기(精氣)를 충만하게 하면 육체적 건강뿐만 아니라 기적·영적 성장의 발판이 된다. 이를 통해 자신의 근본을 깨닫게 되는 심신 수련이다.

외단전(外丹田) 수련 방법

첫 번째는 장심(掌心) 수련이다. 양 손가락과 양 손바닥이 자극되도록 두 손뼉을 10번씩 마주치기를 5회 한다. 이 수련 효과는 다음과 같다. 과학자들이 양손과 뇌의 기능이 상호연결되어 작용한다고 밝힌 바 있다. 따라서 손바닥에 있는 장심혈(掌心穴)을 자극하여 생성된 진기(眞氣)를 뇌로 전달한다. 전달된 진기는 뇌 작용으로 인해 충분한 산소와 혈액이 공급되면서 기혈 순환이 활발해진다.

두 번째는 용천(湧泉) 수련이다. 양손을 벽에 의지한 후 발뒤꿈치를 천천히 들었다가 내린다. 내릴 때 발뒤꿈치가 땅에 닿지 않도록 하면서 방법을 반복하기를 5분 동안 한다. 이 수련 효과는 다음과 같다. 발바닥에 있는 용천혈(湧泉穴)은 '생명과 기운이 샘물처럼 솟아난다'하여 붙여진 이름이다. 용천혈을 자극해 주면 심장과 신장 기능이 활성화되면서 고혈압과 저혈압 등의 질병이 개선된다.

이런 원리를 바탕으로 수련한다는 것은, 사람이 나아가야 할 방향과 목표를 제시하는 설계도와 같은 것이다. 그런데 원리와 수련만 가지고는 사람의 '영적인 성장'에 도달하지 못한다. 그 이유는 산속에 들어가 혼자 수행을 통해 깨달음을 얻었다 하더라도 이를 현실에서 실현하지 못한다면 허상에 불과한 것이다. 그래서 선조들은 깨달음에 그치지 말고, 세상에 나가서 올바르게 펼치라고 한 것이다.

■ 도움 주려는 사람이 넘쳐나는 세상을 만들자.

홍익인간 사상은 한민족 고유의 교육이념이며 정치이념이다. 홍익인간 정신을 펴기 위해서는 먼저 개인적으로 독립적 존재로서의 완성을 이룰 수 있도록 한 후, 사회적으로는 하나로 어우러지는 것을 목적으로 해야 한다. 이 홍익인간 사상은 개인이나 어느 단체 또는 국가를 중심으로 삼지 않고, 홍익 이념을 중심으로 삼을 때 진정한 가치를 드러낼 수 있다고 한 것이다.

하늘·땅·인간의 창조 정신과 목적이 담긴 염표문(念標文)은 환국의 국통(國統)을 이어받은 배달국 1세 환웅 거발환(居發桓)이 환국 시대 국시인 홍익인간의 대도 이념[일신강충·성통광명·재세이화·홍익인간]을 열여섯 자로 정리해 준 것이다. 고조선 11세 도해(道奚) 단군은 이 염표문을 하늘·땅·인간, 삼위일체(三位一體)의 도(道)로써 완성하였다.

신라 때 최치원이 옛 비석만 보고 천부경을 완성한 것이 아니라고 보았다. 그 이유는 최치원이 12살 때 당나라에서 공부할 때 내단비결(內丹祕訣)을 보고 술법을 배워 깊은 경지에 이르게 된 이후, 당나라 종사관(從事官)으로 근무 당시 황제에 올린 사가태위표(謝加太尉表)·반란군이 장안을 점령하자 쓴 토황소격문(討黃巢檄文)·화랑 난랑(鸞郎) 비석 서문 등에서 그의 폭넓은 학식을 확인할 수 있다.

조선 시대 초기에 역성혁명으로 정통성 시비에 시달려 오던 왕[조선 3대·7대·8대·9대]들은 왕권을 강화하기 위해 반대 세력에 있는 유생들을 탄압하기 시작하였다. 그래서 유교 사상을 내세우면서 고조선 비사(古朝鮮 祕史) 같은 천문지리와 관련된 서적들을 수거·소각하였다. 그러나 남사고 저서 격암유록에서 보아도 알 수 있듯이 백성들 저변에 천부경이 널리 알려져 있었다.

대한민국이 건국되면서 대한민국 건국 강령 제1장 총칙에 홍익인간 이화세계의 이념을 공표하고 있으며, 1945년 제정·공포된 대한민국 교육기본법 제1조에 "교육은 홍익인간 이념 아래 모든 국민으로 하여금 인격을 완성하고 자주적 생활 능력과 공민으로서의 자질을 구유하게 하여 민주국가 발전에 봉사하여 인류공영의 이념 실현에 기여하게 함을 목적으로 한다."라고 홍익인간을 교육이념으로 명시했다.

인류의 역사가 투쟁으로 점철된 이유가 나 중심·내 가족 중심으로 일관된 개인적 논리 때문이다. 이런 문제를 해결하려면 공평과 평등의 원칙을 지켜야 한다. 무조건적 평등은 사람들에게 일할 의욕을 상실시키고 성장의 의지를 좌절시킨다. 평등만으로 조화로움이 성립되지 않으므로 공평함을 중심 삼는 평등함이 필요하다. 공평은 그 나름의 개성과 특성을 인정하고 인정받는 것이다.

도(道)는 없음에서 나와 생겨나고 없어지고·쇠(衰)하거나 성(盛)함의 세력이 조짐을 나타내니, 우주 만상이 곧 이루어진다. 도(道)는 하나의 궤도로 크게 뭉치고, 형(形)은 천 가지로 서로 다르니, 이에 성인(聖人)이 일으키어 온 누리에 통하게 하는 피리로 소리를 내었다. 신라가 금척(金尺: 노래와 춤의 하나)과 옥적(玉笛:옥피리)을 쓴 이유가 상고지세(上古之世)에 연유하고 있음을 알 수 있다.

신라 초대 국왕 혁거세(赫居世)는 여러 부족을 통솔하여 선대의 도(道)를 행하며 제사의 법을 부흥하고 남태백산에 소부도(小符都)를 건설하였다. 그리고 계불(禊祓) 의식을 행하고 대인(大人)을 시켜 금척(金尺)의 이치에 따라 천지 시원의 근본을 알게 하며, 옥피리 음(音)으로 백성들에게 음(音)이 생기는 법을 알려주었다. 그리하여 백성들의 생활이 풍족해져 이웃과 더불어 평화를 보전하였다.

이런 율려(律呂)의 음(音)이 한국어로 발현되었다. 한국어의 음(音)은 받침이 가장 발달한 언어이다. 일본어나 중국어는 원칙적으로 받침이 없고, 서양의 여러 언어의 받침은 몇 개 되지 않는다. 현대 한글의 초성 19자·중성 21자·종성 28자를 사용하여 한글 자모(字母)로 만들 수 있는 글자 수는 11,172개이다. 이들을 결합하여 20만 개 이상의 어휘를 만들 수 있다고 한다.

음악에 쓰이는 용어로 알려진 율려(律呂)는 원래 창조의 원음으로, 우주 조화의 근원·음양의 어울림의 체계를 가리키는 말이다. 우주 만물의 배후에서 빛과 소리와 진동으로 스스로 드러내는 이 힘은 모든 생명의 심장을 뛰게 하고, 지구를 돌게 하고, 태양을 빛나게 하는 근원적 에너지이다. 급변하는 사회 환경에 빠져 사람들이 힘들어할 때, 율려의 리듬 속에 들면, 마음의 여유로움을 찾아낼 수 있게 된다.

　율려는 원래부터 모든 존재 안에 내재 되어있는 것이므로, 순수하게 인정하고 받아들이면 조화의 힘이 생긴다. 이 힘에 기초한 조화의 질서가 만들어져 서로 잘 어울리게 되면 우주의 조화원리가 사회 속에 실현된다. 공전과 자전이 동시에 이루어지는 새로운 사회 질서·공평과 평등을 가능하게 하는 새로운 경제 질서·원심력과 구심력 조화를 가능하게 하는 새로운 정치 질서가 형성될 수 있는 것이다.

홍익인간이 본 자연과 어우러진 삶터

조한석 지음

발행처   도서출판 **청어**
발행인   이영철
영업   이동호
홍보   천성래
기획   육재섭
편집   이설빈
감수   천기칠 | 김종숙
디자인   이수빈 | 김영은
제작이사   공병한
인쇄   두리터

등록   1999년 5월 3일
           (제321-3210000251001999000063호)

1판 1쇄 발행   2025년 3월 15일

주소   서울특별시 서초구 남부순환로 364길 8-15 동일빌딩 2층
대표전화   02-586-0477
팩시밀리   0303-0942-0478
홈페이지   www.chungeobook.com
E-mail   ppi20@hanmail.net

ISBN   979-11-6855-321-7 (03150)